Protokoll
des Allgemeinen Deutschen Metallarbeiter-Kongresses
und der Kongresse der Klempner, Schlosser,
Former, Feilenhauer und Mechaniker
Abgehalten vom 1. bis 6. Juni 1891 in Frankfurt a. M.

Protokoll des Allgemeinen Deutschen Metallarbeiter-Kongresses und der Kongresse der Klempner, Schlosser, Former, Feilenhauer und Mechaniker zu Frankfurt a. M. 1891 Abgehalten vom 1. bis 6. Juni

Reprint

Vorwort: Franz Steinkühler,
Erster Vorsitzender
der Industriegewerkschaft Metall

Einleitung: Professor Dr. Klaus Schönhoven,
Universität Mannheim
Anhang:
Biographische und statistische Angaben

Bund-Verlag

CIP-Titelaufnahme der Deutschen Bibliothek

Allgemeiner Deutscher Metallarbeiter-Kongreß ‹1891, Frankfurt, Main›:
Protokoll des Allgemeinen Deutschen Metallarbeiterkongresses und der Kongresse der Klempner, Schlosser, Former, Feilenhauer und Mechaniker: zu Frankfurt a. M. 1891, abgehalten vom 1. bis 6. Juni. – Repr. Anhang: Biographische und statistische Angaben. Vorw.: Franz Steinkühler. Einl.: Klaus Schönhoven. – Köln: Bund-Verl., 1991
ISBN 3-7663-2270-2
NE: Steinkühler, Franz [Vorr.]; Kongreß der Klempner ‹1891, Frankfurt, Main›:; Kongreß der Schlosser ‹1891, Frankfurt, Main›:

Lektorat: Gunther Heyder
Herstellung: Heinz Biermann
Umschlag: Kalle Giese, Overath
Satz: Satzbetrieb Schäper GmbH, Bonn
Druck: May + Co., Darmstadt
Printed in Germany 1991
ISBN 3-7663-2270-2

Inhalt

Biographischer und statistischer Anhang

Vorwort

Wenige Monate nach dem Auslaufen des Sozialistengesetzes, mit dem Kanzler Bismarck die Arbeiter- und Gewerkschaftsbewegung zu zerschlagen versuchte, fanden sich Metallarbeiter und Metallhandwerker zu einem Kongreß in Frankfurt am Main zusammen, um den »Deutschen Metallarbeiter-Verband« (DMV) zu gründen. Dies geschah in den Tagen vom 1. bis 6. Juni 1891. Der DMV, der sich in wenigen Jahren zur mitgliederstärksten deutschen Gewerkschaft entwickelte und immer wieder zum Motor des sozialen Fortschritts wurde, war die größte Vorläuferorganisation der heutigen Industriegewerkschaft Metall, die, in dieser Tradition stehend, nunmehr hundert Jahre alt wird. Zu diesen Wurzeln der IG Metall zählt neben dem DMV ferner der 1899 gegründete Christliche Metallarbeiterverband, der ebenfalls eine bedeutende Rolle in der Geschichte der deutschen Gewerkschaftsbewegung innehatte.

Der Weg, der zu der starken, organisierten Metallarbeiterbewegung des Jahres 1891 führte, war lang und mühselig, und der gewerkschaftliche Neubeginn selbst war schwierig und spannungsgeladen. Das Protokoll des Gründungskongresses, das zum Jubiläum in einem Nachdruck vorgelegt wird, legt Zeugnis ab von den vielfältigen gesellschaftlichen, politischen und organisatorischen Problemen im ausgehenden 19. Jahrhundert. Die Delegierten sprachen sich schließlich nach langen Diskussionen für die Gründung eines zentralen Verbandes aus, in den Gelernte und Ungelernte, Männer und Frauen aufgenommen werden konnten. Damit entschieden sie sich eindeutig für das Industrieprinzip. Gleichzeitig wurde jedoch festgelegt, daß bei der Wahl der Beisitzer für den Vorstand die einzelnen Branchen zu berücksichtigen seien, deren Arbeit auch nach dem Kongreß weiterging. So waren in der Organisationsfrage Beharren und Fortschritt eng miteinander verwoben. Der erste Schritt zur Schaffung einer einheitlichen Arbeitnehmerorganisation war getan; ein festes organisatorisches Gehäuse wurde geschaffen.

Das nun als Nachdruck veröffentlichte Protokoll lädt zur Lektüre und damit zur Beschäftigung mit der wechselvollen Geschichte der Metallarbeitergewerkschaft ein. In ihren Diskussionsbeiträgen und einprägsamen Schilderungen beschreiben die Delegierten die Schwierigkeiten der gewerkschaftlichen Arbeit in Deutschland. Das Protokoll ist darum nicht nur ein historisches Dokument mit einer Momentaufnahme vergangener Zeiten, sondern auch ein Bezugspunkt für die Bilanzierung der gewerkschaftlichen Arbeit in der Gegenwart. Trotz aller Schwierigkeiten und Niederlagen, das können wir heute mit Fug und Recht sagen, war diese Arbeit von Erfolg gekrönt. Sie hat früher wie heute entscheidend zur Verbesserung der sozialen Lage der Arbeitnehmer beigetragen.

Im gewerkschaftlichen Selbstverständnis sind Geschichte und Programmatik eng aufeinander bezogen. Das Wissen um den historischen Ablauf und die Deutung wichtiger politischer Ereignisse aus interessengeleiteter Sicht vermitteln Sicherheit über den eigenen Standort; sie sind darüber hinaus Bestandteil des kollektiven Erfahrungsschatzes. Alle diese Erfahrungen fließen in die Anstrengungen zur Lösung der gegenwärtigen und zukünftigen Probleme ein. Das enthebt uns jedoch nicht der Notwendigkeit, über neue Wege und Möglichkeiten zur Bewältigung der anstehenden Aufgaben nachzudenken. Verzicht auf soziale Phantasie und vorwärtsgerichtete Aktivitäten würden der Sache der Arbeitnehmer schaden und wären ein Verrat an deren eigener Geschichte.

Frankfurt, im März 1991

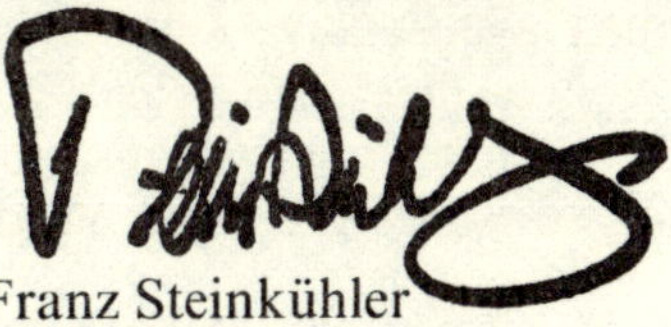

Franz Steinkühler
Erster Vorsitzender
der Industriegewerkschaft Metall

Klaus Schönhoven

Der Weg nach Frankfurt. Die Entwicklung der deutschen Metallgewerkschaften bis 1891

Das letzte Jahrzehnt des 19. Jahrhunderts war in der Geschichte der deutschen Gewerkschaftsbewegung eine Phase des Aufbruchs und der Neuorientierung. Innerhalb weniger Jahre fiel eine Reihe von Grundsatzentscheidungen, die dann bis zur Zerschlagung der deutschen Gewerkschaften durch den Nationalsozialismus im Frühsommer 1933 – in manchen Fällen bis heute – richtungweisend und prägend blieben.

Zu nennen ist in diesem Zusammenhang zuerst die Gründung der Generalkommission der Gewerkschaften Deutschlands im November 1890. Diese Kommission, ein anfangs siebenköpfiges Gremium unter der Führung des Drechslers Carl Legien, sollte eigentlich nur einige Koordinierungsaufgaben im Vorfeld eines für 1892 geplanten Gewerkschaftskongresses übernehmen, doch sie entwickelte sich in kurzer Zeit zur Schaltstelle der Freien Gewerkschaften, zum Führungsgremium des Dachverbandes der sozialdemokratisch orientierten Einzelverbände. Spätestens ab 1899 war die Generalkommission die allseits anerkannte und auch satzungsmäßig legitimierte Zentralinstanz dieses Dachverbandes und trat fortan als gleichberechtigter Partner neben den Parteivorstand der Sozialdemokratie. Die damit geschaffene gesamtgewerkschaftliche Führung überdauerte die Weimarer Republik und erlebte 1949 mit der Gründung des DGB ihre konstitutionelle Bestätigung.

Zum zweiten traf der im März 1892 von der Generalkommission nach Halberstadt einberufene Gewerkschaftskongreß eine in vielerlei Hinsicht weitreichende Entscheidung über die Form der gewerkschaftlichen Organisation in Deutschland. Er sprach sich nämlich für reichsweit zuständige Zentralverbände aus und erteilte damit allen Bestrebungen eine Absage, die eine lokal orientierte und nur durch Vertrauensleute locker koordinierte Bewegung von Fachvereinen favorisierten. Dieses Votum für die nationale Zentralisierung schuf in Deutschland einen spezifischen gewerkschaftlichen Verbandstypus, der sich vom romanischen Syndikalismus oder Lokalismus prinzipiell unterschied und auch im Vergleich zur englischen Gewerkschaftsbewegung eine stärkere organisatorische Verdichtung der einzelnen Berufsgruppen aufwies. Die Zahl der freigewerkschaftlichen Zentralverbände schwankte im Vierteljahrhundert vor dem Ersten Weltkrieg zwischen fünfzig und sechzig, während in Großbritannien die regionale und sektorale Vielfalt ein Kennzeichen der Entwicklung blieb.

Die Jahre um 1890 waren ferner – dies ist der dritte Aspekt, den es hervorzuheben gilt – Jahre einer gewerkschaftlichen Gründungswelle. Deshalb kann heute eine ganze Reihe von Einzelorganisationen des Deutschen Gewerkschaftsbundes ihr Jahrhundertjubiläum feiern. Die Kette reicht von der IG Bergbau und Energie, die in der Tradition des im Sommer 1889 gegründeten Deutschen Bergarbeiterverbandes steht, über die IG Chemie-Papier-Keramik, deren Wegbereiter der im Juni 1890 gegründete Verband der Fabrik-, Land- und gewerblichen Hülfsarbeiter Deutschlands war, die IG Metall, die aus dem 1891 entstandenen Deutschen Metallarbeiter-Verband hervorgegangen ist, die Gewerkschaft Holz und Kunststoff, für die der 1893 gegründete Deutsche Holzarbeiter-Verband zum Vorläufer wurde, bis hin zur Gewerkschaft Öffentliche Dienste, Transport und Verkehr, deren Anfänge auf die Jahre 1895/96 zurückgehen, als sich städtische Arbeiter sowie Handels- und Transportarbeiter zu Zentralorganisationen zusammenschlossen. Alle genannten Verbände entstanden keineswegs aus dem Nichts, sondern knüpften – wie für den Deutschen Metallarbeiter-Verband noch zu zeigen sein wird – ihrerseits wieder an Organisationstraditionen an, die zum Teil bis zur Mitte des 19. Jahrhunderts zurückreichten. Aber im Jahrzehnt vor der Jahrhundertwende kam es in fast allen Wirtschaftsbereichen zur programmatischen Profilierung und organisatorischen Konsolidierung der gewerkschaftlichen Interessenvertretung in Deutschland.

Diese Feststellung gilt auch, wenn man den Blick über den Horizont der sozialdemokratischen Gewerkschaftsbewegung hinaus erweitert und die christlichen und liberalen Richtungsgewerkschaften mit in die Betrachtung einbezieht. Der seit Mai 1869 bestehende Dachverband der Hirsch-Dunckerschen Gewerkvereine, dessen Einzelverbände in der Verbotsära des Sozialistengesetzes von polizeistaatlichen Verfolgungsmaßnahmen weitgehend verschont geblieben waren, wurde in den neunziger Jahren gezwungen, seine sozialliberalen Grundsätze schärfer zu konturieren, um seine Existenzberechtigung neben der immer übermächtiger werdenden sozialdemokratischen Konkurrenz zu beweisen. Die internen Auseinandersetzungen über die Strategie und Taktik der liberalen Gewerkschaftsrichtung begannen um 1890 und mündeten schließlich 1907 in einem für alle Hirsch-Dunckerschen Gewerkvereine verbindlichen Programm. Unmittelbar vor der Jahrhundertwende, im Jahr 1899, entstand mit dem Gesamtverband der Christlichen Gewerkschaften eine weitere Alternative zu den Freien Gewerkschaften. Die organisatorische Offensive der konfessionell gebundenen Arbeitervereine, deren Wortführer die religiöse Indifferenz der Sozialdemokratie ins Visier nahmen, begann 1890 mit der Gründung des »Volksvereins für das katholische Deutschland« und setzte sich ab 1894 in der Bildung von christlichen Einzelgewerkschaften fort, zu denen neben einem Bergarbeiter-, einem Bauarbeiter- und einem Textilarbeiterverband auch der im Oktober 1899 gegründete christlich-soziale Metallarbeiterverband gehörte. Die richtungspolitische Auffächerung der deutschen Gewerkschaftsbewegung in drei weltanschaulich und parteipolitisch miteinander konkurrierende Dachverbände vollendete sich also ebenfalls im Schwellenjahrzehnt vor dem 20. Jahrhundert.

Fragt man, warum ausgerechnet in dieses Jahrzehnt so viele Schlüsselereignisse der deutschen Gewerkschaftsgeschichte fallen, so muß man zunächst darauf hinweisen, daß im Herbst 1890 das Sozialistengesetz seine Gültigkeit verlor. Dieses 1878 erlassene Gesetz hatte zwölf Jahre lang die sozialdemokratische Arbeiterbewegung unter Ausnahmerecht gestellt und ihren Aufstieg zur Massenbewegung entscheidend verzögert. Zwar war die Rechnung des Reichsgründers Bismarck, der durch einen Präventivschlag die Sozialdemokratie und die ihr verbundenen Gewerkschaften auslöschen wollte, in den 1880er Jahren nicht aufgegangen, wie man an den Wahlerfolgen der SPD und an den Organisationsfortschritten der gewerkschaftlichen Fachvereine leicht ablesen kann, aber der repressive Kurs der Reichsleitung, der Justizbehörden und des Polizeiapparats hatte doch tiefe Spuren hinterlassen. Dazu gehörten die organisationslähmenden Folgen der Unterdrückung, die ideologische Fixierung der Sozialdemokratie auf den Marxismus, der der verfemten Partei den revolutionären Durchbruch zum klassenlosen Zukunftsstaat prophezeite, und die Herausbildung einer sozialdemokratischen Lagermentalität, aus deren sozialpsychologisch erklärbaren, realpolitisch jedoch eingeengten Blickwinkel die Arbeiterbewegung sich von einer Welt von Feinden umzingelt sah.

Die Aufhebung des Sozialistengesetzes, die mit dem Ende der Ära Bismarck zusammenfiel, erfolgte zu einem Zeitpunkt, als der Industrialisierungsprozeß in Deutschland quantitativ und qualitativ ein neues Entwicklungsstadium erreichte. Der Übergang vom Agrarstaat zum Industriestaat war vollzogen. Dies signalisierten die ökonomischen Trenddaten, die ein rasches Wachstum von Metallerzeugung und Metallverarbeitung, von Maschinenbau und Elektroindustrie, von Bergbau und Chemie auswiesen und zugleich die ständige Konzentration von Banken und Versicherungen belegten. Dies signalisierten aber auch die sozialen Trenddaten, wonach der Anteil der in der Landwirtschaft Erwerbstätigen sank, während die Zahl der in Industrie, Handel und Verkehr Beschäftigten deutlich anstieg. Die Verlagerung der Produktion in größere Betriebseinheiten mit höherem Mechanisierungsgrad als im Handwerk und die Entstehung von städtischen Ballungsgebieten, in die auf dem Land brotlos gewordene Arbeitskräfte in Massen zuwanderten, waren weitere prägende Kennzeichen des sozioökonomischen Wandels.

Zu den Begleit- und Folgeerscheinungen der Industrialisierung gehörten aber auch die soziale Formung und solidarische Festigung der Arbeiterklasse. Dies war ein vielschichtiger und widersprüchlicher Vorgang, den eine Fülle von Faktoren beeinflußte. Ihre Bandbreite erstreckte sich von den allgemeinen System- und Strukturbedingungen bis hin zu den persönlichen Lebensumständen und Lebensbedürfnissen am Arbeitsplatz oder im Wohn- und Familienbereich. Berufliche Qualifikationsunterschiede, regionale Herkunft, Alter, Geschlecht und Konfession, Nachbarschafts- und Heiratsbeziehungen, Aufstiegserwartungen und Abstiegsängste wirkten auf den Prozeß der Klassenbildung ein, der nicht allein durch die wachsende Polarisierung von Lohnarbeit und Kapital determiniert wurde. Doch die individuelle Erfahrung von materieller Not, sozialer Benachteiligung, gesellschaftlicher Ungleichheit, existentieller Unsicherheit und politischer Unterdrückung verdichtete sich schrittweise in einem Bewußtsein der proletarischen Zusammengehörigkeit, in der Abgrenzung gegenüber anderen Sozialschichten und in kollektiven Verhaltensweisen.

Organisation und Aktion wurden zu Ausdrucksformen der proletarischen Lebensbewältigung. Sie ließen sich weder durch polizeiliche Überwachungs- und Verfolgungsmaßnahmen eindämmen noch durch eine patriarchalische Arbeiterschutz- und Arbeiterversicherungspolitik domestizieren. Obwohl der monarchische Staat in den 1880er Jahren erhebliche Anstrengungen unternahm, um mit sozialreformerischen Gesetzen den Vormarsch von Sozialdemokratie und Gewerkschaften aufzuhalten, stellten sich die erhofften Wirkungen nicht ein: Das organisatorische Wachstum der Arbeiterbewegung hielt an, und die Härte der Konflikte zwischen Kapital und Arbeit nahm zu. Nach einer Welle von Fachvereinsgründungen, in deren Verlauf die Zahl der sozialdemokratischen Gewerkschaftsmitglieder permanent anstieg und 1890 schließlich mit 295000 einen ersten Höhepunkt erreichte, und nach einem reichsweiten Aufschwung der Lohnkämpfe, die im Ruhrbergarbeiterstreik von 1889 mit über 100000 Beteiligten gipfelten, war offenkundig, daß die Politik der Repression gescheitert war. Als sich im Frühjahr 1890 keine Reichstagsmehrheit mehr fand, die einer Verlängerung des Sozialistengesetzes zustimmen wollte, endete für die sozialdemokratische Arbeiterbewegung eine zwölfjährige Phase der Unterdrückung und begann eine neue Etappe ihrer Geschichte.

Diese nur knapp skizzierten politischen, ökonomischen und sozialen Rahmenbedingungen beeinflußten den dann einsetzenden gewerkschaftlichen Reorganisationsprozeß in allen Branchen. Auch in der Metallindustrie war der Fall des Sozialistengesetzes das Signal, auf das eine ganze Generation von Gewerkschaftsführern gewartet hatte, um ihre schon vor 1890 entwickelten Organisationspläne endlich zu verwirklichen. Dabei konnten sie an ältere Traditionen aus der Zeit vor 1878 anknüpfen, aber auch an die während der zwölf Verfolgungsjahre entstandenen Verbandsformen, die sie zusammenzuführen suchten. Der im Juni 1891 gegründete Deutsche Metallarbeiter-Verband baute also konzeptionell und organisatorisch auf Fundamenten auf, die in den Jahrzehnten zuvor gelegt worden waren. Dies gilt es zu beachten, wenn man den erstaunlich frühen und erstaunlich erfolgreichen Start dieser Massengewerkschaft näher beleuchtet.

Die Rückblende muß mit der Revolution von 1848/49 beginnen. Die zu diesem Zeitpunkt einsetzenden und nach der Reaktionsdekade der 1850er Jahre wieder auflebenden gewerkschaftlichen Organisationsbestrebungen gingen von handwerklich hochqualifizierten, meist seßhaften und relativ gut verdienenden Arbeitern aus. Sie bildeten die Kader der frühen Gewerkschaftsbewegung, der berufsbezogenen Fachvereine und der Unterstützungskassen. Ihr Appell, die gemeinsamen Berufsinteressen zu wahren, richtete sich an einen ziemlich klar definierten Adressatenkreis, dessen Lebensumstände und Arbeitsverhältnisse ähnlich waren. Eine dieser Berufsgruppen, die sich zudem noch als Avantgarde der Industrialisierung verstand, waren die Berliner Maschinenbauer. Der von ihnen 1848 gegründete »Verein der Maschinenbau-Arbeiter in Berlin« fiel zwar schon im nächsten Jahr einem Verbot der Polizeibehörden zum Opfer, überlebte aber die folgenden anderthalb Jahrzehnte in der Form einer florierenden Kranken- und Sterbekasse, um dann 1866 als gewerkschaftlich orientierter Lokalverband zum Vorreiter der liberalen Bewegung zu werden. Zwei Jahre später, 1868, konstituierte sich nämlich ein »Gewerkverein der Berliner Maschinenbauer« auf der Grundlage der von Max Hirsch und Franz Duncker ausgearbeiteten Musterstatuten für Gewerkschaften. Damit war der organisatorische Ausgangspunkt für einen die lokalen Grenzen sprengenden »Gewerkverein deutscher Maschinenbau- und Metallarbeiter« geschaffen, der im Frühjahr 1869 bereits etwa 5000 Mitglieder zählte.

Anklang fand diese liberale Initiative, die sofort mehrere Berufsgruppen der Metallindustrie in einer Gewerkschaft bündeln wollte, vor allem bei Fabrikhandwerkern, deren Sozialprestige und deren Selbsteinschätzung hoch waren. Denn nicht das Lohnarbeiterdasein, sondern der Gesellenstatus und das Ansehen als »mechanische Künstler« bestimmten das gruppenspezifische Elitebewußtsein der Maschinenbauer. Ihre Orientierung an handwerklichen Normen und Wertvorstellungen legte es ihnen nahe, sich für gewerkschaftliche Organisationsangebote zu entscheiden, die für einen sozialreformerischen Weg eintraten und durch Unterstützungskassen soziale Sicherheit und durch Fortbildungsmöglichkeiten weiteren beruflichen Aufstieg garantieren wollten. Da jedoch schon im Jahrzehnt vor der Reichsgründung die Verdrängung der handwerklichen Präzisionsarbeit mit Feile, Hammer und Meißel durch Werkzeugmaschinen einsetzte und Arbeitsprozesse mechanisiert wurden, zweifelten viele Schlosser, Schmiede und Dreher an der liberalen Lehre. Unter dem Druck von Dequalifizierung und arbeitstechnischer Rationalisierung, von Status- und Einkommensverlusten traten sie für eine kämpferische Wahrnehmung ihrer Interessen ein. Hier aber, bei der Durchsetzung von Arbeiterforderungen in Streiks, versagten die sozialharmonisch programmierten Gewerkvereine. Sie verloren nach und nach ihre gewerkschaftliche Führungsrolle.

Organisatorische und ideologische Alternativen boten die ebenfalls während der gewerkschaftlichen Gründungswelle von 1868/69 im Umfeld der beiden sozialdemokratischen Parteien entstandenen Berufsgruppengewerkschaften für Metallarbeiter: die lassalleanische »Allgemeine deutsche vereinigte Metallarbeiterschaft« und die der Eisenacher Partei von Bebel und Liebknecht zuzuordnende »Internationale Metallarbeiterschaft«. Beide Verbände brauchten allerdings in der Folgezeit ihre Energien in politischen Richtungskämpfen auf, unter denen ihre innere Konsolidierung und ihre regionale Ausdehnung stark litten. Die parteipolitisch bevormundeten Organisationsexperimente der sozialdemokratischen Metallgewerkschaften führten nicht nur zu einer Folge von Spaltungen, Umbenennungen und Neugründungen, die selbst für die daran Beteiligten kaum mehr zu überblicken war, sondern machten auf die umworbenen Arbeiter auch einen so abschreckenden Eindruck, daß sie sich lieber von den Gewerkschaften fernhielten und keiner der rivalisierenden Gruppen anschlossen.

Erst die nach dem Reichsgründungsboom bereits 1873 einsetzende Wirtschaftskrise und der von ihr in Deutschland ausgelöste innenpolitische Klimaumschwung setzten die zerstrittenen Flügel der sozialdemokratischen Arbeiterbewegung unter Einigungszwang und führten zu einer Annäherung der miteinander im Konflikt lebenden Gewerkschaftsverbände. Viele Maschinenbauer und Metallarbeiter, denen die gute Arbeitsmarktlage in der Hochkonjunkturphase von 1871/72 eine gewerkschaftliche Organisation noch als wenig sinnvoll hatte erscheinen lassen, begannen zwei Jahre später umzudenken, weil ihr sozialer Status durch Entlassungen, Lohnabbau und Arbeitszeitverlängerungen in Frage gestellt war. Dies beweist die Resonanz, auf die eine 1874 von Hamburg ausgehende Initiative stieß, eine gemeinsame Organisation für alle Metallarbeiter zu schaffen. Allein in Berlin beteiligten sich über 12000 Arbeiter an einer Unterschriftenaktion, und in Hannover, wo der Gründungskongreß im April 1874 stattfand, sollen die 53 anwesenden Delegierten angeblich mehr als 47000 »Stimmen« vertreten haben. Wie viele Metallarbeiter sich tatsächlich für die Kongreßidee mobilisieren ließen, ist schwer abzuschätzen, weil die Verbandsgründung zu einem Fehlschlag wurde. Obwohl der Kongreß selbst harmonisch verlaufen war, kam es sofort nach seinem Ende wieder zu Pressefehden zwischen den beiden sozialdemokratischen Parteien und zu innerparteilichen Auseinandersetzungen, die das gewerkschaftliche Einigungswerk von Hannover torpedierten. Der dort gegründete »Allgemeine Metallarbeiterverband« verkümmerte noch 1874 bis zur Bedeutungslosigkeit.

Die Befürworter einer gemeinsamen gewerkschaftlichen Metallarbeiterorganisation gewannen erst nach der Verschmelzung der beiden sozialdemokratischen Parteilager 1875 in Gotha freie Bahn. Sofort bildete sich jetzt die »Metallarbeiter-Gewerksgenossenschaft« als sozialdemokratischer Einheitsverband. Sie war ihrem Selbstverständnis nach erneut eine Berufsgruppengewerkschaft aller Metallarbeiter, ohne jedoch diesen Anspruch organisatorisch restlos realisieren zu können. Es gelang zwar, einen 1873 gegründeten Verband der Klempner und Spengler zu integrieren, doch der Zentralverband der Schmiede, der sich 1877 aus mehreren lokalen Fachvereinen bildete, schloß sich der Metallgewerkschaft nicht an. Diesen organisatorischen Sonderweg setzten die noch zwischen Zunftvergangenheit und Fabrikzukunft angesiedelten Schmiedegesellen auch nach 1890 fort.

In der Metallindustrie ruinierte die Verbotsattacke des Sozialistengesetzes sehr mitgliederschwache Gewerkschaften, deren organisatorische Entwicklung auch durch den selbstzerfleischenden Streit des sozialdemokratischen Lagers verlangsamt worden war. Aufgelöst wurden im Herbst 1878 die Metallarbeiter-Gewerksgenossenschaft mit knapp 4000 Mitgliedern, der Zentralverband der Schmiede mit 600 Mitgliedern, ein regionaler Gewerkverein der Gold- und Silberarbeiter mit 800 und ein Fachverein der Schlosser mit 80 Mitgliedern. Diese geringen Zahlen belegen den präventiven Charakter des Ausnahmegesetzes, das eine noch völlig ungefestigte Gewerkschaftsbewegung zerschlug. Betroffen waren auch die unter großen finanziellen Opfern aufgebauten Gewerkschaftszeitungen: »Der Ambos«, das Organ der Schmiede, und »Das Panier«, die Zeitung der Metallarbeiter, mußten ihr Erscheinen einstellen. In einer seiner letzten Ausgaben befaßte sich das Panier mit »den Vorboten der hereinbrechenden Reaktion« und schrieb: »Der Plan, die Sozialisten zu bekehren und den Reihen der geduldigen Schafe wieder einzuverleiben, wird nicht gelingen, und die Triumph- und Siegeslieder, die hier und da schon angestimmt werden, erschallen zu früh. Den Arbeitern, welche Euch bisher noch nicht kannten, werden durch derlei Vorfälle die Augen geöffnet, und nicht vermindern werdet Ihr die Zahl der für ihr Recht Kämpfenden, sondern durch Eure Provokation nur neue Kämpfer schaffen.«

Mit dieser an die Adresse der Staatsbehörden gerichteten Prophezeiung sollte das Blatt recht behalten, denn die gewerkschaftliche Friedhofsruhe dauerte nur zwei Jahre lang an. Der schon 1880/81 einsetzende Wiederaufbau der sozialdemokratischen Gewerkschaftsbewegung begann auf der lokalen Ebene, wo sich Fachvereine, Kranken- und Sterbekassen, Unterstützungseinrichtungen und Arbeitsnachweise bildeten. Da das Sozialistengesetz kein generelles Gewerkschaftsverbot verhängt hatte, nutzte die nun aktiv werdende Generation von Gewerkschaftern die Lücken des Gesetzes virtuos aus, um ein Überleben der an vielen Orten gegründeten Kassen und Vereine durch eine formale Anpassung an die gegebene Rechtslage zu ermöglichen. Diese Gratwanderung zwischen Legalität und Illegalität gelang nicht immer und überall, weil der behördliche Verfolgungsdruck regional und sektoral unterschiedlich stark war und weil die einzelstaatlich dirigierte Justiz den Rahmen zwischen Recht und Willkür enger oder weiter abstecken konnte. Dennoch kam es seit dem Beginn der achtziger Jahre zu einem neuen gewerkschaftlichen Organisationsschub, der in einzelnen Branchen bis zur Gründung von Zentralverbänden voranschritt.

Am weitesten verbreitet waren zunächst berufsorientierte Fachvereine auf örtlicher Ebene, die am handwerklichen Erfahrungshorizont der hochqualifizierten Gesellenarbeiter anknüpften, fest im vertrauten lokalen Milieu verankert waren, sich hier vor Verfolgungsmaßnahmen besser abschirmen ließen und deshalb auch als getarnte Stützpunkte der Gewerkschaften fungieren konnten. Im persönlich miteinander bekannten Kreis der Berufskollegen existierte ein gewachsenes Solidaritätsbewußtsein, das die schrittweise Vergewerkschaftung und Politisierung dieser Lokalvereine begünstigte. Dieser gewerkschaftliche und parteipolitische Lokalismus durchzog in der Zeit des Sozialistengesetzes als stabilisierendes Netzwerk die gesamte sozialdemokratische Arbeiterbewegung. Daraus erklärt sich auch seine relative Resistenz zu Beginn der neunziger Jahre, als die reorganisierten Zentralinstanzen von SPD und Freien Gewerkschaften darangingen, ihn ideologisch zurückzustutzen und seine Autonomie auszuhöhlen.

Entscheidende Bedeutung beim Wiederaufbau der Metallarbeiterbewegung hatte die im September 1883 erstmals erscheinende »Deutsche Metallarbeiter-Zeitung«. Als »Fachblatt für die Branchen aller Metallarbeiter« – so der erste programmatische Untertitel des Blattes – diente die in Nürnberg angesiedelte Zeitung der informellen Kontaktaufnahme zwischen den bereits bestehenden Lokalvereinen von Schlossern, Drehern, Gießerei- und Maschinenarbeitern. Ihre Redaktion verstand sich aber zugleich als der publizistische Wegbereiter einer berufsübergreifenden Metallarbeiterunion, also eines gewerkschaftlichen Industrieverbandes in dieser Branche. Dafür plädierte ein im April 1884 veröffentlichter Aufruf eindrucksvoll, der es verdient, hier ausführlicher zitiert zu werden:

»Die Solidarität soll das Band sein, das uns alle umschlingt, die wir unter dem Drucke der Ausbeutung seufzen. In diesem Streben soll keine Berufsart sich höher und besser dünken. Die heutige Zeit ist nicht dazu angetan, Besserung durch Cultivierung veralteter Ansichten herbeizuführen. Aller Kastengeist, alle Zersplitterung nützt nur unseren Gegnern. Sind denn die Interessen, die wir zu verteidigen haben, so verschiedener Art? Der Goldschmied und der Hufschmied, der Maschinenbauer und Bauschlosser, der Dreher, Kupfer- und Blechschmied, alle haben nur ein gemeinsames Interesse. Allen, welche dieses noch nicht begriffen haben, müssen durch Aufklärung die Augen geöffnet werden. Unser Ziel muß sein: Schaffung einer allgemeinen centralisierten Metallarbeitervereinigung.«

Zwar stieß dieser Aufruf nicht überall in den Branchenorganisationen und Fachvereinen auf ungeteilte Zustimmung, aber er wurde doch zur Initialzündung für einen allgemeinen Metallarbeiterkongreß. Dieser im Dezember 1884 im thüringischen Gera stattfindende Kongreß beschloß, eine »Vereinigung der Metallarbeiter Deutschlands« ins Leben zu rufen. Mit dieser sehr unbestimmten Namensformel und mit der Versicherung, daß die lokale Autonomie der Fachvereine möglichst weitgehend erhalten bleiben solle, konnten sich prinzipiell auch die in Gera anwesenden Anhänger von Berufsverbänden einverstanden erklären. Allerdings fristete der offiziell im Januar 1885 die Arbeit aufnehmende Verband nur ein kurzes Dasein. Bereits im Sommer 1885 wurde die Vereinigung von den badischen Polizeibehörden aufgelöst, wobei das unkluge taktische Verhalten ihres in Mannheim angesiedelten Vorstands das Einschreiten der Behörden provozierte.

In den folgenden Jahren verschwand das Thema Metallarbeitergewerkschaft zwar nicht mehr von der Tagesordnung, doch nach diesem Auflösungsschock war die Neigung gering, nochmals den Versuch zu wagen, die vereinsrechtlichen Klippen mit einem stabiler gebauten Verband zu umschiffen. Diesen Schritt wagten lediglich die Schmiede, deren Skepsis gegen eine gemischte Gewerkschaft schon immer besonders groß gewesen war. Ihre Einschätzung, daß »nur durch stramme Berufsorganisation etwas Praktisches geschaffen werden« könne, setzten sie noch 1885 mit der Gründung eines eigenen Zentralverbandes in die Tat um, ohne jedoch alle Brücken zu den anderen Branchenorganisationen abzubrechen. Diese konzentrierten sich auf den Ausbau der lokalen Vereine, deren Zahl sich zwischen 1884 und 1888 von 23 auf 91 nahezu vervierfachte.

Ende 1888 unternahm dann ein in Weimar tagender Kongreß einen weiteren Anlauf auf dem Weg zu einem allgemeinen Zentralverband der Metallarbeiter. Ausgelöst wurden diese Aktivitäten von den Anhängern einer berufsübergreifenden Organisation, als deren Sprachrohr wiederum die Metallarbeiter-Zeitung diente. Der Weimarer Kongreß wollte eine weitere Zersplitterung der Metallberufe in Einzelgewerkschaften verhindern und die alte Idee der gemeinsamen Zentralisation mit neuem Leben füllen. Er sollte ferner den Verselbständigungstendenzen in den Berufsgruppen der Former, Mechaniker, Schlosser und Maschinenbauer einen Riegel vorschieben. Das angestrebte Ziel, die Metallarbeiterunion, wurde in Weimar nicht ganz erreicht, weil die meisten Delegierten sich angesichts der immer noch unsicheren Rechtslage für die Beibehaltung von flexiblen lokalen Vereinsformen aussprachen. Immerhin wählte man aber fünf Vertrauensleute für einzelne Berufsgruppen und schuf mit diesem Quasivorstand die personelle Grundlage für die weitere Entwicklung.

In der bis zur Wende von 1890 noch verstreichenden Verbotszeit stiegen die Mitgliederzahlen der Metallarbeitervereine sprunghaft an. Sie verdreifachten sich zwischen 1888 und 1890 von knapp 10 000 auf über 33 000. Mit der regionalen Ausbreitung rückte die Frage der zukünftigen Organisationsform immer mehr in den Mittelpunkt der Diskussionen. Dies zeigte sich auf einem weiteren allgemeinen Kongreß, der im Mai 1890 wiederum in Weimar tagte. Hier gewannen die Befürworter einer Berufsgruppengewerkschaft den Eindruck, daß die Metallarbeiterbewegung nun an einem Scheideweg stehe. Das von ihnen favorisierte Prinzip einer gemischten Gewerkschaft mußte schnell durchgesetzt werden, wollte man die gewerkschaftliche Auffächerung in berufsorientierte Zentralverbände noch erfolgreich abblocken. Die endgültige Entscheidung bahnte sich in den Herbst- und Wintermonaten 1890/91 an, nachdem das Sozialistengesetz gefallen war. Überall befaßten sich nun lokale Fachvereinsversammlungen mit dem Thema der Organisationsreform. Der für Juni 1891 nach Frankfurt am Main einberufene Kongreß, auf dem – außer den Schmieden – alle Berufsgruppen der Metallindustrie vertreten waren, hatte das letzte Wort.

Der Frankfurter Kongreß, der fast eine Woche lang tagte, beendete nicht nur den halblegalen Zwischenzustand, in dem sich die Metallarbeiterbewegung mehr als ein Jahrzehnt lang befunden hatte, er fällte nach ausführlichen Diskussionen auch den zukunftsweisenden Grundsatzbeschluß, für »alle in der Metallindustrie beschäftigten Arbeiter und Arbeiterinnen« einen gemeinsamen Verband zu schaffen. Dies war ein mutiger Sprung nach vorne, der sich über die Berufs- und Statusinteressen einzelner Gruppen hinwegsetzte. Die gewerkschaftliche Solidarität aller Metallarbeiter wurde zum Prinzip erhoben, wobei man weder zwischen Männern und Frauen noch zwischen Hochqualifizierten und Ungelernten einen Unterschied machte. Beides war damals auch in der sozialdemokratischen Gewerkschaftsbewegung noch keineswegs selbstverständlich. Doch die weitere Entwicklung gab denjenigen Delegierten recht, die in Frankfurt für die Gründung eines »Deutschen Metallarbeiter-Verbandes« eintraten. Bereits ein Jahr später war der Verband die in fast allen Belangen modernste und mitgliederstärkste deutsche Gewerkschaftsorganisation. Diesen Spitzenplatz hat die Industriegewerkschaft Metall bis heute behauptet.

Literatur

Bei der Abfassung dieses Beitrags wurde auf Quellen- und Literaturhinweise in Form von Fußnoten verzichtet. Zur weiteren Information können folgende Publikationen herangezogen werden: Willy Albrecht, Fachverein – Berufsgewerkschaft – Zentralverband. Organisationsprobleme der deutschen Gewerkschaften 1870–1890, Bonn 1982; 90 Jahre Industriegewerkschaft 1891 bis 1981. Vom Deutschen Metallarbeiter-Verband zur Industriegewerkschaft Metall. Ein Bericht in Wort und Bild, Köln 1981; Wolfgang Renzsch, Handwerker und Lohnarbeiter in der frühen Arbeiterbewegung. Zur sozialen Basis von Gewerkschaften und Sozialdemokratie im Reichsgründungsjahrzehnt, Göttingen 1980; Klaus Schönhoven, Die deutschen Gewerkschaften, Frankfurt am Main 1987; Klaus Schönhoven, Expansion und Konzentration. Studien zur Entwicklung der Freien Gewerkschaften im Wilhelminischen Deutschland 1890 bis 1914, Stuttgart 1980; Klaus Tenfelde, Klaus Schönhoven, Michael Schneider, Detlev J. K. Peukert, Geschichte der deutschen Gewerkschaften. Von den Anfängen bis 1945. Hrsg. von Ulrich Borsdorf, Köln 1987.

Protokoll

des

Allgemeinen

Deutschen Metallarbeiter-Kongresses

und der

Kongresse der Klempner, Schlosser, Former, Feilenhauer und Mechaniker

zu

Frankfurt a. M. 1891.

Abgehalten vom 1. bis 6. Juni.

Preis 20 Pfg.

Verlag von A. Junge in Stuttgart.

Druck von Wörlein & Comp., Nürnberg.

Präsenz-Liste.

Vertreten waren 129 Orte durch 128 Delegirte mit 205 Mandaten. Ein * bedeutet, daß der benannte Delegirte den betreffenden Ort mit vertrat.

Ort	Name u. Beruf des Delegirten	Mandatgeber
Altenburg	Paul Gebauer, Klempner	Metallarbeiter
Altona	W. Engelmann, Former	Former
"	Max Krönert, Schlosser	Schlosser
" u. Hamburg	W. Pentzien, Feilenhauer	Feilenhauer
" u. Ottensen	L. Wuggatzer, Klempner	Klempner
Apolda	Rich. Müller, Schlosser	Metallarbeiter
Aschersleben	Karl Gantzer, Former	"
Augsburg	Emil Illgen, Schlosser	"
Baden-Baden	Wilh. Lübke	"
Bamberg	*Martin Segitz-Fürth	"
Barmen	Friedrich Wolff	"
Berlin	Alwin Gerisch, Schlosser	"
"	Alwin Körsten, Former	"
"	Reinh. Petzold, Schlosser	"
Bielefeld	*Schwarze-Herford, Klmp.	"
Bockenheim	*Berger-Frankft., Mechan.	"
"	Emil Schenk, Schlosser	"
Braunschweig	Rud. Dramm, Feilenhauer	Feilenhauer
"	Franz Götz, Schlosser	Schlosser
"	Fritz Schwenn, Klempner	Klempner
"	Fritz Wegener, Former	Former
Bredow-Stettin	*Kuntze-Stettin, Schlosser	Schmiede
Bremen	Aug. Bartels, Schlosser	Metallarbeiter
"	F. Brinkmann, "	"
"	*Münzner-Hambg., Form.	Former
Bremerhv. Gestem.	*Engelmann-Altona, "	"
Breslau	Oskar Schütz, Former	Metallarbeiter
Brieg i Schl.	*Oskar Schütz, "	"
Bünde	*Schwarz-Herford	"
Cannstatt	*Geyer-Göppingen, Form.	Former
"	Karl Waldmann, Mechan.	Metallarbeiter
Cassel	Karl Krug, Schlosser	Schlosser

Ort	Name u. Beruf des Delegirten	Mandatgeber
Cassel	Alfred Oeser, Klempner	Klempner
Celle	Aug. Krüger, Dreher	Metallarbeiter
Chemnitz	Ernst Grenz, Former	Former
"	E. Riemann, Eisendreher	Metallarbeiter
"	*Roll-Leipzig, Schmied	Schmiede
Darmstadt	Georg Reinhard, Schlosser	Metallarbeiter
Dorna b. Grimma	*Paul Schiemann, Former	"
Dortmund	M. Heinze, Klempner	"
Dresden	*Grenz-Chemnitz, Former	Former
"	*Roll-Leipzig, Schmied	Schmiede
"	*Stücklen-Nbrg., Goldschl.	Schläger
Duisburg-Crefeld	Jakob Gerlach, Former.	Former
Düsseldorf	Rich. Held, Schlosser	Metallarbeiter
Eberstdt.-Grieshm.	Philipp Roth, Mechaniker	"
Langen-Darmstadt	*Philipp Roth, "	"
Ehrenfeld	*Bamberger-Köln	"
"	J. Engels, Feilenschmied	Feilenhauer
Eilenburg	*J. Plath-Leipz., Schlosser	Metallarbeiter
Elberfeld	A. Neumann, Klempner	"
Elmshorn	*Lienau-Neumünster, Schl.	"
Erfurt	W. Schneegaß, Klempner	"
Eßlingen	*Aug. Junge, Graveur	"
Fechenheim	*Söder-Hanau	"
Flensburg	*Münzner-Hamburg	Former
Frankenthal	Wilh Hackenberger	Metallarbeiter
"	*Reith-Mannheim	Former
Frankfurt a/M	Karl Berger, Mechaniker	Mechaniker u. Berufsgen.
" u. Offenbach	*Hilmer-Hamburg	Schmiede
"	B. Heinemann, Spengler	Spengler u. Installateure
" u. Bornheim	Joseph Krämer, Schlosser	Metallarbeiter
Freiburg i. Br.	Joh. Brehm, Uhrmacher	"
Freising	*Breder-Nürnberg	"
Fürth	Georg Harscher	"
"	Martin Segitz	"
Gießen	*Hausmann-Mainz, Spgl.	Spengler
"	*Krämer-Frankfurt	Metallarbeiter
Glauchau	*Steinkuhl-Zwickau	"
Glückstadt	*Rohrhirsch-Itzehoe	"
Gotha	Adolf Stiebeler, Schlosser	"
Göppingen	Christoph Geyer, Former	Former
"	Hermann Thiele	Klempner
Görlitz	Herm. Bennewitz, Schlosser	Metallarbeiter
Hagen	Max König, Feilenhauer	Feilenhauer
Halle a S.	Jul. Ebeling, Schlosser	Metallarbeiter
"	Karl Mack, Former	Former
"	Otto Mittag	Kessel- und Blechschmiede

Ort	Name u. Beruf des Delegirten	Mandatgeber
Hamburg	Karl Alex, Gelbgießer	Gelbgießer und Gürtler
"	J. A. Birner, Werftarbeiter	Werftarbeiter
"	A. Bremer, Mechaniker	Mechaniker und Optiker
"	H. Händschel, Schlosser	Schlosser
"	Georg Hemme, Klempner	Klempner
"	Emil Hilmer, Schmied	Schmiede
"	Aug. Junge, Schlosser	Schlosser
"	Wilh. Metzger	Klempner
"	Anton Münzner, Former	Former
"	Julius Panzner, Dreher	Metalldreher
"	C. Schweer, Schlosser	Schlosser
"	F. Theiß, Redakteur	Schmiede
Hanau	*Hausmann-Mainz	Spengler u. Installateure
"	Adam Soeder	Metallarbeiter
Hannover	Paul Schneider, Former	"
" -Linden	*Schwenn-Braunschweig	Klempner
"	Georg Weirich, Gelbgießer	Metallarbeiter
" -Linden	*Weirich	Schmiede
Harburg	*Engelmann-Altona	Former
"	Jakob Speh	Metallarbeiter
Helmstedt	*Götz-Braunschweig	"
Herford	Herm. Schwarze, Klempner	"
Hildesheim	*Weirich-Hannover	"
Hombrg.-Oberursel	*Emmel-Frankfurt	"
Jena	*Müller-Apolda	"
Itzehoe	H. Rohrhirsch, Former	"
Kaiserslautern	*Reith-Mannheim	"
Kalk (Mühlh. a. R.)	Otto Pietsch, Feilenhauer	"
Karlsruhe	W. Kleemann, Schlosser	"
"	*Reith-Mannheim	Former
Kiel-Gaarden	C. Fehmerling-Hamburg	Werftarbeiter
" -Diedrichsdorf	*C. Fehmerling-Hamburg	"
"	H. Friemann, Klempner	Klempner
"	Ernst Cappel, Schlosser	Schlosser u. Maschinenb.
"	*Grenz-Chemnitz	Former
Köln	Karl Bamberger	Metallarbeiter
Königsberg	Julius Kirsch, Schlosser	"
Konstanz	Jos. Bolte, Kupferschmied	"
Lambrecht	*Segitz-Fürth	"
Laufach	Alois Boos, Former	"
Leipzig	E. Goldbach, Feilenhauer	"
"	Franz Plath, Schlosser	"
"	Karl Roll, Schmied	"
"	*Derselbe	Schmiede
"	Paul Schiemann, Former	Metallarbeiter

Ort	Name u. Beruf des Delegirten	Mandatgeber
Ludwigshafen	Joh. Riedel, Schlosser	Metallarbeiter
Lübeck	Aug. Rieder, "	"
Lüdenscheid	Fritz Bojahr	"
Magdeburg	Karl Lankau, Dreher	"
"	Paul Michael, Klempner	Klempner
"	Alb. Wolfskämpf, Former	Former
Mannheim	Sebastian Hauß	Metallarbeiter
"	Rob. Mrikwicka, Spengler	Spengler u. Installateure
"	Emil Reith, Former	Former
Mainz	J. Hausmann, Spengler	Spengler
"	B. Wollstadt, Schlosser	Metallarbeiter
Michelstadt	*Roth-Darmstdt.-Eberstdt.	"
Mühlhausen i/Els.	Xaver Rudolf	"
" i/Thür.	*Schneegaß-Erfurt Klemp.	"
Mülheim a. Ruhr	*Grenz-Chemnitz	"
München	J. Mäggle, Kupferschm.	Kupferschmiede
"	J. Dimmelmeier, Spgl.	Spengler
"	Adolf Springer, Former	Former
"	Th. Weindl, Siebmacher	Schlosser
Neumünster	H. Lienau, Schlosser	Metallarbeiter
Nürnberg	K. Breder, Eisendreher	Schlosser u. Maschinenb.
"	Karl Ensner, Schlosser	"
"	*Emmel-Frankfurt	Mechaniker u. Berufsgen.
"	J. Frühinsfeld, Reißzeugm.	Reißzeugmacher
"	*Goldbach-Leipzig	Feilenhauer
"	A. Maiberger, Flaschner	Flaschner
"	K. Schaller, Rothgießer	Metallarbeiter
"	Joh. Scherm, Redakteur	Schlosser u. Maschinenb.
"	*Scherm	Heizer u. Maschinenwärter
"	D. Stücklen, Feingoldschl.	Feingoldschläger
"	*Stücklen	Schmiede
"	Anton Trost, Drücker	Metalldrücker
"	J. Weißmann, Former	Schlosser u. Maschinenb.
"	Franz Zeh, Former	Former
Offenbach	Karl Boschert, Former	"
"	Martin Graf, Gürtler	Metallarbeiter
Ohligs	Friedrich Klein, Schlosser	"
"	*Klein	Schlosser u. Maschinenb.
Osnabrück	Robert Fritz, Schlosser	Metallarbeiter
Quedlinburg	A. Trautewein, Schmied	"
Ravensburg	*Junge-Eßlingen	"
Remscheid	A. Falkenrath, Feilenhauer	Feilenhauer
"	*König-Hagen	Metallarbeiter
Rendsburg	*Lienau-Neumünster	"
Reutlingen	*Junge-Eßlingen	"
Ruhrort	Ferd. Vogel, Former	"

Ort	Name u. Beruf des Delegirten	Mandatgeber
Saalfeld a. S.	*Gebauer=Altenburg	Drahtweber
"	*Derselbe	Metallarbeiter
Sangerhausen	*Mack=Halle	"
Schleswig	*Lienau=Neumünster	"
Schmalkalden	Werner (als Gast)	"
Schnigling=Doos	*Scherm=Nürnberg	"
Schöningen	*Götz=Braunschweig	"
Schwabach	*Stücklen=Nürnberg	Schläger
Schweinfurt a. M.	*Breder= "	Metallarbeiter
Solingen	Gustav Schreier, Former	Former
"	H. Steinmüller, Schlosser	Metallarbeiter
Soffenheim=Höchst	L. Emmel=Ffft. a. M. "	"
Stettin	*Berger=Frankfurt a. M.	Mechaniker
"	Alex. Kuntze, Schlosser	Metallarbeiter
Stuttgart	Fritz Milberg, Ziseleur	"
Uelzen	*Weirich=Hannover	"
Ulm	*Thiele=Göppingen	"
Wald	*Friedrich Klein, Schlosser	"
"	*Klein	Schlosser u. Maschinenb.
Wandsbeck i. Holst.	Franz Diedrich, Schlosser	"
Weimar	*Müller=Apolda	Metallarbeiter
Werdau	*Steinkuhl=Zwickau	"
Wiesbaden	*Leop. Emmel=Frankfurt	"
"	*Hausmann=Mainz	Spengler
Wilhelmshaven	Franz Gemoll, Maschinenb.	Metallarbeiter
Witten	L. Nehme	"
Wolfenbüttel	*Götz=Braunschweig	"
"	*Wegener= "	Former
Wolgast i. Pomm.	*Kuntze=Stettin	Metallarbeiter
Worms	*Reith=Mannheim	"
Wurzen	Herm. Jahn, Former	"
Zwickau	Wilh. Steinkuhl	"

Außerdem noch für die Bezirke:

Baden	*E. Reith=Mannheim, For.	Formerconf. i. Mannheim
Hessen, H.=Nassau	A. Schlicke=Ffft. a. M., Mch.	Bezirksconferenz i. Mainz
Mecklenburg	W. Tapfer=Schwerin	Konferenz in Schwerin
Württemberg	A. Junge=Eßlingen, Grav.	Delegirtentag in Eßlingen

Tages-Ordnung des Kongresses.

1. Bericht der Vertrauensmänner über ihre Thätigkeit.
2. Die Organisationsfrage.
3. Berathung des Statuts für die in's Leben zu rufende Zentralisation (ev. Zentralisationen) der Metallarbeiter.
4. Wahl eines Vorstandes, dessen Stellvertreters und des Haupt-Kassiers.
5. Wahl des Vorortes.
6. Wahl des Ausschusses und dessen Sitzes.
7. Erneuerung einer Revisions-Kommission und deren Sitzes.
8. Wahl eines Vertrauensmannes, welcher die Interessen jener Berufsgenossen zu wahren hat, die gesetzlich verhindert sind, sich einer Zentralisation anzuschließen.
9. Die Organfrage.
10. Die Maßnahmen der Unternehmer gegen die Arbeiterorganisationen.
11. Die sogenannten Arbeiterschutzgesetze.
12. Der in Aussicht genommene allgemeine deutsche Gewerkschafts-Kongreß.
13. Die projektirten internationalen Kongresse.

Geschäfts-Ordnung des Kongresses.

1. Die Redezeit ist bei den Generaldebatten unbeschränkt, bei Spezialdebatten beträgt sie 5 Minuten. Jeder Redner hat sich bei den Führern der Rednerliste schriftlich zum Worte zu melden und darf nur dann in dieselbe eingetragen werden, wenn sein Name nicht bereits in der Liste steht.
2. Ueber allgemeine Geschäfsordnungsanträge darf nur ein Redner für und einer gegen sprechen, und ist dies bei der mündlichen Meldung zum Worte zu bemerken.
3. Anträge, die zur Debatte gelangen sollen, müssen schriftlich gestellt werden und bedürfen der Unterstützung von 5 Delegirten. Geschäftsordnungsanträge sind hiervon ausgeschlossen.
4. Anträge auf Schluß der Debatte gelangen nach vorheriger Bekanntgabe der noch eingezeichneten Redner sofort zur Abstimmung, können jedoch nur von nicht an der Debatte betheiligt gewesenen Delegirten gestellt werden.
5. Den Vertrauensmännern ist zur sachlichen Berichtigung ihrer Berichte nach jedem Redner das Wort zu gestatten.
6. Thatsächliche Berichtigungen und persönliche Bemerkungen sind nur nach Schluß der Debatte zulässig.

Statuten-Entwurf
zur Anbahnung einer Metallarbeiter-Union.

Name, Sitz, Umfang und Zweck.

§ 1 Die Vereinigung führt den Namen „Metallarbeiter-Union" und hat ihren Sitz in . . . . . . Die Union besteht aus den Sektionen aller betheiligten Gewerkschaften.

Sie erstreckt sich über das deutsche Reich und hat den Zweck, die Ehre, sowie die materiellen und geistigen Interessen ihrer Mitglieder nach Maßgabe des § 152 der Gewerbeordnung zu wahren und zu fördern.

§ 2. Dieser Zweck soll, soweit die jeweiligen Kassenverhältnisse solches gestatten, erreicht werden durch

a) möglichste Beschränkung der Arbeitszeit, Beseitigung der Sonntagsarbeit, der Ueberstunden und der Akkord-Arbeit, unter Zugrundelegung eines Lohnes, welcher für die Befriedigung der Bedürfnisse der Arbeiter und deren Familien ausreichend ist;
b) Unterstützung der Mitglieder in Nothfällen, auf der Reise, sowie in allen Fällen, in denen eine Unterstützung zur Erreichung des Unionszweckes nothwendig ist;
c) freien Rechtsschutz in gewerblichen und solchen Streitigkeiten, in welche die Mitglieder in Folge ihrer Unionsthätigkeit verwickelt werden;
d) Pflege der Berufsstatistik;
e) Regelung des Arbeitsnachweises und Herbergswesens.

Beitritt, Austritt und Ausschluß.

§ 3. Der Union kann jeder in der Metallindustrie Beschäftigte beitreten, sofern er sich den Bestimmungen dieses Statuts unterwirft.

Der Beitritt erfolgt durch Unterzeichnung der Beitrittserklärung im Mitgliedsbuche. Beitrittserklärungen von Berufsgenossen außerhalb des Bereiches eines örtlichen Verwaltungsbezirkes sind bei der Geschäftsleitung zu machen.

Der Beitritt kann verweigert werden, wenn dies im Interesse der Union nothwendig erscheint.

Die Mitgliedschaft erlischt:

a) wenn ein Mitglied acht Wochenbeiträge schuldet;
b) durch schriftliche oder mündliche Austrittserklärung bei der Geschäftsleitung oder der örtlichen Verwaltung.

Der Ausschluß eines Mitgliedes erfolgt, wenn es:

a) sich Handlungen gegen das Interesse der Union zu Schulden kommen läßt;

b) sich beharrlich weigert, den Anordnungen der Geschäftsleitung oder der örtlichen Verwaltung, soweit solche durch das Statut begründet sind, Folge zu leisten.

Der Ausschluß erfolgt nur durch Beschluß der Geschäftsleitung. Gegen dieselbe, sowie gegen die Beitrittsverweigerung ist Beschwerde an den Ausschuß, in letzter Instanz an die Generalversammlung zulässig.

Mit Beendigung der Mitgliedschaft erlischt sofort jedes Anrecht an die Union.

Aufbringung der Mittel.

§ 4. Das Beitrittsgeld beträgt . . Pfg., der wöchentliche Beitrag . . Pfg., Beitrittsgeld und Beitrag sind freiwillig.

Erforderlichen Falles kann die Geschäftsleitung unter Zustimmung des Ausschusses eine zeitweilige Erhöhung der Beiträge, bezw. Extrabeiträge anordnen.

Die Beiträge werden durch in das Mitgliedsbuch zu klebende Marken quittirt.

Art und Umfang der Unterstützung.

§ 5. Mitgliedern, welche ein halbes Jahr der Union angehören, kann an allen Zahlstellen eine Reiseunterstützung gewährt werden. Die Höhe derselben bestimmt die Geschäftsleitung je nach dem Stande der Kasse, jedoch darf dieselbe bei Fußreisenden, sofern diese mindestens 25 Kilometer pro Tag zurückgelegt haben, nicht über 2 Pfg. pro Kilometer und bei Bahnreisenden nicht über 1 Mk. pro Tag normirt werden.

Werden Mitglieder durch Aussperrung, Maßregelung ꝛc. zur Abreise genöthigt, so kann mit Genehmigung der Geschäftsleitung eine Reiseunterstützung auch ohne Rücksicht auf die Dauer der Mitgliedschaft sofort gewährt werden.

Mitgliedern, welche 12 Mark an Reiseunterstützung erhalten haben, können weitere Geschenke nur dann gewährt werden, wenn denselben keine Arbeit nachgewiesen werden kann. Mitgliedern, welche während zweimonatlicher Reisedauer Reiseunterstützung erhalten haben, darf während der Dauer eines Vierteljahres keine weitere Reiseunterstützung verabreicht werden.

Wiederholt an einem Orte kann Reiseunterstützung nur dann gewährt werden, wenn ein Zeitraum von 6 Monaten seit dem Tage, an dem das letzte Reisegeld erhoben wurde, verflossen ist.

Mitgliedern anderer Metallarbeiter-Organisationen, welche gesetzlich verhindert sind, sich der Union anzuschließen, kann, insofern solche Vereine den Mitgliedern der Union die gleichen Vortheile gewähren, Reisegeschenk verabfolgt werden, wenn sie ihrer Organisation mindestens ein halbes Jahr angehört und sich ordnungsgemäß abgemeldet haben.

Erhält ein auf der Reise befindliches Mitglied außerhalb des Sitzes einer Zahlstelle Arbeit, so hat dasselbe innerhalb 14 Tage Anzeige an die Hauptkasse zu machen und eventuelle Beiträge dorthin zu entrichten.

§ 6. Unterstützungen nach § 2 b können nur mit Genehmigung der Geschäftsleitung gewährt werden und hat diese die Höhe derselben zu bestimmen. Diesbezüglichen Gesuchen ist seitens der Lokalverwaltung eine Schilderung der familiären Verhältnisse des Nachsuchenden, sowie Schilderung der allgemeinen örtlichen Verhältnisse und ein Antrag bezüglich der Höhe der Unterstützung beizufügen.

§ 7. Wird bei einer Zahlstelle unentgeltlicher Rechtsschutz nachgesucht, so hat die betreffende Lokalverwaltung unter genauer Schilderung der Angelegenheit, der die Streitfrage veranlassenden und begleitenden Umstände an die Geschäftsleitung zu berichten, letzere entscheidet über Zulässigkeit und Umfang des zu gewährenden Schutzes bis vor zweiter Instanz, darüber hinaus steht die Entscheidung der Geschäftsleitung und dem Ausschuß gemeinschaftlich zu.

Wird ein Prozeß ohne Vorwissen der betreffenden Lokalverwaltung eingeleitet, oder ohne Zustimmung der Geschäftsleitung über die erste Instanz (Amtsgericht) hinaus weiter geführt, so hat einerseits das betreffende Mitglied, andrerseits die betreffende Lokalverwaltung die entstehenden Kosten aus eigenen Mitteln zu bestreiten.

Der Rechtsschutz kann einem Mitgliede nach Lage der Verhältnisse sofort gewährt werden.

§ 8. Sämmtliche auf Grund dieses Statuts geleisteten Unterstützungen sind freiwillige und steht den Mitgliedern weder ein gesetzliches Recht noch ein Klagerecht auf dieselben zu.

Allgemeine Pflichten und Rechte der Mitglieder.

§ 9. Jedes Mitglied ist verpflichtet, für die Ausbreitung der Union und die Erreichung des Zwecks derselben zu wirken.

Bei Krankheit, Arbeitslosigkeit oder sonstigen Nothfällen kann dem Mitgliede auf schriftliches oder mündliches Ansuchen, welches spätestens vor Ablauf der achten Restwoche bei der örtlichen Verwaltung gestellt werden muß, von dem Bevollmächtigten eine Stundung der Beiträge bis höchstens 13 Wochen gewährt, auch können auf Beschluß der Geschäftsleitung die Beiträge für die betreffende Zeit gänzlich erlassen werden.

Mitglieder, welche zum Militärdienst eingezogen oder inhaftirt sind, gelten als ausgeschieden, erstere können jedoch innerhalb 14 Tage nach ihrer Entlassung ohne Weiteres wieder in ihr früheres Verhältniß zur Union treten, wenn sie sich bei der Geschäftsleitung oder einer örtlichen Verwaltung melden.

Auf Beschluß der Geschäftsleitung für jeden einzelnen Fall kann auch Inhaftirten das Verhältniß zur Union erhalten bleiben oder nach ihrer Entlassung der Beitritt verweigert werden.

Geschäftsleitung.

§ 10. Diese besteht mindestens aus soviel Mitgliedern, als der Union Gewerkschaften angehören.

Zur Geschäftsführung werden berufen: ein Vorsitzender, dessen Stellvertreter, ein Hauptkassier und ein Sekretär. Die übrigen Mitglieder der Geschäftsleitung fungiren als Beisitzer.

In den Fällen zeitweiliger Verhinderung des Vorsitzenden oder des Hauptkassierers ist der stellvertretende Vorsitzende berechtigt, die Vertretung zu übernehmen.

Der Vorsitzende ist verpflichtet, alle Interessen der Union gewissenhaft wahrzunehmen. Er vertritt die Union nach Innen und Außen.

Er legitimirt sich durch eine Bekanntmachung in den Organen der Union.

Zur Gültigkeit einer Zeichnung für die Union gehören die Unterschriften des Vorsitzenden und des Hauptkassierers.

Der Hauptkassier hat die Kassenangelegenheiten zu ordnen und darüber genau Buch zu führen, die vierteljährigen und jährlichen Kassenberichte aufzustellen und nach der vorschriftsmäßigen Beglaubigung zu veröffentlichen.

Der Sekretär hat die Korrespondenz zu führen und die statistischen Erhebungen zu pflegen und bekannt zu geben.

Die Beisitzer haben an allen Sitzungen theilzunehmen, können sich jedoch Vertreter bestellen, welche an ihre Stelle mit allen Rechten und Pflichten treten.

Die Stellvertreter müssen Mitglieder der Union sein. Ueber deren Zulassung entscheidet die Geschäftsleitung in ihrer Gesammtheit.

Die Geschäftsleitung hat die Aufrechthaltung der Statuten zu überwachen, sowie alle statutengemäßen Beschlüsse zu vollziehen, die ordentlichen und außerordentlichen Generalversammlungen einzuberufen, Bestimmungen zu treffen über Ort und Zeit der Generalversammlungen, über Eintheilung der Wahlreise, behufs Wahl der Delegirten, sowie ein Wahlreglement aufzustellen und für dessen Einhaltung Sorge zu tragen.

Die Geschäftsleitung ist auch berechtigt, in Gemeinschaft mit dem Ausschusse Statutenänderungen, welche durch gesetzliche Vorschriften oder behördliche Maßnahmen erforderlich, sofern solche nicht tiefeinschneidender Natur sind, vorzunehmen.

Revisionskommission.

§ 11. Die Revisionskommission besteht aus 5 Mitgliedern. Dieselben sind zu wählen aus den Mitgliedern an dem Orte oder dessen näherer Umgebung, an welchem die Union ihren Sitz hat.

Sie hat mindestens alle 2 Monate durch 3 ihrer Mitglieder die Hauptkasse revidiren zu lassen, die Abrechnungen zu beglaubigen und dem Ausschusse Bericht zu erstatten.

Ausschuß.

§ 12. Zur Ueberwachung der Geschäftsleitung und der Revisionskommission wird ein Ausschuß von 5 Mitgliedern gebildet.

Derselbe darf nicht am Sitze der Union sich befinden.

Er hat Beschwerden über die Geschäftsleitung zu regeln und alle weiteren Befugnisse, welche ihm durch das Statut übertragen sind, gewissenhaft wahrzunehmen.

Er prüft die Berichte der Revisionskommission und ist berechtigt, selbstständig Revisionen der Hauptkasse vorzunehmen.

Gemeinsame Bestimmungen.

§ 13. Der Vorsitzende, dessen Stellvertreter, der Sekretär und der Hauptkassirer der Geschäftsleitung, sowie der Vorsitzende des Ausschusses, werden von der Generalversammlung mittelst geheimer Abstimmung durch absolute Majorität auf die Dauer bis zur nächsten ordentlichen Generalversammlung gewählt.

Desgleichen werden von der Generalversammlung 3 Ersatzmänner für die Vorgenannten gewählt, welche bei vorkommender Vakanz in Thätigkeit zu treten haben.

Die Beisitzer der Geschäftsleitung werden entweder von den Vertretern der betheiligten Gewerkschaften auf der Generalversammlung ernannt oder von den Sektionsmitgliedern desjenigen Ortes und dessen näherer Umgebung in welchem, die Geschäftsleitung ihren Sitz hat.

Die Ausschußmitglieder sowie die Mitglieder der Revisionskommission werden von den Mitgliedern der Sektionen des Ortes und dessen näherer Umgebung gewählt, an welchen die betreffenden Körperschaften ihren Sitz haben.

Tritt für ein besoldetes Vorstandsamt eine Vakanz ein, so entscheidet über die Besetzung die Geschäftsleitung nebst dem Ausschuß.

Mitglieder der Geschäftsleitung, des Ausschusses oder der Revisionskommission können, wenn sie ihre Pflichten gegen die Union nicht erfüllen, mit derselben in Prozeß gerathen oder sich Unredlichkeiten gegen dieselbe schuldig machen, durch Beschluß eines gemeinschaftlichen Kollegiums der nicht betheiligten Geschäftsleitungs- und Ausschußmitglieder ihres Amtes einstweilen enthoben werden. Der bezügliche Antrag kann auch aus der Mitte der Unionsmitglieder hervorgehen, muß aber vom dritten Theile derselben unterstützt sein.

Ihre Geschäftsordnung gibt sich jede der drei Körperschaften selbst.

Oertliche Verwaltung.

§ 14. Die Geschäftsleitung kann für bestimmte Bezirke örtliche Verwaltungsstellen (Sektionen) errichten, sofern in dem Bezirk mindestens zehn Mitglieder der Union sich aufhalten. Wo die örtlichen Verhältnisse es geboten erscheinen lassen, können an ein und demselben Ort mehrere Verwaltungsstellen errichtet werden.

Die örtliche Verwaltung wird geführt von 5 Mitgliedern, die von der Geschäftsleitung ernannt werden. Zu diesem Zweck haben die Mitglieder der örtlichen Verwaltungsstellen der Geschäftsleitung entsprechende Personen in Vorschlag bringen. Die solcher Art vorzuschlagenden Ortsbeamten sind in Mitgliederversammlungen zu wählen. Der erste der Ortsbeamten überwacht und leitet die Gesammtortsverwaltung (Bevollmächtigter); der Zweite führt die Ortskasse und die drei Uebrigen haben die Kontrolle und Revision auszuüben. Bei örtlichen Verwaltungsstellen von über 200 Mitgliedern kann die örtliche Verwaltung durch einen zweiten Bevollmächtigten und einen zweiten Kassirer verstärkt werden.

Die Geschäftsleitung ist berechtigt, an Orten, wo sich mehrere Sektionen befinden, zur Auszahlung der Reiseunterstützung eine Zentralstelle zu schaffen.

Der Geschäftskreis der örtlichen Verwaltung erstreckt sich auf:

1. die Entgegennahme der Beitritts- und Austrittserklärungen;
2. die Erhebung der Unionsbeiträge, die Entscheidung über Stundungsgesuche und die Auszahlung der Unterstützungen.

Auch ist die Ortsverwaltung verpflichtet, die Anordnungen der Geschäftsleitung auszuführen.

Die Bücher für den Ortskassirer sind nach Vorschrift der Geschäfsleitung einzurichten und gewissenhaft zu führen. Die Bücher für die Ortsverwaltung werden von der Geschäftsleitung geliefert.

Die Revisoren sind verpflichtet, allmonatlich eine Revision der Ortskasse vorzunehmen. Ergibt sich bei derselben, daß der Kassenbestand die Höhe von 50 Mark überschritten hat, so sind alle überschüssigen Gelder an die Hauptkasse einzusenden; jedoch ist die Geschäftsleitung befugt, den örtlichen Verwaltungsstellen nach Bedarf einen höheren Kassenbestand zu belassen. Die in den Büchern beglaubigten Rechnungsabschlüsse sind an die Geschäftsleitung in ebenfalls von den Revisoren unterzeichneten Abschriften (Abrechnungsformularen) alle zwei Monate und zwar bis spätestens zum 15. des nächsten Monats einzusenden, widrigenfalls die örtliche Verwaltung von der Geschäftsleitung in geeigneter Weise dazu veranlaßt wird. Ist nach Ablauf von zwei Monaten die Einsendung der Abrechnung nicht erfolgt, so hat die Geschäftsleitung eine Revision der örtlichen Verwaltungsstellen zu veranlassen.

Die Geschäftsleitung ist jederzeit berechtigt, eine Revision der örtlichen Verwaltungsstellen anzuordnen. Den von ihr hiermit Beauftragten ist auf Verlangen sämmtliches der Union gehörige Material, sowie der vorhandene Kassenbestand vorzulegen und jede auf die Union Bezug habende Auskunft zu ertheilen.

Die Abrechnungsformulare müssen in allen Rubriken sorgfältig ausgefüllt werden. Insbesondere ist der verlangte statistische Bericht mit größter Genauigkeit zu erbringen.

Ueber die gelieferten und verkauften Quittungsmarken ist genau Buch zu führen, sowie die Zahl der verkauften Quittungsmarken und der verbleibende Bestand derselben auf den Abrechnungen genau anzugeben. Die Beamten sind für den Nennwerth der ihnen anvertrauten Quittungsmarken haftbar.

Die von einer örtlichen Verwaltungsstelle zu leistenden Unterstützungen sind zunächst aus den bei derselben eingehenden Beiträgen zu bestreiten. Reichen diese Einnahmen nicht aus, so ist dieses rechtzeitig der Geschäftsleitung zu melden, welche dann den nöthigen Zuschuß zu senden hat. Das betreffende Gesuch muß von dem Bevollmächtigten, dem Kassirer und den Revisoren unterzeichnet und mit dem Ortsstempel versehen sein.

Alle an die Hauptkasse einzusendenden Gelder dürfen nur an den Hauptkassirer durch Posteinzahlung gesendet werden. Die hierüber ausgestellte Postquittung ist sorgfältig aufzubewahren und gilt ausschließlich als Beleg für die erfolgte Absendung der Gelder.

Für jede Ausgabe ist eine von den Revisoren beglaubigte Quittung mit der Abrechnung einzusenden.

Generalversammlung.

§ 15. Die Generalversammlung wird durch die Geschäftsleitung berufen

Sie wird durch Abgeordnete gebildet, welche durch die Mitglieder aus deren Mitte zu wählen sind. Die Wahl erfolgt durch geheime Abstimmung mit absoluter Majorität. Zu ihrer Vornahme werden Wahlabtheilungen gebildet, welche die Geschäftsleitung festsetzt. Jede Wahlabtheilung wählt für je 500 Mitglieder einen Abgeordneten; ist die Zahl der Mitglieder nicht durch 500 theilbar, so ist für die überschießende Zahl, wenn dieselbe 250 oder mehr beträgt, ein weiterer Abgeordneter zu wählen.

Jeder der Abgeordneten erhält pro Tag . . ℳ und Fahrgeld für die dritte Wagenklasse. Diese Kosten sind durch eine von der Geschäftsleitung auszuschreibende Extrasteuer aufzubringen. Die Ausschreibung dieser Steuer muß so früh stattfinden, daß den Abgeordneten die Kosten auf der Generalversammlung vergütet werden können. Die einkommenden Extrasteuern sind bei der monatlichen Abrechnung zu vermerken und an die Hauptkasse einzusenden. Die Bestimmung des Zeitpunktes, an welchem mit der Erhebung der Abgeordnetensteuer begonnen werden soll, ist dem Ermessen der Geschäftsleitung anheim gegeben.

§ 16. Jede Generalversammlung muß mindestens vier Wochen vor dem Tage, an dem sie stattfinden soll, den Mitgliedern mit Angabe der Tagesordnung bekannt gemacht werden.

Anträge, welche zur Berathung kommen sollen, müssen spätestens 14 Tage vor der Versammlung der Geschäftsleitung eingereicht werden. Die Generalversammlung gibt sich ihre Geschäftsordnung selbst.

Beschlüsse werden durch absolute Stimmenmehrheit gefaßt. Bei Statutenänderungen entscheiden zwei Dritttheile sämmtlicher Abgeordneten.

Stimmengleichheit bewirkt die Ablehnung von Anträgen und macht bei Wahlen Entscheidung durch das Loos nöthig.

Der Vorsitzende und der Hauptkassirer haben nur berathende Stimme; ebenso anwesende Unionsmitglieder, welche nicht Abgeordnete sind.

Eine außerordentliche Generalversammlung kann durch die Geschäftsleitung selbstständig einberufen werden; die Geschäftsleitung muß sie einberufen auf Antrag des Ausschusses oder des vierten Theiles der Mitglieder. Einer außerordentlichen Generalversammlung stehen dieselben Befugnisse zu wie jeder ordentlichen.

§ 17. Zu den Befugnissen der Generalversammlung gehören: a) Etwaige Aenderungen des Statuts; b) Prüfung bezw. Bestätigung der Rechnungsabschlüsse; c) Wahl des Sitzes für die Geschäftsleitung, den Ausschuß und die Revisionskommission; d) Wahl des Vorsitzenden, Hauptkassiers und Sekretärs der Geschäftsleitung und des Vorsitzenden des Ausschusses; e) Bestimmung der Beamtengehälter; f) endgiltige Entscheidung über alle Unionsangelegenheiten.

Auch hat sie den Zeitpunkt zur Abhaltung der nächsten ordentlichen Generalversammlung festzusetzen. Die Zwischenzeit darf jedoch zwei Jahre nicht übersteigen.

Ueber die Verhandlungen und Beschlüsse der Generalversammlung sind Protokolle aufzunehmen, welche, wenn sie von der Generalversammlung genehmigt sind, vom Vorsitzenden und drei Abgeordneten unterzeichnet werden müssen.

Beschwerden und Streitfälle.

§ 18. Beschwerden irgend welcher Art über die Verwaltung oder über Mitglieder müssen dem zuständigen Bevollmächtigten schriftlich eingereicht werden.

Der Bevollmächtigte ist verpflichtet, dieselben nebst genauem Bericht über den der Beschwerde zu Grunde liegenden Sachverhalt der Geschäftsleitung zur Entscheidung zu unterbreiten.

Allgemeine Bestimmungen.

§ 19. Alle zu den laufenden Ausgaben nicht erforderlichen Geldbestände müssen verzinsbar angelegt werden. Sie dürfen jedoch nur auf unveräußerliche Bücher einer öffentlichen Sparkasse oder in einer anderen Weise, wie die Gelder Bevormundeter, belegt werden. Bei jeder ersten Anlegung von Geldern hat der Vorsitzende und der Hauptkassirer dieselbe gemeisam zu vollziehen und dabei die Bedingung zu stellen, daß Gelder für die Union nur mit schriftlicher Bewilligung dieser zwei Beamten unter Beifügung des Unionsstempels gekündigt und erhoben werden können.

§ 20. Jedes Jahr hat die Geschäftsleitung eine Jahresabrechnung durch Auszug aus den Hauptbüchern aufzustellen, die, vom Ausschuß auf Grund der Bücher und Belege revidirt und mitunterzeichnet, schließlich der Generalversammlung vorgelegt werden muß.

Auch hat die Geschäftsleitung alljährlich eine spezifizirte Abrechnung, sowie monatlich eine Abrechnung der Hauptkasse und vierteljährlich die Namen und Adressen der Bevollmächtigten und Kassirer der örtlichen Verwaltungsstellen zu veröffentlichen. Die Jahres-Abrechnung ist jedem Mitgliede, das Adressenverzeichniß den Bevollmächtigten nach Bedarf zuzustellen.

§ 21. Alle auf die Union bezüglichen Bekanntmachungen, Aufforderungen und Einladungen erfolgen bis zu anderweiter Beschlußnahme der Generalversammlung durch die „Deutsche Metall-Arbeiter-Zeitung" und die Organe jener Gewerkschaften, welche der Union angehören. Von jeder Nummer ist sämmtlichen örtlichen Verwaltungen je ein Exemplar zuzustellen, wonach die Bekanntmachungen 2c. den Mitgliedern zu weiterer Kenntniß zu bringen sind. Sollten bis zur nächsten Generalversammlung diese Zeitungen eingehen, so hat die Geschäftsleitung die Bekanntmachungen 2c. auf geeignete Weise zu veranlassen.

§ 22. Die Mitglieder einer anderen Metallarbeiter-Vereinigung können gemeinschaftlich mit Aktiven und Passiven der Union beitreten, wenn die Geschäftsleitung der letzteren nach vorheriger Einsichtnahme der Bücher der anderen Vereinigung sich für die Aufnahme entscheidet. Mit der Prüfung der Bücher, sowie mit der Führung der Vorverhandlungen kann die Geschäftsleitung entweder eines ihrer Mitglieder oder Mitglieder der dem Sitz der anderen Kasse nächst belegenen örtlichen Verwaltungsstelle beauftragen. Die Aufnahmebedingungen können in diesem Falle zwischen den resp. Vorständen vereinbart werden.

§ 23. Eine freiwillige Auflösung der Union kann nur in einer Generalversammlung unter Zustimmung von mindestens vier Fünftheilen sämmtlicher vertretenen Stimmen erfolgen.

§ 24. Das nach Auflösung oder Schließung der Union verbleibende Vermögen wird zunächst zur Deckung aller Verbindlichkeiten der Union verwandt. Für den Fall, daß nach Erfüllung aller Verbindlichkeiten ein Vermögensüberschuß verbleibt, wird derselbe dem Unterstützungsfond der allgemeinen Kranken- und Sterbekasse der Metallarbeiter (E. H. Nr. 29 Hamburg) überwiesen.

1. Sitzung, am 1. Juni, Vormittags 9½ Uhr.

Der Vorsitzende des Lokal-Komité's, Genosse Schlicke, begrüßt in warmen Worten die anwesenden Delegirten, worauf Segitz (Fürth) als Miteinberufer des Kongresses denselben für eröffnet erklärt, indem er zugleich der Hoffnung Ausdruck gibt, daß der Kongreß Segensreiches schaffen werde. Nachdem die Tagesordnung durch Segitz verlesen, wird auf dessen Vorschlag ein provisorisches Bureau, bestehend aus Segitz als Vorsitzenden und Panzner als Schriftführer gewählt.

Hierauf wählt der Kongreß eine Mandatsprüfungskommission, bestehend aus: Thiele, Mittag, Hendschel, Hemme, Götz, Roth und Trautewein, sowie eine Geschäftsordnungskommission, bestehend aus: Schweer, Müller, Körsten, Lankau und Stiebeler.

Auf Vorschlag des Vorsitzenden wird die Sitzung bis Nachmittags 2 Uhr vertagt, um den erwählten Kommissionen Zeit zur Erledigung ihrer Arbeiten zu geben.

Julius Panzner, Schriftführer.

---

2. Sitzung, am 1. Juni, Nachmittags.

Der Vorsitzende Segitz eröffnet die Sitzung um 2 Uhr.

Mittag erstattet den Bericht der Mandatprüfungs-Kommission. Es sind darnach 118 Delegirte mit 181 giltigen Mandaten anwesend, welche 119 Orte vertreten.

Auf den Mandaten der Delegirten Held, Kuntze und Roll fehlt die Ortsangabe. Nach gegebener Aufklärung werden diese Mandate für giltig erklärt.

Die Delegirten Maiberger-Nürnberg und Dimmelmeier-München sind ohne Mandat erschienen. Maiberger hat sein Mandat mitzubringen vergessen und will es nachsenden lassen, Dimmelmeier wurde vom Vorsitzenden der betreffenden Versammlung kein Mandat ausgefertigt. Da durch Zeitungsberichte (Münchener Post) und Delegirte bestätigt wird, daß die Beiden als Delegirte zum Metallarbeiterkongreß gewählt sind, so werden sie als solche anerkannt.

Junge-Hamburg theilt mit, daß er die Abschrift einer Beschwerde gegen die Wahl von Krönert-Altona in Händen habe, worin dessen Wahl beanstandet werde.

Nachdem Krönert Aufklärung gegeben und noch mehrere Delegirte das Wort genommen, ebenso ein Antrag: „das Mandat Krönerts so lange zu beanstanden, bis das Original der Beschwerde eingelaufen ist“, abgelehnt wird, wird beschlossen, Krönert's Mandat vorläufig für giltig zu erklären und erst den Einlauf des Originals der Beschwerde abzuwarten.

Heinze erklärt, daß sein Mandat unterwegs sei.

Werner-Schmalkalden theilt mit, daß er ohne Mandat erschienen sei.

Nach kurzer Debatte wird beschlossen, daß Werner an den Berathungen theilnehmen könne, aber kein Stimmrecht besitze.

Es erfolgt hierauf die Wahl des definitiven Bureaus. Als Vorsitzende werden Segitz, Panzner und Krämer, als Schriftführer König, Riemann, Stücklen, Mittag, Steinkuhl, Hemme, Stiebeler und Gebauer gewählt. Zu Führern der Rednerliste werden Müller und Plath ernannt.

Hierauf erstattet Schweer den Bericht der Geschäftsordnungskommission. Die vorgeschlagene Geschäftsordnung wird nach einigen Aenderungen angenommen. (Siehe Seite 7.)

Die Geschäftsordnungskommission stellt ferner den Antrag: „Die Abstimmung nach Mandaten vorzunehmen."

Nach kurzer Debatte und Präzisirung des Antrages dahin, daß dieser Abstimmungsmodus nur bei der Entscheidung über die Organisationsfrage Anwendung finden solle, wird der Antrag mit 47 gegen 37 Stimmen angenommen.

Die Geschäftsordnungskommission beantragt ferner: „Der Kongreß möge beschließen, bei seinen Arbeiten den achtstündigen Arbeitstag einzuführen."

Theiß und Diedrich sprechen gegen, Bamberger und Riemann für den Antrag.

Der Antrag wird angenommen.

Lankau und Körsten beantragen im Auftrage der Geschäftsordnungskommission „als 2. Punkt die Organisationsfrage auf die Tagesordnung zu setzen, und nachdem diese Frage in der Generaldiskussion erledigt ist, die Branchenkongresse tagen zu lassen."

Breder will die Organisationsfrage zugleich mit den Berichten der Vertrauensmänner behandelt haben.

Metzger will dem Antrage Lankau-Körsten beigefügt wissen, daß die Abstimmung im allgemeinen Kongreß über die Organisationsform bis nach den Branchenkongressen ausgesetzt wird.

Der Antrag Lankau-Körsten mit Zusatzantrag von Metzger wird angenommen, der Antrag Breder abgelehnt.

Körsten wünscht, daß die Branchenkongresse aus Taktgefühl keine Beschlüsse, sondern nur Resolutionen fassen.

Nachdem noch bestimmt ist, daß die Sitzungen des Kongresses Vormittags von 8–12 und Nachmittags von 2—6 Uhr stattfinden, wird in den 1. Punkt der Tagesordnung:

„Bericht der Vertrauensmänner über ihre Thätigkeit"

eingetreten.

Segitz (Vertrauensmann der Metallarbeiter) erstattet hierauf folgenden Bericht:

Genossen! Zum zweiten Male bin ich veranlaßt, Ihnen Bericht über meine, genau ein Jahr umfassende, Thätigkeit zu erstatten, und ich kann mit Genugthuung hervorheben, daß sich derselbe im Wesentlichen günstiger gestaltet, als der auf dem Weimarer Kongreß im Vorjahre erstattete. Sowohl was die Ausbreitung unserer Organisationen als die finanziellen Leistungen der Genossen an mich anbelangt, habe ich günstigere Resultate zu verzeichnen als im Jahre 1889/90, es ist ein bedeutend höherer Stand der Vereine nachzuweisen und trotz der vielen Ausgaben ein nicht unbedeutender Ueberschuß sowohl im Agitations- als im Unterstützungsfond erzielt worden. Ohne Zweifel sind diese Erfolge in der Hauptsache auf die Beschlüsse des letzten Kongresses zurückzuführen, welche für die Genossen in ganz Deutschland der Impuls zu erneuter erfolgreicher Thätigkeit waren. Schon damit ist der Vorwurf, welcher von gewisser Seite gegen den Weimarer Kongreß — der angeblich ungefähr den Erfolg gehabt haben soll wie das Hornberger Schießen, und auf dem die Genossen nicht gewußt haben sollen, was sie wollen — erhoben wurde, widerlegt. Ich habe die abfällige Kritik über die Weimarer Kongreßbeschlüsse an anderer Stelle auf ihren wahren Werth zurückgeführt und begnüge mich hier damit, darauf hinzuweisen

Unbestritten bleibt ja, daß der Weimarer Kon.greß im vorigen Jahre die Organisationsfrage nicht endgültig gelöst hat. Nach der allgemeinen Zerfahrenheit, welche vor dieser Versammlung in der Metallarbeiterbewegung herrschte, war dieses vorauszusehen. Die Bedeutung der Weimarer Beschlüsse von 1890 liegt darin, daß einigermaßen Einheitlichkeit in die Bewegung gebracht wurde. Dieser Kongreß hat veranlaßt, daß man sich allseits mit der Reformirung unseres Organisationswesens befaßte und die gegenseitigen Reibereien zwischen den Vereinen für alle Metallarbeiter und den Fachvereinen auf ein erträgliches Maß reduzirt wurden.

Auch die gegenseitigen Beziehungen der Vertrauensmänner sind durch die Kongreßbeschlüsse in günstigster Weise beeinflußt worden, deren einheitliches Vorgehen in allen wichtigeren Fragen sofort nach Beendigung des Kongresses in einer gemeinsamen Konferenz beschlossen wurde.

Schon auf dem Weimarer Kongreß habe ich die Mittheilung gemacht, daß ich wegen Quittirung von Beiträgen zur Unterstützung der Streikenden in der Schuckert'schen Fabrik angeklagt bin. Die diesbezügliche Verhandlung hat am 4. Juni vor. Js. vor dem Landgericht in Fürth stattgefunden und endete mit der Aufhebung des freisprechenden Urtheils der ersten Instanz.

Da diese Angelegenheit für alle Arbeiter-Organisationen in Bayern von prinzipieller Wichtigkeit erschien, meldete ich gegen das verurtheilende Erkenntniß Revision zum Oberlandesgericht München an. Die Revision wurde von Herrn Rechtsanwalt Dr. Held in Nürnberg begründet, vertheidigt habe ich mich in allen Instanzen selbst. Die Revision wurde verworfen.

Inzwischen wurde ich wegen einer in Nr. 22 der „Metallarbeiterztg." enthaltenen Quittung abermals zur Verantwortung gezogen und in Gemeinschaft mit dem Vertrauensmann der Schlosser und dem Redakteur der „Metallarbeiterztg." zu einer Geldstrafe von 10 Mk. verurtheilt.

Nachdem durch den höchsten Gerichtshof in Bayern festgestellt war, daß die öffentliche Quittirung von gesammelten Geldern selbst als eine Sammlung im Sinne des § 52 des bayerischen P.-St.-G.-B. betrachtet wird, mußten sowohl ich als der Vertrauensmann der Schlosser von einer Quittung der an uns gelangten Gelder in der „Metallarbeiterztg." absehen und einigten wir uns deshalb, unsere Abrechnungen separat herzustellen und diese in bestimmten Zwischenräumen den Genossen zugänglich zu machen. Das ist bis zum heutigen Tage so gehandhabt worden. Durch den Prozeß selbst sind etwa 68 Mark Kosten erwachsen, weitere Nachtheile oder Belästigungen hatte derselbe weder für mich noch für die übrigen Genossen im Gefolge.

Dem Wunsche des Kongresses in Weimar Folge leistend, habe ich mit den übrigen Vertrauensmännern bei allen Gelegenheiten Fühlung genommen und war unsere gegenseitige Stellung, unbeschadet persönlicher Meinungsverschiedenheiten, eine durchaus freundschaftliche. Sofort nach Schluß des letzten Kongresses traten wir zu einer Berathung zusammen, um bezüglich der Einführung der Quittungsmarken und Aufbringung der Geldmittel für die Hamburger Ausgesperrten einheitliche Maßnahmen zu treffen. Es wurde beschlossen, an Stelle der Sammellisten das System der Quittungsmarken durchzuführen und Kollege Metzger mit Anschaffung derselben für sämmtliche Vertrauensmänner beauftragt.

Durch ein Mißverständniß erhielten ich und Breder die Quittungsmarken mehrere Wochen später zugestellt als die übrigen Vertrauensleute und konnten wir deshalb mit der Verausgabung derselben erst Anfangs September beginnen.

Die Quittungsmarken führten sich nicht so rasch bei den Genossen ein, als dieses allgemein erwartet wurde und auch der Ertrag ist für diese Werthzeichen nicht so ergiebig wie bei Zirkulation von Sammellisten. Häufig sind die Klagen der Genossen, daß damit wenig zu erzielen sei. Jetzt sind wohl alle bedeutenderen Orte mit Quittungsmarken und Karten versehen, manche Orte haben hiefür aber noch gar nichts abgeliefert, obwöhl sie Marken im Betrage von 500—1500 Mark in Händen haben. Vor ca. 6 Wochen habe ich ein Zirkular an sämmtliche Markeninhaber gerichtet, des Inhalts, mit mir bis zum 15. Mai abzurechnen, da ich meine Funktionen als Vertrauensmann abtrete. Mit wenigen Ausnahmen hat man sich nicht bewogen gefühlt, meine Bitte zu erfüllen, so daß ich wohl zu einer öffentlichen Aufforderung die Zuflucht werde nehmen müssen. —

Die Beschlüsse, welcher der letzte Kongreß in Weimar bezüglich der Lohnbewegungen gefaßt hat, wurden nicht in allen Fällen beachtet. Immerhin haben die geschaffenen Regulative doch einigermaßen rückhaltend gewirkt und den Vertrauensleuten eine Handhabe geboten, in besonders bedenklichen Fällen die Unterstützung zu verweigern. In der Regel genügte eine ruhige Auseinandersetzung, die Genossen von Bewegungen, die von vornherein aussichtslos waren, zurückzuhalten. Ohne Kämpfe ging es indessen nicht ab. Ich hebe davon folgende hervor:

Schon auf dem letzten Kongreß wurde durch den Delegirten von Königsberg eine Arbeitseinstellung der dortigen Schmiede in Aussicht gestellt, welche auch nicht mehr verhindert werden konnte. Der Streik zog sich nahezu 2 Monate hin, die Leute haben sich trotz der geringen Unterstützungen sehr gut gehalten und haben auch, soweit sie nicht abreisen mußten, einige Erfolge erzielt. Infolge der Hamburger Ausstände, die alle Mittel absorbirten, konnte ich den Genossen in Königsberg nicht mehr wie 280 Mk. zur Verfügung stellen.

Um dieselbe Zeit wehrten sich die Metallschläger in Lechhausen gegen eine Herabsetzung der ohnedies schon niedrigen Arbeitslöhne für Schläger und Einlegerinnen. Die Großkapitalisten Hänle in München und Kathan in Augsburg hatten ihren Lieferanten, den Metallschlägermeistern, erhebliche Abzüge gemacht. Die Kleinmeister wollten diese Nachtheile auf die Arbeiter abwälzen und deshalb die Lohnherabsetzung. Arbeiter und Arbeiterinnen widersetzten sich dem und stellten die Arbeit ein. Als die Hänel und Kathan dieses hörten, stellten sie sich auf Seite der Arbeiter und entschieden, daß der Abzug den Meistern zugedacht sei und nicht den Arbeitern. Dem Machtspruch der Großfabrikanten konnten sich die Kleinmeister nicht entgegen stemmen und so war denn der Streik nach 4tägiger Dauer zu Gunsten der Arbeiter beendigt. Meinerseits wurden die Arbeiter mit 65 Mk. unterstützt, welche wieder zurückbezahlt wurden.

In Remscheid „reformirten" im Juli v. Js. die Unternehmer der Feilenindustrie den zwischen ihnen und den Arbeitern vereinbarten Tarif. Natürlich fiel die „Reform" sehr zu Ungunsten der Arbeiter aus und die Folge davon war eine weit ausgedehnte Arbeitseinstellung. Ich wurde insofern in Mitleidenschaft gezogen als eine große Anzahl Mitglieder des dortigen Metallarbeitervereins durch den Streik brodlos wurden, zu deren Unterstützung ich 310 Mk. beigesteuert habe. Ueber den Verlauf dieser Bewegung wird wahrscheinlich von anderer Seite Bericht erfolgen.

Ueberaus traurig sind die Lohnverhältnisse der Schlosser in Groitzsch. Dieselben wollten schon sofort nach dem Weimarer Kongreß in eine Lohnbewegung eintreten. In Rücksicht auf die Vorkommnisse in Hamburg hielt ich dieselben zurück bis Anfang September. Durch die Verweigerung jeder Aufbesserung des Lohnes, welcher bei einer Arbeitszeit von 68—70 Stunden 7—11 Mk. betrug, kam der Streik zum Ausbruch. Leider war selbst bei diesen ungünstigen Arbeitsbedingungen der Zuzug von fremden Arbeitern ein derartiger, daß die Genossen, welche die Arbeit niedergelegt hatten, bald ersetzt waren. Der größte Theil der Streikenden mußte abreisen, die Uebrigen zu wenig veränderten Bedingungen die Arbeit wieder aufnehmen. Meinerseits wurde eine Unterstützung von 100 Mk. geleistet.

Im September v. Js. erfolgte eine Aussperrung der Silberschläger und Beschneiderinnen in Schwabach. Dieselbe wurde in Scene gesetzt von dem Großkapitalisten Spiegelberger in Fürth, welcher den größten Theil der Produktion in Händen hat und die Arbeiter als Sturmbock benützte, um die bedeutend gestiegenen Preise des Rohmaterials mit dem fertigen Produkt in Einklang zu bringen. Nur ungern habe ich hier Unterstützung verabfolgt, lag doch der Zweck für Jeden, der mit den Verhältnissen vertraut ist, klar vor Augen. Allein die Arbeiter waren einmal ohne alle Schuld brodlos geworden und es blieb mir nichts Anderes übrig als zu unterstützen. Die Aussperrung kostete uns 600 Mk., für die Arbeiter wurde nichts erreicht. Als zur selben Zeit Spiegelberger mit den Fürther Silberschlägern dasselbe Manöver unternehmen wollte, habe ich die Unterstützung davon abhängig gemacht, daß die Gesellen zur Einhaltung der gesetzlichen Kündigungsfrist veranlaßt werden, wodurch die Aussperrung größtentheils verhindert wurde. Nach Ablauf der Kündigungsfrist kam es zwar zu einem kurzen Ausstand, dessen Kosten aber vollständig der „Verein für Metallarbeiter aller Branchen" in Fürth bestritt. Die meinerseits gewährte Unterstützung bei letztgenannter Bewegung beschränkte sich auf ein Darlehen von 150 Mk., welches wieder zurückbezahlt wurde.

Außer diesen Bewegungen drohten noch derartige Ausbrüche in Hamm, Liegnitz, Danzig, Thale, Bamberg, Eilenburg und verschiedenen anderen Orten. Ueberall handelte es sich um Maßregelungen von Vereinsvorständen oder sonst an der Bewegung öffentlich theilnehmenden Genossen, für welche die Kollegen eintreten wollten. In Rücksicht auf die geschäftliche Krise, welche den Arbeitern es ungemein erschwert, Erfolge zu erringen, habe ich in all diesen Orten einen agressiven Widerstand verhindert und mich darauf beschränkt, die Geschädigten zu unterstützen. Wo das Verbleiben der Gemaßregelten am Orte im Interesse der Bewegung geboten erschien, wurde dieses empfohlen und dementsprechend unterstützt, andererseits wurden Reise- und Uebersiedelungskosten bestritten. Zu diesem Zweck habe ich 200 Mk. verwendet, wozu noch die Zuschüsse der Genossen am Orte kommen, welche jedenfalls erheblich größer sind.

In der letzten Zeit haben die Metallschläger in Schwabach die Arbeit eingestellt, weil die ohnedem schon erbärmlichen Löhne erheblich reduzirt wurden. Ich habe in diesem Fall von vornherein jede Unterstützung verweigert, da bei der Arbeitseinstellung die einschlägigen Bestimmungen unbeachtet blieben und nicht die geringste Aussicht für einen Erfolg vorhanden war; denn schon vorher mußten sich die Fürther Metallschläger auf diesem Werkzeug einen Abzug gefallen lassen. Auf wiederholte Vorstellung habe ich 100 Mk. geopfert unter der Bedingung, daß die Arbeit sofort aufgenommen wird, was geschehen ist.

Beginn und Verlauf der Bewegung Hamburg ist bekannt, ich habe Zwecks Unterstützung bei der ersten Aussperrung 3100 Mk., bei der zweiten 910 Mk. beisteuern können.

Hiemit wären die wichtigsten Ereignisse auf dem Gebiete der Lohnbewegung skizzirt. Wie ersichtlich, sind dieselben nicht zum Vortheile der Arbeiter ausgefallen. An dem negativen Resultat trägt unstreitig die Krise die Hauptschuld, in der wir uns trotz allen offiziellen Leugnens befinden, ein Faktor, der von den Genossen leider nur zu wenig beachtet wird. Auch die Organisationen der Unternehmer müssen bei den Kalkulationen über Erfolg oder Mißerfolg von Lohnbewegungen in Betracht gezogen werden. Daß unsere eigenen Organisationen sich nicht mehr auf der Höhe der Zeit bewegen, wird auf dem Kongreß genügend erörtert werden, ich werde darauf an einer anderen Stelle zu sprechen kommen.

Die vielfach ungünstig verlaufenen und doch immer neu hervorbrechenden Arbeitseinstellungen waren Gegenstand einer Berathung, welche die Vertrauensmänner in Halle a. S. abhielten. Einstimmig kam man zu der Anschauung, daß diese Frage nicht nur die Metallarbeiter interessire, sondern alle Gewerkschaften, daß es ein dringendes Erforderniß sei, Mittel und Wege zu schaffen, um bei großen Bewegungen die Mittel der gesammten organisirten Arbeiter den vereinigten Unternehmern entgegenzustellen. Wir einigten uns dahin, eine Konferenz sämmtlicher Gewerkschaftsvorstände nach Berlin einzuberufen, welche sich mit dieser Frage befassen möge. Der von uns in dieser Richtung unternommene Schritt wurde von verschiedenen Seiten sehr ungünstig beurtheilt, die Konferenz aber trotzdem sehr zahlreich besucht. Der Verlauf derselben war in jeder Beziehung ein zufriedenstellender und selbst diejenigen, welche der Besprechung das ungünstigste Prognostikon gestellt haben, gaben hinterher zu, daß mit dieser Konferenz die Arbeiterbewegung einen bedeutsamen Schritt vorwärts gemacht habe. Das Resultat der Konferenz, an welcher fast alle bedeutenderen Arbeiterorganisationen Theil nahmen, war die Annahme nachfolgender Resolution:

„In Erwägung, daß die lokale Organisation als erste Form derselben den heutigen Produktionsverhältnissen nicht mehr entspricht, die wirthschaftliche Nothlage der Arbeiter vielmehr die Zusammenfassung aller Kräfte dringend erheischt, erklärt die Konferenz die zentralistische Organisationsform als die zur Zeit allein richtige. Die Konferenz empfiehlt daher allen bestehenden Lokalvereinen, sich der betreffenden Zentralisation anzuschließen. In weiterer Erwägung, daß die Unternehmerorganisationen, wie sich solche uns in der Gegenwart darbieten, eine schwere Gefahr für das Bestehen auch dieser zentralistischen Organisationen bieten, hält der Kongreß ein Zusammengehen dieser Organisationen zum Zweck der Vertheidigung des Organisationsrechtes der Arbeiter und zur Kräftigung dieser Zentralorganisationen für dringend geboten.

In weiterer Erwägung, daß ein Zusammengehen der Organisationen auf statutarischer Grundlage zu angegebenen Zweck schon jetzt, angesichts der im Werden begriffenen Gewerbeordnungsnovelle nicht rathsam erscheint, empfiehlt die Konferenz: die zentralisirten Gewerkschaften treten nach Bekanntwerden der Gewerbeordnungsnovelle zu einem Allgemeinen Gewerkschaftskongreß zusammen, um entsprechend den Bestimmungen der Gewerbeordnungs-Novelle Normen für ein Zusammenwirken dieser Organisation aufzustellen.

Lokal-Organisationen in Staaten, welche gesetzlich verhindern, sich der Zentralisation anzuschließen, können sich auf den Kongreß durch gemeinsame Delegirte vertreten zu lassen.

Zentralorganisationen bis zu 1000 Mitglieder entsenden einen Delegirten, größere Organisationen für jedes weitere Tausend ebenfalls einen Delegirten.

Lokalorganisationen können für je 1000 Mitglieder je einen gemeinsamen Vertreter entsenden, Orte, wo diese Gesammtmitgliederzahl nicht erreicht wird, haben sich zum Zweck der Vertretung mit anderen Orten zu verbinden.

Die Konferenz wählt aus ihrer Mitte eine Kommission von 7 Mitgliedern, welche unter Berücksichtigung der Gewerbeordnungsnovelle die Vorlage für den Kongreß auszuarbeiten, Zeit und Ort festzustellen und denselben einzuberufen hat.

Die Konferenz empfiehlt dem Kongreß: eine Kommission von 7—9 Personen zu wählen, welche allen Angriffen der Unternehmer auf das Organisationsrecht der Arbeiter, gleichviel welcher Branche, energisch entgegenzutreten bezw. jeden Widerstand der Einzelorganisation thatkräftig zu unterstützen hat.

Ferner hat diese Kommission für Organisirung der wirthschaftlich zu schwach gestellten Arbeiter einzutreten und deren Organisationen thatkräftig zu unterstützen, sowie die Agitation zur Verbreitung der Organisation in den noch unorganisirten Landestheilen zu leiten.

Die für die Thätigkeit der Kommission nothwendigen Mittel, insbesondere diejenigen zur Unterstützung der Abwehrstreiks, werden durch Beiträge der Gewerkschaften je nach Maßgabe der Mitgliederzahl aufgebracht. Das Aufbringen dieser Gelder seitens der einzelnen Gewerkschaften bleibt diesen überlassen.

Bis zum Zusammentritt des Kongresses wird die von der Konferenz gewählte Kommission mit der Ausübung der Befugnisse dieser vom Kongreß einzusetzenden Kommission betraut."

Mit dieser Resolution hat sich die Konferenz für die Zentralisation der Gewerkschaften entschieden. Die Streitfrage, welche gegenwärtig die

Metallarbeiter bewegt, ob allgemeine oder Fachzentralisation, wird durch diese Resolution nicht berührt. Wenn dennoch dieser Beschluß im Sinne der Fachzentralisation interpretirt wird, so ist dieses eine ganz willkürliche Auslegung, die mit dem Wortlaut der Resolution nicht im Einklang steht.

Zur Ausführung der in der Resolution niedergelegten Beschlüsse wurde die Generalkommission ernannt, welcher unsererseits der Vertrauensmann der Former angehört. Deren Thätigkeit ist bekannt.

Meine Anwesenheit in Berlin habe ich dazu benützt, um in dessen Umgebung, sowie in Stettin, Versammlungen abzuhalten.

Bei der vorausgegangenen Konferenz wurden Bernburg und Leipzig besucht, in letzterem Orte wurde die Versammlung aufgelöst.

Schon im Anfang dieses Jahres sind sowohl an mich als auch an andere Vertrauensleute Anregungen ergangen, zum Frühjahr einen Kongreß einzuberufen, um bezüglich der Organisationsfrage eine endgiltige Entscheidung zu treffen. Nach gegenseitiger Verständigung der Vertrauensleute wurde vereinbart, in Braunschweig eine Konferenz abzuhalten, welche denn auch stattgefunden hat. Auf dieser Konferenz wurden Ort und Zeit des Kongresses festgesetzt und ein Normalstatutenentwurf für eine Organisation, der den Genossen zugänglich gemacht wurde, veröffentlicht. Mit diesem Entwurf haben sich die Vertrauensmänner für eine Zentralorganisation entschieden, worüber nun der Kongreß zu berathen hat. Nur für jene Genossen, welche gesetzlich verhindert sind oder verhindert werden sollten, sich einer Zentralisation anzuschließen, soll ein Vertrauensmann aufgestellt werden. Daß unsere bisherige Organisation nicht mehr zeitgemäß ist, ist allgemein anerkannt. Die Bewegung hat eine zu große Ausdehnung angenommen, als daß sie von einer einzelnen Person geleitet werden könnte. Der Umstand, daß ein Einzelner über die wichtigsten Fragen zu entscheiden hat, kann, mag der Vertrauensmann auch die umfassendsten Kenntnisse besitzen, leicht zu Mißgriffen führen. Abgesehen davon, daß die Arbeitslast den Vertrauensleuten über den Hals wächst. Wie jetzt die Verhältnisse liegen, mußte ein Vertrauensmann die Geschäfte einer ganzen Zentralverwaltung versehen. Er war Vorstand, Sekretär, Kassier und Agitator in einer Person. Dazu kam, daß alle Vertrauensmänner keine besoldeten Beamten waren — der Kongreß in Weimar hat darüber nichts bestimmt —, somit ihre Funktionen außerhalb der Zeit, wo sie in ihren erwerbsmäßigen Berufen thätig sein mußten, zu erledigen hatten. Unter solchen Umständen ist es erklärlich, daß nicht alle Geschäfte so prompt erledigt werden konnten, als es den Genossen wünschenswerth erscheinen mochte. Dieses trifft insbesondere auf die Ausführung diverser Beschlüsse des Weimarer Kongresses zu, deren Durchführung einfach wegen Mangel an Zeit nicht möglich war. Schon dieser Umstand macht es zur Nothwendigkeit, daß unsere Organisation auf eine sicherere Basis gestellt wird.

Gelegentlich der Konferenz in Braunschweig habe ich in Hannover und Braunschweig in Gemeinschaft mit dem Vertrauensmann der Schlosser und Maschinenbauer Versammlungen abgehalten. Außerdem habe ich, soweit meine knapp bemessene Zeit es erlaubte, in verschiedenen Orten Versammlungen abgehalten und sowohl an dem sächsischen Delegirtentag in Chemnitz als an dem allgemeinen Schlägerkongreß in Fürth theilgenommen und im Sinne der Kongreßbeschlüsse gewirkt. Zahlreiche Einladungen zu

Versammlungen, Bezirkskonferenzen &c. mußte ich ablehnen, da ich nicht abkommen konnte.

Wie schon oben erwähnt, haben sich die Vertrauensleute für Zentralisation entschieden. Das Für und Wider der Zentral- und Lokal-Organisation zu erwähnen, scheint mir überflüssig. Dagegen dürfte es am Platze sein, über die Form der Zentralisation einige Worte zu verlieren. Ich für meine Person stehe auf dem Standpunkt, daß die Organisationen der Arbeiter sich der Entwicklung der Industrie anpassen müssen. Wer dieser Auffassung huldigt, der kann sich nur für eine Zusammenfassung aller Berufsgenossen in einer Organisation entscheiden.

Nehmen wir doch die Verhältnisse wie sie sind. In unserer modernen Industrie finden wir Schlosser, Maschinenbauer, Eisendreher, Schmiede, Former, Mechaniker &c. in einem Etablissement beschäftigt. Die Arbeitszeit, das Lohnverhältniß, Fabrikordnung und alle sonstigen Arbeitsverhältnisse sind für alle Arbeiter ohne Unterschied der Beschäftigung gleichmäßig maßgebend. Die Arbeit ist derart organisirt, daß die Berufsgenossen in ihrer Beschäftigung von einander abhängig sind, die Arbeiter haben nur einen gemeinsamen Gegner, ihren Chef. Ist es denn nicht geradezu widersinnig, diese Leute, die in allen Arbeitsverhältnissen ganz und gar auf einander angewiesen sind, gerade da zu trennen, wo sie am dringendsten der gegenseitigen Unterstützung bedürfen, wenn es sich darum handelt, ihre Lohn- oder Arbeitsverhältnisse zu verbessern oder sich gegen ungerechtfertigte Maßnahmen der Unternehmer zu wehren? Wie werden sich in der Praxis die Verhältnisse gestalten, wenn die Fach-Organisation wirklich beschlossen wird. Nehmen wir an, in einer Maschinenfabrik wird eine Verlängerung der Arbeitszeit beliebt, die Arbeiter sind sich darüber einig, gegen diese Zumuthung Front zu machen, aber sie sind in 6 oder 7 Organisationen zersprengt. Jede einzelne Gruppe ist in ihrem Handeln abhängig von dem Beschlusse ihrer Gewerkschaftsleitung. Wird nicht schon dadurch ein einheitliches Vorgehen der Arbeiter erschwert? Und wenn dann vielleicht 5 Gewerkschaftsleitungen die Fronde der Arbeiter gutheißen und nur eine oder zwei erklären sich aus formellen oder finanziellen Gründen dagegen, so ist es mit dem Widerstand der Arbeiter vorbei. Aber auch die Einigkeit der Arbeiter in dieser Fabrik ist zerstört. Diejenigen Genossen, welche ohne ihr Verschulden ein einheitliches Beharren unmöglich machten, werden von den übrigen Arbeitern immer mit scheelen Augen betrachtet werden. Noch viel häufiger werden sich solche Mißverhältnisse bei Bewegungen angreifender Natur einstellen. Immer wird der Unternehmer derjenige sein, der den „Segen" der Fachorganisation genießt. Wie viel einfacher werden sich solche Bewegungen abwickeln, wenn alle diese Arbeiter einer Organisation angehören und in ihrem Handeln nur einer Leitung und einer Bestimmung unterstellt sind! Abgesehen von dem Kostenpunkt, der doch auch in Betracht gezogen werden muß, spricht noch für eine einheitliche Organisation die Regelung des Arbeitsnachweises, der Herbergsfrage und vor allem der Wanderunterstützung. Wenn uns aber alle diese Erwägungen nicht bestimmen sollten, für eine Zusammenfassung aller Kräfte einzutreten, dann sollte dieses doch das Beispiel der Unternehmer zu Stande bringen. Die Unternehmerverbände schießen wie Pilze aus dem Boden. Nicht mehr der einzelne Unternehmer steht uns entgegen, sondern große, über ganze Bezirke oder das ganze Reich verbreitete Verbände mit mächtigen Kapitalien, im Bunde mit den staatlichen Behörden, geschützt durch eine Gesetzgebung, die uns wenig, den Unternehmern alle Vortheile bietet. Gegen einen solchen Gegner sind kleine Organisationen einfach machtlos. Sich von vornherein aber auf die zukünftige Verbindung aller Gewerkschaften zu stützen, wäre nach meiner Auffassung ein Fehler. Die einzelnen Organisationen müssen selbst Lebenskraft zu erlangen suchen! Die zukünftige General-Kommission wird sich darauf zu beschränken haben, nur für ganz außergewöhnliche unvorhergesehene Fälle Mittel aufzuspeichern und die außerordentliche Hülfe aller organisirten Arbeiter anzuregen, nicht aber bei jeder einzelnen Bewegung einzugreifen. Damit habe ich in Kurzem meinen Standpunkt zur Organisationsfrage klar gelegt.

Auf der schon erwähnten Konferenz in Braunschweig wurde meinerseits ein Aufruf vorgelegt, dahingehend, es möchten die Genossen, falls ihnen am 1. Mai die Alternative gestellt wird, entweder zu unterschreiben, daß sie keiner Organisation angehören, oder die Arbeit zu verlassen, ruhig unterschreiben, deswegen sich aber nicht abhalten lassen, zu thun, was ihr Interesse und ihre Ueberzeugung ihnen gebietet. Dieser Aufruf wurde in einigen Versammlungen in Berlin einer Kritik unterzogen, welche sich gegen die „Großziehung der Heuchelei" richtete. Ich glaube nicht nothwendig zu haben, die Berechtigung dieses Aufrufes hier nachzuweisen. Die kurze Zeit nach dem Aufruf erschienene Broschüre: „Ein Komplott gegen die deutsche Arbeiterklasse" enthebt mich dieser Mühe. Gegen einen Gegner, der mit solchen Waffen kämpft, sind alle gesetzlich gestatteten Mittel erlaubt. Hätten wir diesen Aufruf nicht veröffentlicht, so hätten nicht nur in Berlin und Hamburg, sondern auch in anderen Städten sich die Vorgänge vom Mai 1890, nur mit anderer Veranlassung, wiederholt. So mußten sich die Unternehmer sagen, wir wissen nicht mehr, wen wir vor uns haben, infolgedessen unterließen sie ihre Brutalitäten.

Auch gegen den Ort, an welchem wir heute tagen, wurden Einwendungen erhoben und gerügt, daß der Kongreß nicht auf Feiertage berufen wurde, an welchen es den Genossen leichter sei, einen Vorwand für Urlaub zu finden. Was den Ort anbelangt, so wurde Frankfurt gewählt wegen seiner vorzüglichen Eisenbahnverbindung, seiner Umgebung und der Nähe des Rheinlandes, in welchem die Metallindustrie den hauptsächlichsten Erwerbszweig bildet.

Die Einberufung derartiger Versammlungen auf Feiertage ist auf früheren Kongressen häufig sehr abfällig beurtheilt worden. Die Beschwerden, daß man den Theilnehmern die wenigen Tage, welche sie im Kreise ihrer Familie verbringen könnten, hinwegnehme, waren sehr häufig und gewiß auch nicht ganz unberechtigt. Wohl deshalb sind die meisten Gewerke und Kassen davon abgekommen, an Feiertagen ihre Kongresse abzuhalten. Dazu kommt noch, daß in den wenigsten in Betracht kommenden Orten an den Feiertagen während der Kirche getagt werden darf.

Dies die Gründe, welche für Frankfurt und die Einberufung nach den Feiertagen maßgebend waren.

Gleich nach Veröffentlichung des Aufrufs zu unserem Kongreß erschien im „Vorwärts" eine von Herrn Diedrich in Hamburg unterzeichnete Einladung zur Theilnahme an einem internationalen Metallarbeiterkongreß, welcher dieses Jahr in Brüssel stattfinden soll. Da weder ich noch die übrigen Vertrauensmänner hievon Kenntniß hatten, der gewählte Zeitpunkt uns nicht günstig und die Vorbereitungen ungenügend erschienen, wir außerdem die Besprechung über Theilnahme an internationalen Kongressen den gesammten Genossen vorbehalten hatten, habe ich im Einverständniß mit den übrigen Vertrauensmännern gegen diesen Aufruf Stellung genommen. Später stellte sich heraus, daß zwischen dänischen Genossen und Diedrich wegen dieser Angelegenheit schon verschiedene Verhandlungen gepflogen wurden, bei denen sich Diedrich als der berufene Vertreter der deutschen Metallarbeiter aufspielte, ohne den deutschen Genossen hievon irgend welche Mittheilung zu machen. Später beklagten sich die dänischen Genossen über mein absprec endes Urtheil. Weiter habe ich von der Sache nichts mehr vernommen.

Hiemit schließe ich meinen Bericht. Quittung über die letzten 4 Monate nebst Gesammtabrechnung folgen als Anhang und bitte ich allenfallsige Reklamationen unverzüglich zu erheben.

Quittung

über die bei mir vom 1. Januar 1891 bis 21. Mai einschließlich eingelaufenen Gelder.

A. Agitationsfond.

Einnahmen: Von Berlin W. Mk. 40. Apolda W. Mk. 10. Offenbach G. Mk. 25. Schwerin T. Mk. 35. Neumünster L. Mk. 15. Quedlinburg T. Mk. 10. Stettin K. Mk. 50. Jena M. Mk. 3. Berlin P. Mk. 100. Aschersleben M. Mk. 3. Düsseldorf K. Mk. 10. Burg b. Magdeburg L. Mk. 20. Frankfurt a. M. Sch. Mk. 11. Bornheim Sch. Mk. 2,40. Höchst a. M. Sch. Mk. 3,40. Mannheim E. Mk. 9. Berlin P. Mk. 68,20. Braunschweig O. Mk. 623,53. Sangerhausen R. Mk. 2. Eilenburg H. Mk. 25. Bayreuth Mk. 12. Remscheid G. Mk. 10. Summa Mk. **1087,53.** Hierzu Bestand vom 31. Dezember Mk. 119,45. Gesammt-Einnahme Mk. **1206,98.**

Ausgaben: Danzig R. Mk. 15. An Segitz für eine Reise nach Braunschweig, Hannover ꝛc. incl. Diäten Mk. 83,50. Porto 50 Pf. An Segitz für eine Reise nach Bayreuth incl. Diäten Mk. 15,40. Summa Mk. **114 40.**

Abgleichung:

Einnahmen . . .	Mk.	1206,98
Ausgaben	„	114,40
	Bestand Mk.	1092,58.

B. Unterstützungsfond.

Einnahmen: Solingen St. Mk. 10. Von Wald und Ueberdigen durch St. Mk. 15. Augsburg G. Mk. 11,50. Hamm i. W. Mk. 7,30. Muggenhof E. Mk. 1,50. Altenburg G. Mk. 50. Berlin W. Mk. 40 (nachgetragen vom Dezember 1890). Düsseldorf K. 40. Fürth E. Mk. 1. Hamm i. W. Mk. 6,80. Bockenheim W. Mk. 50.

Linden-Hannover W. Mk. 100. Offenbach G. Mk. 25. Augsburg G. Mk. 21,60. Schwerin Mk. 7,40. Fürth, Verein für Metallarbeiter aller Branchen Mk. 100. Eilenburg H. Mk. 2,40. Neumünster L. Mk. 15. Schmalkalden W. Mk. 14,30. Muggenhof E. Mk. 2. Döbeln F. Mk. 10. Berlin P. Mk. 100. Gotha M. Mk 10. Quedlinburg T. Mk. 20. Kaiserslautern K. Mk. 10. Karlsruhe P. Mk. 50. Meißen K. Mk. 20. Gießen Sch. Mk. 12,70. Jena M. Mk. 9. Canstatt H. Mk. 30. Berlin P. Mk. 200. Aschersleben M. Mk. 3. Düsseldorf K. Mk. 23. Zwickau P. 10,40. Frankfurt a. M. Sch. Mk. 20. Bornheim Sch. Mk. 8,10. Höchst a. M. Sch. 5,60. Frankfurt a. M., frühere Sammlung Mk. 4,60. Sangerhausen R. Mk. 10. Oberhausen G. Mk. 13,70. Homburg Z. Mk. 10. Wurzen B. Mk. 14. Karlsruhe P. Mk. 50. Berlin P. Mk. 316,55. Bockenheim Sch. Mk. 60. Sangerhausen R. Mk. 5 Eilenburg H. Mk. 25. Ludwigshafen L. 6,40. Homburg P. Mk. 8,24 Canstatt H. Mk. 10. Braunschweig Sch. Mk. 50. Hanau O. Mk. 17.60 Remscheid G. Mk. 10. Solingen St. Mk. 26. Radevormwald D. Mk. 12,50. Berlin P. Mk. 400. Berlin P. Mk. 400. Breslau W. Mk. 11,20. Offenbach G. Mk. 25. Düsseldorf K. Mk. 29,50. Summa Mk. **2610,49.**

Ausgaben: Dem Briefträger Mk. 2. Bayreuth Mk. 7,15. Hamburg D. Mk. 500. Chemnitz R. Mk. 25. Hamm Mk. 70. Schwabach B. Mk. 100. Schmalkalden W. Mk. 10. Hamburg M. Mk. 50. Verwaltungskosten Mk. 200. Drucksachen Mk. 36,63. Anwaltskosten Mk. 12,60 Porto Mk. 27,67. 1 Depesche Mk. 1,05. Schreibmaterialien Mk. 2,60 = Mk. **1053,25.**

Abgleichung:

Einnahmen . . .	Mk.	2610,49
Ausgaben . . .	„	1053,25
Bestand	Mk.	1557,24
Hiezu Bestand vom 31. Dezember	„	679,19
Bestand	Mk.	2236,43

Gesammt-Abrechnung.

A. Agitationsfond.

Gesammteinnahmen vom	1. Juni	1890	bis 21. Mai	1891	Mk.	1330,65
Gesammtausgaben	„ 1. „	1890	„ 21. „	1891	„	288,03
				Bestand	Mk.	1042,58
		Hiezu Bestand vom Mai		1890	„	50,—
				Totalbestand	Mk.	1092,58

B. Unterstützungsfond.

Gesammteinnahmen vom	1. Juni	1890	bis 21. Mai	1891	Mk.	9258,30
Gesammtausgaben	„ 1. „	1890	„ 21. „	1891	„	7033,87
				Bestand	Mk.	2224,43
		Hiezu Bestand vom Mai		1890	„	12,—
				Totalbestand	Mk.	2236,43

Von den Ausgaben entfallen auf die Ausgesperrten in Hamburg Mk. 4102,46, die streikenden Schläger in Schwabach Mk. 700, Schmiede in Königsberg Mk. 280, Feilenhauer in Remscheid Mk. 310, Schlosser in Groitzsch Mk. 100, Metallschläger in Lechhausen Mk. 65, Klempner in Göppingen Mk. 50, Feilenhauer Mk. 100, auf Streikende anderer Gewerbe Mk. 40. Für Gemaßregelte wurden verausgabt Mk. 200, für Anwalts- und Gerichtskosten Mk. 64,35, für Porto Mk. 106,79, für Drucksachen Mk. 36,63, für Mühewaltung des Vertrauensmannes Mk. 320, für Schreibmaterialien rc. rc. Mk. 8,25.

Briefe und Korrespondenzkarten gingen ein 971, Geldsendungen 261. Expedirt wurden 521 Briefe und Korrespondenzkarten und 63 Geldsendungen.

Fürth, den 21. Mai 1891.

Martin Segitz.

Nachtrag zum Rechnungsabschluß vom 21. Mai 1891.

A. Agitationsfond.

Einnahme	Mk.	144,45
Ausgabe	Mk.	1,50
Mehreinnahme	Mk.	142,95
Hiezu Bestand v. letzten Rechnungsabschluß	Mk.	1092,58
Gesammtkassenbestand	Mk.	1235,53

B. Unterstützungsfond.

Einnahme	Mk.	1260,32
Ausgabe	Mk.	252,60
Mehreinnahme	Mk.	1007,72
Hiezu Bestand v. letzten Rechnungsabschluß	Mk.	2236,43
Summa	Mk.	3244,15
Dazu Agitationsfond	Mk.	1235,53
Gesammtkassenbestand	Mk.	4479,68
Davon gegen Zinsen jederzeit erheblich deponirt	Mk.	4300,00
Baar in Kassa	Mk.	179,68
Summa		4479,68

Frankfurt, 1. Juni 1891.

Martin Segitz,
Vertrauensmann der Metallarbeiter.

Kirsch bemerkt hierauf, der Schmiedestreik in Königsberg sei durch die dort herrschende erbärmliche Lage der Schmiede ausgebrochen, denn es bestand dort eine Arbeitszeit von 12—14 Stunden pro Tag. Der größte Theil der Schmiede gehöre dem Metallarbeiterverein an. Durch den Streik sei die Arbeitszeit bis auf 11 Stunden pro Tag reduzirt, sowie Logis und Essen beim Meister abgeschafft.

Bezüglich der Einberufung des Kongresses spricht sich Redner gegen Frankfurt als Kongreßort wegen seiner geographischen Lage aus, er (Redner) habe 170 Meilen weit reisen müssen, und dies sei mit großen Kosten verknüpft.

Segitz wünscht, daß erst alle Vertrauensmänner ihre Berichte erstatten, ehe in die Diskussion eingetreten wird, sonst wäre man in die unangenehme Lage versetzt, sechsmal über den Bericht der Vertrauensmänner zu diskutiren.

Wird angenommen.

Schwartz (Vertrauensmann der Eisen- und Metallgießer) bemerkt einleitend, daß er nicht geglaubt habe, daß in den Berichten der Vertrauensmänner die Organisationsfrage erörtert werden solle. Es sei darüber auf der Braunschweiger Konferenz allerdings kein Beschluß gefaßt worden. Auf alle Fälle hätte diese Frage aber von Segitz in objektiver Weise behandelt werden müssen. Nachdem die Organisationsfrage einmal berührt sei, werde er seine Meinung am Schlusse seines Berichtes ebenfalls aussprechen. Redner verliest dann folgenden Bericht:

Auf dem im vorigen Jahre in Weimar tagenden „Allgemeinen deutschen Metallarbeiter-Kongreß" wurde im Hinblick auf die „gesetzlichen und politischen Verhältnisse" in Deutschland die „Förderung und Gründung lokaler Organisationen mit der Maßgabe, daß sowohl Branchen- (allgemeine Metallarbeiter-) als auch Fachorganisationen, je nach den örtlichen Verhältnissen, für zweckentsprechend zu erachten sind", beschlossen.

Durch diesen Beschluß wurde der alte Zustand, die lokale Fach- oder Branchen-Organisation noch für ein weiteres Jahr als maßgebend erachtet. Auch wurden durch Beschluß den Vertrauensmännern Stellvertreter beigegeben. Ebenso wurde das System der Bezirksvertrauensmänner beschlossen.

Als Vertrauensmann der Eisen- und Metallgießer wurde Schwartz-Lübeck, als dessen Stellvertreter Grenz-Chemnitz gewählt.

Uebergehend zu den Fachorganisationen der Eisen- und Metallgießer, will ich zunächst die Einnahme und Ausgabe, wie sie durch meine Hände gegangen ist, feststellen.

Die vom Kongreß als Revisoren ernannten Herren A. Münzner, L. Eymer und C. Michael, sämmtlich in Hamburg wohnhaft, haben am 23 Juni v. J. die Kassenbücher revidirt und für richtig befunden. Der allgemeine Fond schloß mit einem Kassenbestand von Mk. 5,56, der Agitationsfond mit einem Bestand von Mk. 110,98.

Da ich nun gerne ein Gesammtbild der Einnahmen und Ausgaben in sämmtlichen Former-Fachvereinen geben möchte, habe ich die laufenden Abrechnungen von Juni vorigen Jahres bis Ultimo Januar dieses Jahres in meinen Berechnungen gezogen und zwar weil, wenn ich den Bericht rechtzeitig fertigstellen wollte — ich nahm an, der Kongreß würde schon um Ostern herum tagen —, die zum Zweck der Ermittelung versandten Fragebogen zum 1. März d. J. wieder in meinen Händen sein und deshalb die Abrechnungen in den Fachvereinen mit dem 31. Januar abgeschlossen werden mußten.

Meine Hoffnung, ein Gesammtbild dem Kongreß vorlegen zu können, ist leider nicht in Erfüllung gegangen, denn von 54 versandten Fragebogen sind mir nur 40 wieder zugegangen und diese auch zum Theil sehr mangelhaft ausgefüllt worden, wie sich weiter unten ersehen lassen wird.

Immerhin muß konstatirt werden, daß die organisirten Former in Deutschland trotz der schweren, viele pekuniären Opfer erfordernden gewerkschaftlichen Kämpfe des vergangenen Jahres — die zum Theil auch heute noch anhalten — und trotz der riesigen Entwickelung der Unternehmer-Koalitionen immer noch kräftig genug sind, für ihre Interessen einzutreten.

Es muß auch noch in Erwägung gezogen werden, daß sehr viele Orte erst spät zu dem Markensystem übergegangen sind und daher auch nicht in der Lage waren, die Bogen korrekt auszufüllen. Es ist namentlich nicht möglich, für die acht, der Berechnung zu Grunde liegenden Monate genau die Einnahmen und Ausgaben der Fachvereine festzustellen. Da nun aber einmal der Anfang mit diesen statistischen Erhebungen gemacht worden ist, ist auch anzunehmen, daß aus Anlaß der nächsten Erhebungen die Former das Bestreben zeigen werden, ihr Möglichstes zu thun, um etwas Brauchbares zu schaffen.

Die Zusammenstellung der durch mich vereinnahmten resp. verausgabten Gelder ergibt folgendes Resultat:

		Allg. Fond:	Agitations-Fond:
		Saldo: 5,46	Saldo: 110,98
Juni	1890	260,80	—,—
Juli	„	2 63,90	99,—
August	„	2105,55	451,32
September	„	1102,57	231,10
Oktober	„	594,10	135,—
November	„	397,60	325,—
Dezember	„	1159,45	124,70
Januar	1891	160,60	83,60
		Summa: 8149,83	1560,72

Gesammt-Einnahme:

Allgemeiner Fond:	8149,83
Agitations-Fond:	1560,72
	Mk. 9710,55

Dieser Einnahme steht eine Gesammt-Ausgabe von Mk. 9440,20 gegenüber, so daß am 1. Februar 1891 ein Kassenbestand von Mk. 270,35 vorhanden war. Hiervon entfallen auf den allg. Fond Mk. 125,70 und auf den Agitationsfond Mk. 144,67.

Die Ausgabe stellt sich folgendermaßen:

Ausgabe:

für Streiks und Aussperrungen der Former	2700,—
für Streiks und Aussperrungen anderer Gewerke	2900,—
für gemaßregelte Former	1100,83
an Zuschuß zu den Fremdenunterstützungs-Kassen	200,—
für die Agitation	1665,28
als Entschädigung der Vertrauensmänner	200,—
für Drucksachen, Circuläre, Marken, Karten	378,—
für im Interesse der Former gemachte Reisen	147,—
für Telegramme	11,95
an Porto für Briefe, Geld, Postpackete	108,—
an verschiedenen kleinen Ausgaben	29,14
Summa:	Mk. 9440,20

Das Resultat der Fragebogen ergibt folgende Zusammenstellung:

Seit dem 29. Juni v. J. bis zum 31. Januar d. J. sind von mir an 54 Fachvereine an

Marken à 10 Pfg.		30,484
„ „ 25 „		22,229
„ „ 50 „		25,640
	in Summa:	78,353

Stück abgegeben worden. Dieselben präsentirten einen Werth von Mk. 21883,15.

In den 40 an mich zurückgelangten Fragebogen ist die Zahl der verkauften Marken wie folgt angegeben:

an Marken à 10 Pfg.		13,281
„ „ „ 25 „		7,487
„ „ „ 50 „		9,752
	in Summa:	30,520

Stück im Werthe von Mk. 7553,95.

Von diesem vereinnahmten Gelde ist aus 28 Orten an mich gesandt Mk. 3889,55, die natürlich mit in meiner Abrechnung verrechnet sind.

Es verbleiben nach Abzug der an mich gesandten Gelder den Fachvereinen noch im Gesammt Mk. 3664,40, von dieser den Vereinen verbleibenden Gesammtsumme haben

5 Vereine für die Agitation	Mk.	290,60
6 Vereine für Gemaßregelte	„	1695,—
4 Vereine für Streiks	„	180,25
3 Vereine für Streiks anderer Gewerke .	„	385,—
2 Vereine für Aussperrungen	„	1150,—
3 Vereine für Prozeßkosten	„	324,24
12 Vereine für Drucksachen u. s. w. . .	„	696,61
13 Vereine für Porto u. s. w.	„	57,80
8 Vereine für Fremdenunterstützung . .	„	611,
7 Vereine für versch. kleine Ausgaben .	„	205,82
mit den an mich gesandten Geldern . .	„	3889,55
in Summa	Mk.	9485,87

ausgegeben.

Da nun aber für die verkauften Marken nur Mk. 7553,95 eingekommen, dagegen aber Mk. 9485,87 verausgabt worden sind, so sind an Mk. 1931,92 mehr verausgabt als eingenommen worden.

Da dieses *Mehr* aber doch unbedingt vorhanden gewesen sein muß, so ist anzunehmen, daß etwa noch vorhandene Kassenbestände mit verrechnet worden sind. Hierdurch erlangen wir aber auch annähernd ein Bild der in diesen 40 Fachvereinen zirkulirenden Geldsummen, denn nun kommen wir zu folgendem Gesammtresultat:

Die Einnahme war in meinen Büchern:

	Mk.	9710.55
auf den Fragebogen	„	3664.40*)
in Summa:	Mk.	13374.95

*) Ohne die an mich gesandten Mk. 3889.55, die in meiner Einnahme bereits mit verrechnet sind.

Die Ausgabe betrug in meinen Büchern:

	Mk.	9 440.20
auf den Fragebogen	„	5 596.32*)
in Summa:	Mk.	15 036.52

Einnahmen	Mk.	13 374.95
Ausgaben	„	15 036.52
Defizit	„	1 661.57
Dazu Bestand in meinen Büchern . .	„	270.35

so sind Mk. 1931,92 mehr im Gesammten vereinnahmt, als nach Ausweis verausgabt ist.

Das Gesammtresultat der Ausgaben stellt sich nun folgendermaßen:

Für Streiks resp. Aussperrungen	Mk.	2 880.25
Für Streiks anderer Gewerbe	„	3 285.—
Für Gemaßregelte	„	2 795.83
Zuschuß zur Fremden-Unterstützung	„	811.—
Für Agitation	„	1 955.88
An Entschädigung für die Vertrauensmänner . .	„	200.—
Für Drucksachen	„	1 074.61
Für gemachte Reisen	„	147.—
Für Telegramme	„	11.95
Für Prozeßkosten	„	324.24
Für Porto	„	165.80
An verschiedenen kleinen Ausgaben	„	234.96
Summa:	Mk.	13 886.52

Die in diesem Berichte erwähnten Agitationen fanden statt und zwar in größeren Touren durch Grenz, Poillon und Unterzeichneten in Rheinland-Westfalen, Süd- und Norddeutschland, Thüringen, Provinz Hannover, Pommern, Posen und Schlesien. Namentlich ist in beiden Schlesien versucht worden, Stützpunkte zu gewinnen und zwar mit gutem Erfolge. Erwähnen möchte ich hierbei, daß es als erste und Hauptaufgabe angesehen werden muß, die Agitation in den in der Bewegung zurückgebliebenen Provinzen mit allem nur erdenklichen Eifer zu betreiben und zu fördern. Namentlich ist für die zu einer erfolgreichen Agitation erforderlichen Summen zu sorgen. Von durchschlagendem Erfolg wird eine zentralistisch geleitete Agitation sein.

Der von den Nürnberger Formern auf dem vorjährigen Spezial-Kongreß der Former gestellte Antrag:

> „Der Kongreß wolle beschließen: in Erwägung, daß es bei der gegenwärtigen Bewegung der Former Deutschlands nothwendig ist, eine Uebersicht der Lohn- und Arbeitsbedingungen zu erlangen, ist eine diesbezügliche Statistik anzulegen und beauftragt der Kongreß den Vertrauensmann, Fragebogen anfertigen zu lassen und in Umlauf zu setzen“,

wurde angenommen. Leider ist es nicht zur Ausführuug dieses Beschlusses gekommen. Einmal waren die fortdauernden Ausstände dem Unternehmen hinderlich, dann muß auch durch eine rege Agitation der Arbeiter erst auf die Wichtigkeit einer durchgreifenden Statistik für die wirthschaft-

*) Wiederum nach Abzug obiger Mk. 3889.55.

lichen Kämpfe aufmerksam gemacht und dazu bewogen werden, die statistischen Fragebogen prompt und korrekt auszufüllen. Da überdies eine solche, alles umfassende statistische Erhebung mit bedeutenden Geldkosten verknüpft ist, habe ich geglaubt, so lange zu warten, bis sich in den Kreisen der Former allseitig ein Bedürfniß nach Erhebungen bemerkbar macht.

Die auf dem vorjährigen Metallarbeiter-Kongreß angenommene Resolution p. 61 des Protokolls, betreffend die Angriffsstreiks, ist von den Formern acceptirt worden. Wo Differenzen auftauchten, ist mir Mittheilung gemacht und bin ich um Verhaltungsmaßregeln ersucht worden. Ich habe mich befleißigt, die Gemüther zu beruhigen, es ist mir auch gelungen bis auf den Ausstand in Halle an der Saale. Derselbe dauert, wie ich aus den Zeitungen ersehe, noch fort. Berichte sind mir im Anfang wenig, später gar nicht mehr zugegangen, weshalb ich auch nicht in der Lage bin, darüber zu berichten. Von meiner Seite aus sind 400 Mk. nach Halle gesandt, die jedoch in der in diesem Bericht enthaltenen Abrechnung nicht mit aufgeführt sind.

Die vorjährigen Ausstände haben sich mit vereinzelten Ausnahmen bis tief im Herbst hineingezogen und konnten nur mit Mühe beigelegt werden. Sie wurden durch die sich rapide entwickelnden Unternehmerkoalitionen bedeutend verschärft, und kommen die schwarzen Listen von Seiten der Unternehmer noch immer in Anwendung. Meine Bemühungen, die Hamburger Eisengießereibesitzer zur Zurückziehung der Listen zu bewegen, sind gescheitert, wie beiliegender Brief bezeugt.

Hamburg (Uhlenhorst), den 31. März 1891.

Herrn Th. Schwartz, Lübeck.

In Beantwortung Ihrer gefl. Zuschrift vom 8. ds. habe ich Ihnen in Uebereinstimmung mit dem Vorstande des Verbandes der Eisenindustrie zu erwidern, daß der Arbeitsnachweis der Former in unserem Bureau folgendermaßen gehandhabt wird:

Zunächst wird von allen arbeitsuchenden Formern die schriftliche Erklärung verlangt, daß sie weder dem Fachverein der Former Hamburgs, noch dem Verein zur Förderung der Interessen der Former Altona-Ottensen angehören. Diese Forderung stellen wir, weil das Verhalten jener Vereine, sowohl vor der Entlassung ihrer Mitglieder am 8. Dezember 1888, als auch während der ganzen folgenden Zeit ein derartiges war, daß uns ein friedliches Zusammenarbeiten mit Mitgliedern der genannten Vereine ausgeschlossen erscheint. Insbesondere sei hier auf deren Verhalten bei den Verhandlungen über den gemeinsamen Arbeitsnachweis hingewiesen, dessen Errichtung sie durch die Forderung vereitelten, daß alle in Arbeit stehenden Former entlassen werden sollten.

Im Uebrigen ist das Bureau angewiesen, zwar zunächst immer denjenigen Formern Arbeit zu verschaffen, welche uns während der Zeit nach der Entlassung unserer früheren Former die Arbeit fertig gemacht haben, in zweiter Linie aber auch diejenigen zu berücksichtigen, welche wir genöthigt waren, s. Z. zu entlassen. Gewisse Leute, die während der Bewegungen der letzten Jahre als maßlose Agitatoren allen Gießereibesitzern bekannt geworden sind, werden freilich nicht wieder angestellt werden, selbst wenn sie die oben erwähnte schriftliche Erklärung abzugeben bereit sein sollten.

Wie die Verhältnisse liegen, haben wir keine Veranlassung, in unserem Verfahren eine Aenderung eintreten zu lassen, weshalb ich sehr bedauere, Ihrem Wunsche nicht nachkommen zu können.

Hochachtungsvoll

R. Lühmann,

Vorsitzender der Gruppe der Eisengießereien des Verbandes der Eisenindustrie Hamburgs.

Eben dasselbe ist auch von Berlin zu berichten. Auch hier ist das Unternehmerthum rücksichtslos gegen die Former vorgegangen, wie aus den Enthüllungen über „Das Komplott gegen die Arbeiter" zu ersehen ist Alles in allem geht die deutsche Formerschaft augenblicklich durch eine kritische, bewegte Zeit. Wenn sie es versteht, sich fest an einander zu gliedern, alle Kräfte zu sammeln und nach einem Punkt zu dirigiren, wird sie siegreich und geläutert aus dieser schweren Prüfungszeit hervorgehen, und von dem Zeitpunkt an, wo die Geschäftskonjunktur sich aufbessert, wird die deutsche Formergewerkschaft mit eiserner Konsequenz ihre Ziele, die Erringung besserer Lebens- und Arbeitsbedingungen, verfolgen und siegreich sein.

Anhang.

Daß eine gut zentralisirte und geleitete Agitation einen erheblichen Theil ihrer Kosten selbst zu tragen im Stande ist und in Wirklichkeit auch trägt, ist aus folgender Zusammenstellung der, in Versammlungen, die Kollege Grenz abgehalten, vereinnahmten Gelder zu ersehen.

Vom Juli 1890 bis Ende April 1891 sind eingenommen:

Dresden	Mk.	10.—
Iserlohn	„	12.—
Ruhrort	„	15.—
Düsseldorf	„	10.—
Barmen	„	12.—
Gevelsberg	„	6.—
Lüdenscheid	„	15.—
München-Gladbach	„	10.—
Mainz	„	15.—
Frankfurt a. M.	„	10 —
Gießen	„	10.—
Darmstadt	„	10.—
Frankenthal	„	10.—
Mannheim	„	8.79
Heidelberg	„	3.—
Karlsruhe	„	20.—
Aue bei Durlach	„	10.—
Lahr	„	5.—
Cannstatt	„	20.—
Göppingen	„	10.—
Bernburg	„	3.—
Summa	Mk.	224.79

Transport	Mk.	224.79
Dessau	Mk.	10.—
Halle a. d. S.	„	10.—
Leipzig	„	15.—
Döbeln	„	7.—
Breslau	„	4.35
Lunzenau	„	8.—
Budapest, Wien	„	73.50
Chemnitz	„	46.—
Taura	„	6.—
Altenburg	„	35.—
Pottschappel	„	13.—
Magdeburg	„	15.—
Neumünster	„	40.—
Uelzen	„	12.—
Oldenburg	„	10.—
Delmenhorst	„	8.—
Osnabrück	„	8.85
Herford	„	10.—
Bielefeld	„	10.—
Summa	Mk.	566.49

Es sind außerdem noch bei mir eingegangen:

	Allg. Fond		Agitationsfond
Februar	Mk. 394,55		Mk. 47,10
März	„ 432,05		„ 68,90
April	„ 385,30		„ 42,50
	Mk. 1211,90		Mk. 158,50
Bestand vom Januar	„ 125,70	Bestand vom Jan.	„ 144,67
Summe	Mk. 1337,60	Summe	Mk. 303,17

Gesammtsumme Mk. 1640,77.

Die Ausgabe belief sich im

	Allg. Fond	Agitationsfond
Februar . .	Mk. 408,50	Mk. 14,10
März . . .	„ 393,80	„ 200,10
April . . .	„ 205,70	„ 55,—
Summe	Mk. 1008,—	Mk. 269,20

Gesammtsumme Mk. 1277,20.

Einnahme	Mk. 1640,77
Ausgabe	Mk. 1277,20
Bestand	Mk. 363,57

Davon entfallen auf den

Allgemeinen Fonds	Mk. 329,60	am 1. Mai 1891
Agitations-Fonds	Mk. 33,97	am 1. Mai 1891
	Mk. 363,57	

Außerdem sind noch eingegangen

für die Wittwe Diener in Lübeck .	Mk. 213,84
Davon geht ab an Porto .	Mk. —,65
an die Wittwe Diener in Summa .	Mk. 213,19
Für Ernst Poillon in Berlin	Mk. 120,30
Davon ab an Porto . .	Mk. —,60
An Poillon gesandt	Mk. 120,—

Letzere Sammlung ist noch nicht geschlossen.

Lübeck, 26. Mai 1891.

Nach Erstattung dieses Berichtes fährt Schwartz fort: Bezüglich der Organisation stehe er auf dem Boden der Halle'schen Vertrauensmänner-Konferenz-Beschlüsse. Segitz habe aber nicht ganz recht, wenn er sage, die Konferenz habe sich für eine Union ausgesprochen. Redner für sich sei wohl mit der Gründung eines Verbandes einverstanden, befürchte aber, daß Verhältnisse wie früher während des Sozialistengesetzes in Mannheim einreißen würden, daß vielleicht nach Verlauf eines Jahres Branchen abfallen würden. Denn, daß es Kastengeist unter den Branchen gibt, werde doch wohl Niemand in Abrede stellen. Die eigentliche Union habe sich Redner ungefähr wie folgt vorgestellt. Die einzelnen Branchen zentralisiren sich um ihren Vertrauensmann, die Former um ihn, lösen also ihre bestehenden Vereine auf, gründen Zahlstellen und reichen ihrem Vertrauensmann die Mitgliedsliste ein, desgleichen müssen sie einen gewissen Prozentsatz von ihrer Einnahme an die Hauptkasse des Vertrauensmannes senden. Unter allen Umständen müßten aber die Vertrauensmänner besoldet werden, damit selbige auch ihren auferlegten Pflichten nachkommen.

könnten. Wenn also nach Branchen zentralisirt würde, brauche es nicht mehr als sieben Vertrauensmänner zu geben, denn zu den Formern gehörten z. B. die Gelbgießer, Gürtler ꝛc. Und dieses müsse die Union sein. Gründete man solche große Verbände, so hätte man auch mit der Verschiedenartigkeit der Vereinsgesetzgebung zu rechnen, wir lebten in einer schlechten Zeit und müßten uns für die Zukunft rüsten. Er denke sich Segitz als Haupt der Vertrauensmänner einzusetzen, denn Segitz sei ein Mann, den wir wegen seiner Intelligenz in der Metallarbeiterbewegung nicht entbehren können.

Metzger (Vertrauensmann der Klempner) bemerkt, daß er vorläufig zur Organisationsfrage keine Stellung nehme und verliest folgenden Bericht:

Werthe Kollegen! Zur Zeit als der letzte Metallarbeiter-Kongreß — in der letzten Maiwoche 1890 — tagte, standen wir bereits unter dem Zeichen einer neuen Sturm- und Drangperiode für die Arbeiter. Die Verehrer und Anhänger des Vaters des damals bereits seinem Ende nahen Socialistengesetzes bereiteten sich schon vor, ihm, dem geschworenen Feinde jeden Fortschritts, einmal zu zeigen wie es aussieht, „wenn die Arbeitgeber streiken."

Während der Verhandlungen traf die Nachricht ein, daß die Hamburger Eisen-Industriellen ihre Arbeiter wegen Zugehörigkeit zu einer Fachorganisation von der Arbeit ausgeschlossen und die Bedingung gestellt hätten, wer wieder Arbeit erhalten wolle, müsse sich kontraktlich verpflichten, einer Gewerkschaft nicht anzugehören, auch ferner nicht angehören zu wollen. Diese Nachricht bestätigte sich freilich damals noch nicht in vollem Umfange, doch war sie das Vorspiel zu den Riesenkämpfen, in welche die Hamburger Arbeiter durch die übermüthigen Unternehmer hineingedrängt wurden.

Genug, unter diesem Zeichen fanden im vorigen Jahre die Wahlen der Vertrauensmänner statt, und nahm ich, wie die andern Kollegen, diese Wahl an. Ich war mir dabei schon damals — natürlich in der Annahme, daß die eingetroffene Nachricht der Wahrheit entspricht — bewußt, daß eine neue Zeit für die deutsche Arbeiterbewegung angebrochen sei, daß, wenn bei den Unternehmern auf der ganzen Linie zum Angriff geblasen werde, (was zu erwarten war) die Arbeiter dann um so enger zusammenzurücken, sich enger, Schulter an Schulter zu schließen gezwungen sein würden. Dazu mußten dann neue Formen gefunden, gewissermaßen eine andere Marschroute wie bisher eingeschlagen werden, da wollte ich aber gern mit dabei sein, und aus diesem Grunde auch erklärte ich mich zur Wiederaufnahme des Amtes als Vertrauensmann bereit.

Wie ich bezüglich des engeren Anschlusses vorausgesetzt, so kam es thatsächlich schon nach kurzer Zeit. Als der Ruf Deutschland durchhallte: „Helft den Hamburger Arbeitern im Kampfe für das Koalitionsrecht", da gab es keine verschiedenen Gewerbe und Berufe, keine Metallarbeiter, Klempner, Zimmerer, Schlosser, Maurer, Schmiede, Schuster ꝛc. mehr, da gab es nur noch Arbeiter, welche sich Beistand leisteten im Kampfe gegen das übermüthige Kapital.

Daß aus dieser brüderlichen Hilfe in der Noth ein Bedürfniß nach einem engeren Aneinanderschließen auch nach Beendigung der offenen Kämpfe hervorgehen würde, war eine natürliche Folge, und von diesem

Bedürfniß angeregt und getragen, fand im Herbste v. J. die allgemeine Gewerkschaftskonferenz unter ungemein lebhafter Betheiligung statt.

Es sei hier nur kurz erwähnt, daß die öffentliche Anregung dieser Frage von uns, den Vertrauensmännern der Metallarbeiter, ausgegangen ist, und daß wir alle daran theilnahmen.

Wenn nun diese Anregung bezw. die Konferenz selbst ein praktisches Resultat in Bezug auf die unter den bestehenden Verhältnissen immerhin schwierige Frage der Organisationsform der deutschen Gewerkschaftsbewegung nicht gezeitigt hat, so ist dies doch nur eine Frage der allernächsten Zeit. Die öffentliche Diskussion der Frage wird sicherlich nicht früher von der Tagesordnung verschwinden, bis dieselbe endgültig gelöst ist. Daß die Schwierigkeiten in Folge Mangels einer reichsgesetzlichen Regelung des Vereins- und Versammlungsrechtes besonders erheblich sind, ist wohl nicht nöthig, hier des Näheren zu erörtern.

Wenn ich mir nun noch an dieser Stelle erlaube, darauf hinzuweisen, daß wir, selbst wenn für uns deutsche Arbeiter alle Schwierigkeiten beseitigt sind, die Frage des einheitlichen Handelns zur Erreichung günstigerer Lebens- und Arbeitsbedingungen als gelöst betrachten zu können, nebenbei auch Beziehungen mit den Arbeitern sämmtlicher übrigen Kulturstaaten anzuknüpfen suchen müssen, so geschieht dies nur aus dem Grunde, Ihre Aufmerksamkeit schon jetzt auf den hierauf bezüglichen Punkt der Tagesordnung des gegenwärtigen Kongresses zu lenken.

Auf die im Laufe dieses Jahres stattgehabten Aussperrungen, Streiks 2c., welche uns direkt oder indirekt beschäftigt haben, übergehend, muß ich mit den Hamburger Aussperrungen beginnen. Daß dieselben von den Unternehmern, mit schlauer Ausnutzung der damals gerade einsetzenden Krisis, der „Periode des wirthschaftlichen Niederganges", zum Theil provocirt worden sind, ist wohl ziemlich bekannt. Eben so bekannt ist ja, daß es sich um den ausgesprochenen Zweck handelte, die in Hamburg ziemlich kräftigen Gewerkschafts-Organisationen, namentlich die der Bauhandwerker — Maurer und Zimmerer — zu zertrümmern. In wie weit dieser Zweck in Wirklichkeit erreicht worden ist, können die Genossen am Besten aus der Thatsache entnehmen, daß die genannten Gewerkschaften heute nur wenig an Mitgliederzahl schwächer sind, als sie es vor den Angriff waren, und beschränkt sich der Abgang fast nur auf solche Individuen, die los geworden zu sein für die betreffenden Organisationen nur als ein Vortheil betrachtet werden kann. Dahingegen ist es den Organisations-Arbeitern gelungen, eine nicht unbedeutende Anzahl der importirten Arbeiter zu sich heranzuziehen und sie über ihre eigene Lage aufzuklären. Es kann ohne jede Uebertreibung behauptet werden, daß die von dem gesammten vereinigten Unternehmerthum von Hamburg-Altona und Umgegend inscenirte Kraftprobe das Gegentheil von dem bewirkt hat, was die Akteure beabsichtigten und es gilt auch hier das Dichterwort von „jener Kraft, die nur das Böse will und stets das Gute schafft."

Es sei mir verziehen, wenn ich im Anschluß hieran im Namen meiner zahlreichen Freunde in Hamburg, ja der gesammten Hamburgischen Arbeiterschaft Ihnen als Vertreter der deutschen Metallarbeiter den Dank Ihrer Arbeitsbrüder in Hamburg ausspreche für die Bethätigung des Solidaritätsprinzips welche es ja in den von den Metallarbeitern gebrachten, nicht unbeträchtlichen Opfern ihren Ausdruck gefunden hat, und ich glaube

Ihnen mit gutem Gewissen die Zusicherung geben zu können, daß die ausgestreute Saat nicht auf schlechten Boden gefallen ist.

Ich komme nunmehr zu der uns direkt angehenden Bewegung, die unsere Branche, speziell unser Fach selbst anbetrifft. — Der erste, gleich nach dem Kongreß ausbrechende Streik, war der der Spengler in Mannheim-Ludwigshafen. Derselbe wurde proklamirt, trotzdem der Kongreß wenige Tage zuvor beschlossen hatte, die Angriffsstreiks zu unterlassen während der Dauer der Abwehrkämpfe in Hamburg, und trotzdem ich persönli b den Mannheimer Vertreter instruirt, vorläufig Abstand von dem Streik zu nehmen. Inzwischen war die Situation in Hamburg derart ernst geworden, daß ich es für dringend nothwendig hielt, strikte dem Kongreßbeschluß gemäß zu handeln, und dem „Befehle" der Mannheimer Kollegen, ihnen „sofort" Geld zu schicken, keine Folge zu leisten, wozu ich mich um so mehr berechtigt hielt, als mir nicht ein Fall bekannt war, in welchem die Mannheimer Spengler irgend welche Opfer für streikende Genossen gebracht. Ich habe ihnen denn auch nur diejenigen Beträge übermittelt, die mir mit der ausdrücklichen Bestimmung „für die Mannheimer" zugegangen waren. Eine Mittheilung übe den Verlauf des Streiks ist mir nicht zugegangen, wie ich denn überhaupt von dort nachträglich nichts wieder vernommen habe.

Weiter drohte in Leipzig ein Streik auszubrechen und zwar zur Zeit, als die Wogen des Kampfes in Hamburg am höchsten gingen. Da dieser Streik nach den mir gemachten Mittheilungen große Dimensionen anzunehmen drohte, hielt ich es für geboten, selbst nach Leipzig zu reisen, und meinen ganzen Einfluß aufzubieten, die Kollegen von diesem, unter den damaligen Verhältnissen höchst bedenklichen Schritt abzurathen, was mir auch gelang. Es wurde in der betreffenden Versammlung ein Beschluß gefaßt, von dem geplanten Streik Abstand zu nehmen.

Im August war dann unter den Kollegen in Pen g i. S. in Folge vorgenommener Lohnreduktion eine Bewegung in Fluß, welche auf eine Arbeitseinstellung abzielte. Auch in diesem Falle mußte ich nach geschilderter Sachlage von einem Streik dringend abrathen, und leisteten die Kollegen, wenn auch — wie ich später erfuhr — widerstrebend, meinem Rathe Folge.

Nachdem alsdann von den Vertrauensmännern auf der Konferenz in Halle der Beschluß gefaßt worden war, während der Dauer der Aussperrungen in Hamburg keinen Angriffsstreik mehr zu unterstützen, welcher Beschluß auch durch die „Metallarbeiterztg." publizirt worden war, erhielt ich plötzlich die Nachricht aus Remscheid, daß die dortigen Kollegen in einen Streik eingetreten seien, weil ihnen ihre Forderung — Kürzung der bis dahin gebräuchlichen Arbeitszeit um 1 Stunde — nicht bewilligt worden sei. Aus zwei Gründen mußte ich auch in diesem Falle meine Beihilfe versagen und zwar erstens, weil man ohne Weiteres gegen den Beschluß gehandelt, ohne es auch nur der Mühe werth gehalten zu haben, mich zuvor davon in Kenntniß zu setzen, und zweitens, weil die vorhandenen Mittel so gering waren, daß es nicht einmal genutzt hätte, wenn ich ihnen dieselben zur Verfügung gestellt hätte. Wie der Verlauf und das Ende des Streiks war, habe ich nicht erfahren. Anfang Januar ds. J. traten alsdann plötzlich die Cannstatter Kollegen mit der peremtorischen Aufforderung an mich heran, ihnen Mittel zu liefern, sie mußten in Folge vorgenommener Lohnreduktionen in einen „Abwehrstreik“ eintreten. Da ich nie von den dortigen Kollegen etwas gehört, ja kaum wußte, daß sie organisirt sind, die Verhältnisse aber auch durchaus nicht derart günstig für sie lagen, daß an einen günstigen Ausgang des Streiks zu denken war, lehnte ich auf das Bestimmteste ab, den Streik zu unterstützen, sie zugleich darauf verweisend, daß, wenn man ernten wolle, zuvor erst gesäet haben müsse. Ob der Streik demnach stattgefunden und wie er geendet, ist mir unbekannt geblieben.

Zum letzten, wahrscheinlich noch nicht ganz abgeschlossenen Streik der Genossen in Göppingen übergehend, muß ich auch hier konstatiren, daß mir erst, als der Streik bereits so gut wie beschlossen war, Mittheilung und zwar telegraphisch gemacht wurde. Aus verschiedenen Gründen hielt ich mich verpflichtet, zur Zeit von dem Streik abzurathen, und telegraphirte ich denn auch sofort zurück, daß der Streik momentan unter allen Umständen zu vermeiden sei. Leider gab man dort dieser Abmahnung kein Gehör und proklamirte drei Tage später den Streik. Da die Göppinger Genossen stets in opfermüthiger Weise für ihre kämpfenden Brüder eingetreten, der Streik auch nach meinem Dafürhalten durchaus nicht so unberechtigt gewesen sein mag, hielt ich es für geboten, ihnen die gesammten mir zur Verfügung stehenden Mittel, leider waren nur [illegible]00 Mk. vorhanden — zu übersenden. Wenn ich mich auch für berechtigt, ja für verpflichtet hielt, diesen Streik nach Möglichkeit zu unterstützen, so war ich doch nicht in der Lage, auf die von der Generalkommission der Gewerkschaften Deutschlands an mich gerichtete Frage, ob ich diesen Streik als einen „Abwehrstreik“ anerkenne, eine bejahende Antwort zu ertheilen. Nach den mir zugegangenen Mittheilungen trug der Streik den Charakter eines Angriffs, nicht aber einer Abwehr. Daß die Generalkommission unter diesen Umständen — aber nicht allein aus diesem Grunde — ablehnte, den Streik materiell zu unterstützen, ist erklärlich, wenn man bedenkt, daß sie nur befugt ist, Abwehrstreiks, d. h. solche Streiks, bei denen es sich um die direkte Vertheidigung des Koalitionsrechts handelt, zu unterstützen. Das nur erlaubt das derselben von der Gewerkschaftskonferenz ausgestellte Mandat.

Bei allen diesen geplanten, wie inszenirten Streiks habe ich die Erfahrung gemacht, daß man stets ohne die geringsten Mittel vorging, bezw vorzugehen beabsichtigte. In keinem einzigen Falle hat man durch besondere Vorkehrungen einem sofortigen Ausbruch eines Nothstandes vorzubeugen versucht, und nehme ich deshalb hier Veranlassung, ausdrücklich darauf aufmerksam zu machen, daß, wenn ein Streik geplant wird, es die Hauptbedingung sein muß, zuvor mindestens soviel Mittel aufzubringen, daß die erste volle Woche bis zur vollen zweiten Woche auf Hülfe von auswärts nicht gerechnet werden braucht. Geschieht das nicht, so trägt der Streik stets den Keim des Todes bei seinem Beginn in sich. Ferner aber ist es dringend nöthig, daß die ledigen Kollegen sofort den Ort verlassen, an welchem ein Streik ausbricht, event. daß sie auf einige Wochen hinaus auf jede Unterstützung verzichten. Da sich jedenfalls noch genügende Gelegenheit ergeben wird, darüber weitere Fingerzeige geben zu können, unterlasse ich hier, mich eingehender darüber zu äußern.

In agitatorischer Beziehung konnte im verflossenen Geschäftsjahr nicht besonders viel geleistet werden, indem die ganze Opferwilligkeit der Genossen für die schweren prinzipiellen Kämpfe in so hohem Maße in

Anspruch genommen wurden, daß die Möglichkeit weiterer Anspannung der Kräfte ausgeschlossen erschien.

Es sei mir nun noch eine kurze Bemerkung in Bezug auf das auf dem letzten Kongreß beschlossene Markensystem gestattet. Abgesehen davon, daß die Einführung desselben in einigen Städten auf starken Widerstand gestoßen ist, erscheint mir eine Vereinfachung in dieser Beziehung durchaus nothwendig zu sein. Ich halte es nicht nur für empfehlenswerth, sondern geradezu für geboten, nur eine Marke zu führen, d. h. eine Marke für die ordentlichen laufenden Beiträge und Festsetzung eines näher zu bestimmenden Prozentsatzes für Unterstützung, bezw. für die Agitation. Doch auch darüber wird die Diskussion Klarheit schaffen.

Eine vor mir beabsichtigte Statistik über die Gesammtleistungen der organisirten Kollegen Deutschlands war in Folge der theilweisen, ja meistens zu mangelhaften Ausfüllung der zu diesem Zweck versandten Fragebogen gänzlich unmöglich und mußte daher zur Zeit unterbleiben, doch wird es nach dem Kongreß möglich sein, die fehlenden Zahlen durch briefliche Anfragen zu erkunden und so eine statistische Uebersicht, welche dann ja im Organ veröffentlicht werden kann, zu gewinnen.

Nehmen Sie nunmehr zum Schluß die Abrechnung über die in diesem Geschäftsjahr vereinnahmten und verausgabten Summen entgegen:

Abrechnung.

Einnahme.

Orte	Unterstützung		Agitation	
	ℳ	₰	ℳ	₰
Saldo am 21./5., 90	417	72	583	80
Altona	95	50	50	50
Berlin	621	90	24	40
Braunschweig . . .	1751	10	15	—
Cassel	40	80	15	40
Chemnitz	27	70	7	30
Dortmund	3	—	3	—
Dresden	—	—	12	—
Düsseldorf	53	60	22	90
Duisburg	25	—	—	—
Erfurt	3	90	13	80
Flensburg	16		11	—
Frankfurt	27	35	31	70
Gera	100	—	—	—
Gießen	—	—	—	—
Göppingen . . .	492	37	67	—
Görlitz	3	20	—	—
Hamburg	396	—	214	80
Hannover	17	50	17	50
Summa	4092	64	1090	10

Orte	Unterstützung		Agitation		
	M	Pf	M	Pf	
Transport . . .	4092	64	1090	10	
Harburg	60	50	—	—	
Karlsruhe	167	32	—	—	
Kiel	115	--	—	—	
Leipzig	163	54	—	—	
Magdeburg . . .	10	25	20	—	Fehlt im Hauptbuch Mk. 22, Nachtrag 1891.
Mainz	—	—	10	—	
München	55	20	50	—	
Nürnberg	185	40	60	—	
Penig	30	—	9	20	
Plauen	18	70	3	30	
Remscheid	4	—	2	70	
Schalke	32	—	—	—	
Stuttgart	55	—	—	—	
Thale a. H. . . .	14	30	—	—	
Wiesbaden . . .	17	20	—	—	
Leipzig (Goldbach) .	100	—	—	—	
Fürth (Segitz) . .	1000	—	—	—	
Summa	6120	96	1245	40	

Ausgabe.

Für Unterstützung:	M	—	Für Agitation und Verwaltung:	M	Pf
Bremen . . (Streik)	100	—	Agitation	810	30
Dresden . . "	100	—	Marken, Karten, Circulare	84	—
Mannheim "	74	—	Schreibmat., Bestellgeld., Porto f. Packete, Briefe, Depeschen ꝛc. . . .	96	95
Kirchhain (Gerber) . .	50	—	Bücher, Stempel, Briefwaage	7	10
Hamb.-Altona, Schlosser-Verein, A. J. . . .	550	—	Verwaltung	240	—
Hamburg-Altona, ausgesperrte Arbeiter . .	3450	—			
Gen.-Kom. d. G. D.	700	—			
Porto, Depeschen, Bestellgelder	14	90			
Listen, Marken ꝛc. . .	81				
Verwaltung	240	—			
Summa	5439	90	Summa	1238	35

Bilanz

	M	Pf		M	Pf
Gesammt-Einnahme . .	6120	96	Gesammt-Einnahme . .	1245	40
Gesammt-Ausgabe . .	5439	90	Gesammt-Ausgabe . .	1238	35
Saldo am 1. Mai 91 .	681	06	Saldo am 1. Mai 91 .	7	05

Breder (Vertrauensmann der Schlosser und Maschinenbauer) erklärt, daß die Vertrauensmänner das Recht und die Pflicht hätten, ihre Erfahrungen, welche sie in Bezug auf die Organisationsform gemacht, gleichzeitig in den Berichten mitzutheilen, und dieses Recht lasse er sich nicht nehmen. Redner erstattet dann folgenden Bericht:

Werthe Genossen! Vor Jahresfrist wurde ich von dem Weimarer Metallarbeiter-Kongreß als Vertrauensmann der Schlosser und Maschinenbauer Deutschlands gewählt, und halte ich es für meine Pflicht, den gegenwärtig stattfindenden Kongressen der Arbeiter der Metall-Industrie im Nachfolgenden einen Bericht über meine Thätigkeit im Allgemeinen in der Metall-Industrie, als auch speziell über meine Thätigkeit im Schlosser- und Maschinenbauer-Gewerbe zu erstatten.

Kurz nach Beendigung des vorjährigen Kongresses erfolgte die Aussperrung der Arbeiter in Hamburg, welche bei den Schlossern und Maschinenbauern ihren Anfang nahm. Ich wandte mich sofort an F. Diedrich-Hamburg, zu dieser Zeit Vorsitzender des dortigen Schlosservereins, um einen genauen Situationsbericht zu erhalten, speziell darüber, wie viele Schlosser sich im Ausstande befanden, konnte aber erst auf mehrmaliges Schreiben nur ganz mangelhafte Angaben von demselben erhalten, so daß ich in der ersten Zeit nicht im Stande war, die von den Genossen aus allen Theilen Deutschlands an mich gerichteten Anfragen korrekt zu beantworten. Was Diedrich hierzu veranlaßte, dürfte allen Genossen wohl im Laufe der Zeit klar geworden sein. — Als nun die Aussperrung größere Dimensionen annahm, habe ich alle verfügbaren Gelder (siehe folgende Abrechnung) nach Hamburg gesandt, indem ich glaubte, im Interesse aller Arbeiter zu handeln, wenn ich die im Kampfe um das Koalitionsrecht liegenden Genossen, soviel in meinen Kräften stand, unterstützte. Die gleiche Taktik habe ich auch bei der im vorigen Herbst begonnenen Aussperrung in Hamburg beobachtet, indem ich die Gelder an die General-Kommission sandte. Außerdem habe ich die Feilenhauer in Remscheid, die Schmiede in Königsberg und die Metallarbeiter in Schwerin nach Möglichkeit unterstützt. Die Opferwilligkeit der Genossen war besonders nach dem vorigen Kongresse eine rege; aber infolge der ungünstigen Geschäftskonjunktur einestheils, welche sich besonders auch in der Metallindustrie bemerkbar macht, und anderntheils durch die Einführung des Markensystems, welches sich nicht besonders bewährt hat, sind die freiwilligen Beiträge in letzter Zeit sehr spärlich eingegangen. Dann kommt auch noch in Betracht, daß mit wenigen Ausnahmen es immer die organisirten Metallarbeiter sind, welche die freiwilligen Beiträge aufgebracht haben, es daher als eine Nothwendigkeit bezeichnet werden muß, daß eine Form der Organisation geschaffen wird, wodurch die Unterstützungsgelder für Streiks ꝛc. auf obligatorischem Wege aufgebracht werden.

Außer den Ausständen der Schlosser und Maschinenbauer in Hamburg-Altona sind im letzten Geschäftsjahre keine bedeutenden Streiks und Ausstände innerhalb obiger Branche, weder von Seiten der Genossen, noch von Seiten der Unternehmer inscenirt worden; es wurde daher überall die Zeit dazu ausgenützt, die Organisationen zu stärken resp. neue zu gründen, was auch fast überall gelungen ist.

In Bezug auf die Form der Organisation hatten die Schlosser ꝛc. in verschiedenen Städten einen Kampf im eigenen Lager zu führen, welcher bekanntlich von Herrn Diedrich-Hamburg inscenirt worden ist. Das Vorgehen Diedrichs, welches wohl noch allen Genossen in frischer Erinnerung ist, veranlaßte einen Theil der Hamburger Genossen, welche mit den Ideen D.'s nicht einverstanden waren, mich nach Hamburg zu berufen, um dortselbst wie auch in der Umgegend Versammlungen abzuhalten. Ueber den Verlauf dieser Versammlungen habe ich in der „Metallarbeiterztg." berichtet und dürfte diese Reise wesentlich dazu beigetragen haben, den Sonderbestrebungen D.'s die Spitze abzubrechen. In Hannover, Hamburg, Kiel, Flensburg und Osnabrück fanden Versammlungen statt, welche sich mit D.'s Vorgehen beschäftigten.

In allen Versammlungen habe ich auf die Resolution des letzten Schlosser-2c.Kongresses bezüglich der Organisationsfrage hingewiesen und empfohlen, wenn sich die Schlosser 2c. zentralisiren wollten, sollten sie eine allgemeine Metall-Arbeiter-Vereinigung mit allenfalls einzurichtenden örtlichen Fachsektionen, wie sie die Vertrauensmänner-Konferenz empfohlen habe, gründen resp. einer solchen beitreten, da in einer allgemeinen Vereinigung die Interessen aller Fächer besser gewahrt werden können, als in Fachzentralisationen.

Weitere Agitationsversammlungen habe ich außerhalb abgehalten in Berlin, Magdeburg, Quedlinburg, Thale a. H., Halle a. S., Bamberg, Schweinfurt, Würzburg, Augsburg, Ingolstadt, München, Freising, Braunschweig und Hannover (letztere zwei mit Genossen Segitz gemeinschaftlich); verschiedenen Gesuchen um Abhaltung von Versammlungen konnte nicht entsprochen werden.

In Roth am Sand hielt Genosse Roßkopf-Nürnberg auf meine Veranlassung eine Metallarbeiter-Versammlung ab, woselbst ein Metallarbeiter-Verein gegründet wurde. Genosse König-Remscheid machte eine Agitationsreise in Thüringen und hielt in Weimar, Apolda, Erfurt, Sömmerda und Sangerhausen Versammlungen ab, welche in dortiger Gegend einen sehr guten Eindruck hinterlassen haben. Die abgehaltenen Versammlungen waren meistens allgemeine Metallarbeiter-Versammlungen, da in den kleineren Orten es ein Fehler sein würde, wollte man spezielle Fach-Versammlungen abhalten.

In Folgendem lasse ich die Gesammtabrechnung vom 3. Juni 1890 bis 20. Mai 1891 folgen.

A. Unterstützungsfond.

Einnahmen.

Juni 1890.

Köln C. St. Mk. 15. Eilenburg A. S. Mk. 16,50. Frankfurt a. M. A. Sch. Mk. 25,10. Karlsruhe W. D. Mk. 50. Buckau H. A. Mk. 22. Leipzig K. Kl. Mk. 38,05. Schnigling-Doos Gr. Mk. 7,45 Braunschweig F. E. Mk. 100. Frankfurt a. M. A. Sch. Mk. 58,10. Solingen P. K. Mk. 25. Linden-Hannover B. 14,60. Weyer (Kreis Solingen) A. M. Mk. 20,50. Frankfurt a. M. A. Sch. Mk. 46,60. Leipzig P. B. Mk 52,10. Summa: Mk. **491.**

Juli 1890.

Eilenburg A. S. Mk. 13,85. Bernburg K. K. Mk. 9,90. Köln C. St. Mk. 50. Schwerin W. T. Mk. 50. Flensburg G. St. Mk. 30,65. Kiel H. D. 64,85. Velbert W. K. Mk. 77,95. Fachverein der

Metallarbeiter Schnigling=Doos Mk. 15. Gotha L. G. Mk. 12,15. Frankfurt a. M. A. Sch. Mk. 80,10. Schöningen C. B. Mk. 21,85. Regensburg C. Sch. Mk. 15. Oldenburg R. K. Mk. 36,70. Eilenburg A. S. Mk. 8,80 Neumarkt i. Opf. F. K. Mk. 18,80. Frankfurt a. M. K. St. Mk. 17. Glauchau i. S. A. H. Mk. 7,40. München A. E. Mk. 42,20 Leipzig P. B. Mk. 69,25. Leipzig H. Mk. 89,83. Zürich J. Pf. Mk. 25,20. Hanau F. W. Mk. 10. Buckau M. K. Mk. 74. Leipzig R. J. Mk. 10. Chemnitz W D 14,55. Karlsruher Former-Verein durch H. B. Mk. 15. Witten H. F. Mk. 36,25. Bochum H F.t Mk. 12,90. Wetter H. F. Mk. 2,50. Frankfurt a. M. A. Sch. Mk. 54,60. Ehrenfeld P. G. Mk. 21,40. Zwickau O. G. Mk. 12. Köln C. St. Mk. 11,95. Helmstedt E. H. Mk. 17,40. Von der Saalwach. Mk. 10. Karlsbad i. Böhmen Sch. Mk. 28,17. Saalfeld H. Mk. 27,20. Gotha L. G. Mk. 18. Göppingen J. G. Mk. 57,50. Halle a. S. C. P. Mk. 127,80 Leipzig P. B. Mk. 32. Bockenheim U. Mk. 14,35. Staßfurt H. Mk. 11,04. Oberhausen b. Augsburg F. Mk. 30. Summa Mk. **1405,09.**

August 1890.

Berlin R. P. Mk. 97,55. Magdeburg L. Mk. 6,30. Leipzig K. Kl. Mk. 50. Frankfurt a. M. A. Sch. Mk. 24. Halle a. S. Sg. Mk. 145,35. Ingolstadt E. Mk. 5. Leipzig H. Mk. 66,70. Hamburg, Ungenannt Mk. 5. Korbitz W. Mk. 7,75. Eilenburg A. S. Mk. 16,24. Göppingen, Fachverein der Maschinenbauer Mk. 58,40. Berlin R. P. Mk. 98. Bamberg S. Mk. 5,70. W. Mk. 14,60. K. Mk. 5,45. Weyer (Rhld.) R. G. Mk. 6,40. Buckau O. K. Mk. 15,15. Berlin R. P. Mk. 98,90. Eilenburg A. S. Mk. 8. Bergeborbeck b. Essen G. S. Mk. 14,70. Memmingen J. E. Mk. 16. Regensburg G. Sch. Mk. 2,50. Leipzig St. Mk. 40. Kiel H. D. Mk. 28,25 Summa Mk. **835,94.**

September 1890.

Nürnberg M. Feilenh. Mk. 6,80. Berlin R. P. Mk. 116,25, 175 50. Halle a. S. K. H. Mk. 117,06 Leipzig G. H. Mk. 60,68. P. B. Mk. 27. Göppingen J. G. Mk. 1,70 Frankfurt a. M. A. Sch. Mk. 10,60. Solingen F. K. Mk. 13. Barmen F. Sch. Mk. 17. Kiel H. D. Mk. 10,50. Summa Mk. **556,09**

Oktober 1890.

Leipzig=Volkmarsdorf H. Sch. Mk. 4,80. Berlin R. P. Mk. 68,40. Summa Mk. **73 20.**

November 1890:

Schöningen K. B. Mk. 4,60. Berlin R. P. Mk. 105,35. Sa. Mk. **109,95.**

Dezember 1890.

Glauchau i. S. A. H. Mk. 3,35. Nürnberg, Fachv. d. Schlosser u. Mschb. Mk. 200, 200, U. Mk. 5, Sch. Rothg. Mk. 2,41, Fachverein der Schmiede Mk. 45. Summa Mk. **455,76.**

Januar 1891.

Neumünster L. Mk. 15. Nürnberg B. Mk. 101. Fachverein der Schlosser und Maschinenb. Mk. 150. K. Mk. 2,40. Sa. Mk. **268,40.**

Februar 1891.

Nürnberg, Fachverein der Reißzeugbranche Mk. 5, 100, F. Mk. 1,30. Von den Arbeitern der Schuckert'schen Fabrik Mk. 21. Neumünster L. Mk. 15. Braunschweig Sch. Mk. 200. Sa. Mk. **352,30.**

März 1891.

Berlin P. Mk. 50. Nürnberg Br. Mk. 41,30. Sa. Mk. **91,30.**

April 1891.

Berlin P. Mk. 64,05. Summa Mk. **64,05.**

Mai 1891.

Berlin P. Mk. 200. Summa Mk. **200.**

Aus Nürnberg habe ich von den verschiedenen Gewerken für die ausgesperrten Arbeiter in Hamburg erhalten Mk. 1740,69. Summa Mk. **1740,69.**

Gesammt-Einnahmen Mk. 6644 27.

Ausgaben.

Juni, Juli, August 1890.

Für die ausständigen Feilenhauer in Remscheid an C. Weyer Mk. 100. Für die ausgesperrten Schlosser Hamburgs an Diedrich Mk. 400. Für die streikenden Schmiede in Königsberg an J. Kirsch Mk. 100. An die Redaktion des „Hamburger Echo" für die ausgesperrten Arbeiter Hamburgs Mk. 1000, 750, 375, 600. An Panzner für die ausgesperrten Arbeiter Mk. 500. Unterstützung an eine verunglückte Metallarbeiterin in Nürnberg Mk. 3. An Wörlein & Comp. für Drucksachen Mk. 35,50. 1 Stempel Mk. 4. 1 Briefwaage Mk. 4,75. 3 Bücher Mk. 1,72. Schreibmaterialien Mk. 9,62. An den Vertrauensmann für eine Reise nach Halle a. S. Mk. 44,80. An denselben für Mühewaltung Mk. 40. 2 Geldsendungen à 20 = 40 Pf., 2 Geldsendungen à 30 = 30 Pf., 7 Geldsendungen à 40 Pf. = Mk. 2,80. Für ein Postquittungsbuch 80 Pf. Porto: für Versendung von Listen Mk. 13,10, 117 Briefe à 10 Pf. = Mk. 11,70, 23 Kreuzbandsendungen à 3 Pf. = 69 Pf., 13 Postkarten à 5 Pf. = 65 Pf., 29 Briefe à 20 Pf. = Mk. 5,80, Strafporto für 6 Briefe à 20 Pf. = Mk. 1,20, Postbotengebühr für 4 erhaltene Packete à 10 Pf. = 40 Pf., zusammen Porto Mk. 33,54. Summa Mk. **4006,53.**

September, Oktober, November, Dezember 1890.

Für die streikenden Metallarbeiter in Schwerin an W. Tapfer Mk. 150. Für die ausgesperrten Arbeiter Deutschlands an A. Dammann in Hamburg Mk. 100, 200, 200, 45. Für zwei gemaßregelte Kollegen in Thale a. H. an A. Trautewein in Quedlinburg Mk. 25. Defizit des Agitationsfonds Mk. 226,12. An den Vertrauensmann für Verwaltungskosten Mk. 60. Für Schreibmaterialien Mk. 4,70, Porto für Versendung von Karten und Marken Mk. 3,30, für 3 Geldsendungen à 20 Pf. = 60 Pf., für 3 Geldsendungen à 30 Pf. = 90 Pf., für Telegramme Mk. 7,80, für 13 Kreuzbandsendungen à 3 Pf. = 39 Pf., für 22 Postkarten à 5 Pf. = Mk. 1,10, für 93 Briefe à 10 Pf. = Mk. 9,30, für 23 Briefe à 20 Pf. = Mk. 4,60, Strafporto 20 Pf., 1 Packet 50 Pf., für Drucksachen an die Firma Wörlein & Comp. in Nürnberg Mk. 89. Summa Mk. **1128,51.**

Januar, Februar, März, April, Mai 1891:

Unterstützung an einen gemaßregelten Genossen Mk. 50. An die General-Kommission Mk. 300. An die General-Kommission Mk. 150. An einen bedürftigen Genossen Mk. 20. An den Vertrauensmann für eine Reise nach Braunschweig Mk. 83.50. An denselben für eine Reise nach München, Freising, Mk. 52.60. Für Schreibmaterialien Mk. 2.10. Für Porto: 37 Kreuzbandsendungen à 3 Pf = Mk. 1,11, 28 Postkarten à 5 Pf. = Mk. 1,40, 136 Briefe à 10 Pf. = Mk 13,60, 21 Briefe à 20 Pf. = Mk. 4,20, 1 Geldsendung à 40 Pf., 1 Geldsendung à 30 Pf., Versendung von Marken und Karten Mk. 1,20, Strafporto 40 Pf., Telegramme Mk. 1,70. Für Drucksachen an Wörlein & Comp. in Nürnberg Mk. 12.50. An den Vertrauensmann für Verwaltungskosten Mk. 200. Diverse Ausgaben Mk. 1.30. An die ausgesperrten Metallarbeiter in Göppingen Mk. 300. Porto 40 Pf. **Sa. 1196,71.**

Gesammt-Ausgaben Mk. 6331,75.

Bilance.

Gesammt-Einnahmen . . .	Mk.	6644,27.
Gesammt-Ausgaben	„	6331,75.
Bleibt Bestand	Mk.	312,52.

B. Agitationsfond.

Einnahmen.

Juni, Juli, August 1890.

Nürnberg: Fachverein der Schlosser und Maschinenbauer Mk. 50. S. P. Mk. 1. W. Mk. 3,20. Fachverein der Schlosser und Maschinenbauer Mk. 50. S. Mk. 3. Sch. Mk. 1,90. Schnigling-Doos M. H. Mk. 3. J. D. Nürnberg Mk. 2. Summa Mk. **114,10.**

September, Oktober, November, Dezember 1890.

Eilenburg S. Mk. 12,10. Würzburg K. Mk. 12,15. Göppingen J G. Mk. 10. Kiel W. Mk. 30. München E. Mk. 25. Remscheid K. Mk. 21.95. Aus dem Unterstützungsfond zur Deckung des Defizits Mk. 226.12. Summa Mk. **337,32.**

Januar, Februar, März, April, Mai 1891.

Nürnberg G. Mk. 2. K. Mk. 1,50. Neumünster L. Mk. 10. Nürnberg H. B. Mk. 38,50. J. K. Mk. 5,35. Neumünster Mk. 15. Berlin P. Mk. 34,20. Nürnberg Br. Mk. 30. Von einer gesell. Zusammenkunft der Schlosser Mk. 2,64. Von der Versteigerung eines Arbeiter-Notizkalenders Mk. 6,88. Br. Mk. 24,40. Summa Mk. **170,47.**

Gesammt-Einnahmen: Mk 621 89.

Ausgaben.

Juni, Juli, August 1890.

Versammlungen in Bamberg, Schweinfurt, Würzburg, Augsburg und Ingolstadt incl. Fahrgeld Mk. 53,90. Porto: 23 Kreuzbandsendungen à 5 Pfg. = Mk. 1 15, 11 Postkarten à 5 Pfg. = 55 Pfg., 38 Briefe à 10 Pfg. = Mk. 3,80, 3 Briefe à 20 Pfg. = 60 Pfg., Summa Mk. **60.**

September, Oktober, November, Dezember 1890.

An den Vertrauensmann für eine Reise nach Hamburg, Kiel, Flensburg 2c. incl. Fahrgeld, Diäten und Porto für Briefe und Telegramme Mk. 202. An denselben für Delegation zur Gewerkschafts-Konferenz mit anschließenden Versammlungen in Berlin, Magdeburg, Quedlinburg und Thale a. H. incl. Fahrgeld, Diäten und Porto Mk. 102.25. An denselben für eine Versammlung in Halle a. S. incl. eines Theils des Fahrgeldes Mk. 19. An den Kollegen König-Remscheid für eine Agitationsreise in Thüringen Mk. 50. An den Kollegen Roßkopf-Nürnberg für eine Reise nach Roth a. S. Mk. 2. Diverse Ausgaben Mk. 15.37. Ditto 70 Pfg. Summa Mk. **391,32**

Januar, Februar, März, April, Mai 1891.

Für Agitation Mk. 61,30. An G.-Nürnberg für eine Versammlung in Bamberg Mk. 5. Porto: 21 Kreuzbandsendungen à 3 Pfg. = 63 Pfg., 35 Briefe à 10 Pfg. = Mk. 3.50, 15 Postkarten à 5 Pfg. = 75 Pfg. Summa Mk. **71,18**.

Gesammt-Ausgaben: Mk. 522.50.

Bilance.

Gesammt-Einnahmen	Mk.	621,89
Gesammt-Ausgaben	„	522,50
Bestand	Mk.	99,39

Ich habe in der ersten Spezial-Abrechnung schon bemerkt, daß ich von meinem Vorgänger A. Junge-Hamburg den damaligen Kassenbestand nicht überwiesen bekam, weshalb ich für denselben auch keine Abrechnung zu leisten hatte. Alles in Allem sind vorstehende Einnahmen ein beredtes Zeugniß der Opferwilligkeit der Genossen. Wenn man behördlicherseits vielfach glaubte, durch Chikanen ꝛc. das Aufbringen solcher Fonds verhindern zu können, so dürfte auch vorstehende Rechnung mit beweisen, daß gerade das Gegentheil der Fall ist. Ferner möchte ich noch den Wunsch aussprechen, daß die Genossen bei der zentralen Form der Organisation der Metallarbeiter, welche wohl das Resultat der Kongresse sein wird, noch eine größere Rührigkeit entfalten mögen, um die Organisation der Metallarbeiter auf eine so hohe Stufe zu bringen, daß sie allen anderen Gewerkschaften als leuchtendes Muster dienen kann.

Da ich im Vorhergehenden die Diedrich'sche Angelegenheit und die Organisationsform nur kurz gestreift habe, so sei mir gestattet, noch kurz darauf zurückzukommen. Schon zu Ende des vorjährigen Kongresses habe ich die Wahrnehmung gemacht, daß ein Theil der damaligen Hamburger Delegirten Gelüste hatte, sich außerhalb der Kongreßbeschlüsse zu stellen, was dann auch bald zur Wahrheit wurde. Ich bin diesen Sonderbestrebungen energisch entgegengetreten, wie es die vorjährigen Kongreßbeschlüsse verlangen.

Redner verliest die Resolution des letzten Schlosser-Kongresses, mit welcher er sein Vorgehen motivirt. Auf die Organisationsform übergehend bemerkt Redner, daß er schon seit Jahren den Standpunkt der allgemeinen Vereinigung vertreten habe, und wenn von den Vertretern der Fachzentralisation behauptet würde, die Metallarbeiter seien noch nicht so weit, um eine allgemeine Organisation zu gründen, so bestreite er das ganz entschieden. Die Metallarbeiter hätten im Jahre 1885 schon die allgemeine Vereinigung gehabt, und wenn dieselbe nicht auf Grund des Sozialisten-Gesetzes aufgelöst worden wäre, so wäre es Niemanden eingefallen, die Fachzentralisation zu befürworten. Wir wollten vorwärts und nicht rückwärts schreiten. Der Vorschlag, den er und Genosse Segitz gemacht habe, sei so, daß derselbe den Genossen in den kleineren Orten vollständig entspräche, aber auch durch die allenfalls einzurichtenden örtlichen Fachsektionen den Genossen der Großstädte vollständig Rechnung trage. Redner schließt: Wir wollen keine Vereinsspielerei, sondern etwas Großes schaffen, deshalb nehmen Sie unseren Vorschlag an.

Goldbach (Vertrauensmann der Feilenhauer): Im September 1889 vom Branchen-Kongreß zu Remscheid gewählt und voriges Jahr vom Allgemeinen Metallarbeiter-Kongreß zu Weimar bestätigt, mußte es meine nächste Pflicht sein, in Wort und Schrift die Feilenhauerbewegung von ihren alten Zunftideen, soweit dieselben in Frage kamen, zu befreien, um ein einheitliches System herbeizuführen, sowie den Kollegen klar zu machen, daß derartiger Firlefanz nur hemmend auf die moderne Arbeiterbewegung wirken muß. Dies wurde in den allermeisten Fällen, mit Ausnahme des Vereins in Augsburg, anerkannt, und das alte, morsche, faule Ding, der Zunftzopf, beseitigt; das Eintrittsgeld, welches früher nicht unter 6 bis 12 Mark betrug, wurde soweit herabgesetzt, daß kein Verein mehr als höchstens 2 Mark nehmen sollte. Damit hatten die Feilenhauer einen bedeutenden Schritt nach vorwärts gethan, dadurch wurde es möglich, daß während dieser Zeit in folgenden Orten Vereine ins Leben traten: Breslau, Sangerhausen, Kiel, Bielefeld-Brackwede, Gelsenkirchen, Herzberg, Neuß a. Rh., Velbert, Kassel und Halle. Folgende Vereine sind in corpore in den Metallarbeiterverein eingetreten: Solingen, Eilenburg, Darmstadt und Berlin; freiwillig hat sich aufgelöst der Verein Großenhain i. S. und haben die z. Z. dort existirenden Mitglieder sich in die Vereinskasse getheilt.

Lohnbewegungen und Streiks haben verhältnißmäßig viel stattgefunden; ohne Arbeitseinstellung haben folgende Orte Aufbesserung ihrer materiellen Lage sowie Verkürzung der Arbeitszeit erhalten: Hannover, Braunschweig, Sangerhausen, Eßlingen, Hagen, Dresden und Eilenburg. Angriffsstreiks fanden statt in Leipzig, Breslau, Offenbach, Ludwigshafen a. Rh., Nürnberg, Remscheid, Rade-vorm-Wald und Bielefeld, Brackwede; ein Abwehrstreik in Hamburg-Altona. Der Leipziger Streik hat am längsten gedauert und auch die meisten materiellen Opfer gekostet. Dort hatte man es nicht mit den Unternehmern unserer Branche zu thun, sondern mit den Großindustriellen der Metallindustrie. Um hauptsächlich die Verkürzung der Arbeitszeit von 10 auf 9 Stunden zu unterdrücken, haben die Industriellen alles daran gesetzt, daß die Feilenhauer unterliegen sollten, was ja auch nach 6 Monate langem Kampfe geschehen ist.

In Breslau haben die Kollegen, wenn auch nicht einen vollkommenen Sieg, so doch eine Aufbesserung des Lohn- und Akkordpreises und eine geregelte Arbeitszeit von wöchentlich 62 Stunden errungen; dasselbe ist von Nürnberg zu verzeichnen, wo eine tägliche Arbeitszeit von 10 Stunden besteht; Offenbach, Ludwigshafen, Remscheid, Rade-vorm-Wald sind nach einem hartnäckigen Kampfe unterlegen, wofür einestheils die Schuld den Kollegen selber zugemessen werden muß, weil es nicht möglich war, alle Streiks auf einmal, wie dies mit den Streiks in Breslau, Ludwigshafen, Offenbach und Nürnberg der Fall war, genügend zu unterstützen. Trotz der ernsten Abmahnungen und Vorstellungen meinerseits, wodurch ich verhindern wollte, daß zu gleicher Zeit in einer so schwachorganisirten Branche so viele Streiks auf einmal inszenirt würden, haben die Kollegen den Rath nicht befolgt —, auf diese Weise hat sich also die Einrichtung, Streiks durch Vertrauensleute zu regeln, leider nicht bewährt, da in vielen Fällen nicht danach gehandelt wurde.

Remscheid nebst Umgegend hat ebenfalls, trotz des Beschlusses des Kongresses, keinen Angriffsstreik zu unternehmen, sich nicht danach gerichtet, resp. nicht richten können, denn zu berücksichtigen war, daß der Remscheider Feilenhauerverein eine Vereinbarung mit dem Fabrikanten-Verein dahingehend getroffen hatte, daß von jeder Seite, um eine Aenderung des Tarifs vorzunehmen, der Tarif halbjährig zu kündigen sei, und als der Kongreß v. J. stattfand, die Kündigung von Seiten der Arbeiter schon 2 Monate zuvor den Fabrikanten unterbreitet und eine Zurückziehung der Kündigung unter den damaligen Verhältnissen doch nicht mehr thunlich war.

Der jetzige Streik in Bielefeld-Brackwede ist ebenfalls bei mir nicht angemeldet worden, sondern ich habe erst durch die „Metallarbeiterztg." davon Kenntniß erlangt.

Zu konstatiren ist, daß laut der Statistik von 1890 von den in Deutschland befindlichen 3000 Feilenhauergehilfen ungefähr 1560 in Fach- oder Reiseunterstützungs-Vereinen organisirt waren. Trotz der schweren Kämpfe, sowie des gemeingefährlichen Bestrebens des Feilenindustrie-Verbandes, welcher es sich zur Aufgabe machte, die Organisationen zu zerstören, haben wir doch einen Zuwachs von 140 Mitgliedern dieses Jahr zu verzeichnen, sodaß unsere Organisation 37 Orte mit 1700 Personen umfaßt.

Das Bestreben des Industrie-Verbandes, die Arbeiter in ihren Verband einzuführen, ist gänzlich gescheitert; nur in Leipzig und Offenbach besteht ein derartiges Institut, welches aber nicht mehr ernstlich zu nehmen ist, denn wenn die Arbeiter von den Unternehmern nicht gezwungen würden, so würden dieselben allein dastehen und kein Gehülfe diesem Verbande angehören; aber trotz des Zwanges gibt es nur ungefähr 50 Gehilfen, welche die „Wohlthaten" des Feilenindustrie-Verbandes, wenn auch nur mit Widerwillen, genießen.

Den Beschluß, keine Fachvereinsmitglieder in Arbeit zu nehmen, haben die Herren Unternehmer in Leipzig aufgegeben, um dadurch wieder bessere Arbeitskräfte zu erlangen.

Die Einnahmen und Ausgaben betrugen seit 1. Januar 1890:

a) **Agitationsfond.**

Einnahme:

In 29 Geldsendungen	Mk.	409,30
Ueberschuß der Protokolle (Remscheid) . .	„	115,59
Summa	Mk.	524,89

Ausgabe:

Reise nach Erfurt, Schmalkalden, Sangerhausen	Mk.	27,40
Vorschüsse in der Klagesache (betreffs der schwarzen Listen) gegen die Fabrikanten Schotte in Reudnitz und Heinz in Ludwigshafen . .	„	126,55
Kongreßschulden für Dresden	„	18,—
Konferenz in Halle	„	6,—
Herstellung der Quittungskarten und Marken für den Allgemeinen und Agitationsfond . .	„	195,50
Rollgeld	„	4,—
Versandt der Karten und Marken	„	23,80
Gewerkschafts-Konferenz in Berlin	„	40,—
Gründung des Metallindustrievereins i. Leipzig	„	15,89
6000 St. Quittungsmarken nach Bestellung .	„	26,90
Drucksachen, Listen	„	18,—
Konferenz in Braunschweig	„	25,—
Hektograph, Stempel, Schreibzeug . . .	„	18,—
Porto für Briefe, Karten u. diverse Ausgaben .	„	118,08
Summa	Mk.	663,12

Bilanz.

Einnahme	Mk.	524,89
Ausgabe	„	663,12
Defizit	Mk.	138,23

Das Defizit ist gedeckt aus dem Allgemeinen Fond.

b) Allgemeiner Fond.

Einnahme:

In 337 Geldsendungen	Mk.	6095,46

Ausgabe:

Leipzig	Mk.	2794,—
Breslau	„	760,—
Offenbach	„	260,—
Ludwigshafen	„	310,—
Remscheid	„	400,—
An die ausgesperrten Arbeiter Hamburgs .	„	200,—
An die Altona-Hamburger Feilenhauer . .	„	720,—
Sangerhausen	„	15,—
Vertrauensmann	„	416,—
Defizit des Agitationsfonds	„	138,23
Porto, Depeschen und diverse Ausgaben .	„	67,95
Summa	Mk.	6081.18

Bilanz.

Einnahme	Mk.	6095,46
Ausgabe	„	6081,18
Bestand	Mk.	14,28

Zum Schluß erhält das Wort der Vertrauensmann der Schmiede, Hilmer: Die Thätigkeit, welche ich als Vertrauensmann auszuüben hatte, konnte in diesem Jahre auch nur eine beschränkte sein, weil der Vorstand der Vereinigung der Schmiede Deutschlands zum allergrößten Theil die Agitation sowie das Unterstützungswesen unter den Schmieden leitete. Selbst bei der großen Maiaussperrung des Jahres 1890 war es den Schmieden kraft ihrer guten Organisation möglich, auf fremde Gelder zur Unterstützung für Gemaßregelte verzichten zu können, in Hamburg allein gehörten über 600 Schmiede drei Wochen lang zu den Ausgesperrten. Diese wurden durch die Vereinigung in einer Weise unterstützt, daß es coulant von anderen Gewerbschaftsmitgliedern hervorgehoben wurde. Unbegreiflich ist mir nun, wie Segitz es wagte, auf dem Kongreß der Metallarbeiter Sachsens zu fragen und behaupten, „Wo bleiben die Schmiede?", sie thuen Nichts für Unterstützung. Auch die Agitation war in den letzten Jahren von Erfolg gekrönt, es bestehen außer den Lokalvereinen von Schmieden 53 Zahlstellen, der Vereinigung gegenüber 17 im Jahre 1889. Hiebei bemerke ich, daß durch das Vorgehen des Vertrauensmannes der Schlosser, Zahlstellen, welche durch schwere Opfer von uns errichtet wurden, wieder verloren gingen. Lokal-Vereinen von Schmieden wurde durch denselben abgerathen, sich der Central-Vereinigung anzuschließen.

Durch die Einnahmen, welche nach meiner festen Ueberzeugung einestheils von und durch Schmiede aufgebracht wurden, anderseits durch die Redaktion des „Bruder Schmied" mir übergeben wurden, war es mir möglich, Mk. 385,30 für Agitation verwenden zu können, außerdem konnte ich trotz der eigenen schwierigen Lage der Schmiede Mk. 500 an verschiedene Gewerbe für Unterstützungszwecke abgeben; es erhielten die Generalkommission der Gewerkschaften Deutschlands in Hamburg Mk. 280, die Glasarbeiter Mk. 100, die Gypser Hamburgs Mk. 50, die Tabakarbeiter Mk. 70.

Die spezifizirten Abrechnungen sind von Zeit zu Zeit von mir in dem „Bruder Schmied" veröffentlicht worden. Beschwerden wegen Unrichtigkeit sind bis heute nicht eingelaufen und nehme deshalb an, daß ich die Gelder zur Zufriedenheit der Geber verwandt habe.

Die gesammte Einnahme belief sich von Juli 1890 bis 1 Juli 1891 auf

Mk. 1091.15

die gesammten Ausgaben in derselben Zeit auf

Mk 889.65

mithin verbleibt am 1. Juli 1891 ein Kassenbestand von

Mk 201.50.

Hierauf erfolgt Schluß der Sitzung um 6 Uhr.

Die Schriftführer:
Emil Riemann. Max König.

---

3. Sitzung, am 2. Juni, Vormittags.

Krämer eröffnet die Sitzung um 8 Uhr. Die Verlesung der Präsenzliste ergibt die Anwesenheit sämmtlicher Delegirten.

Segitz stellt den Antrag, zur Prüfung seiner Abrechnung, sowie derjenigen Breders eine Revisionskommission zu wählen.

Dieser Antrag wird angenommen und werden Stücklen, Kleemann und Weirich gewählt.

Es wird hierauf in die Diskussion über den Bericht der Vertrauensleute eingetreten und erhält zunächst das Wort.

Thiele-Göppingen. Das Verhalten Metzgers anläßlich des Klempnerstreiks in Göppingen sei nicht korrekt. Der Streik sei thatsächlich ein Abwehrstreik und nicht wie Metzger behaupte, ein Angriffsstreik. Die dortigen Kollegen seien dadurch unmuthig gemacht.

Metzger. Nach dem Bericht, den er von Thiele erhalten habe, sei er zu der Ansicht gekommen, daß der Streik thatsächlich ein Angriffsstreik sei. Er bedauere, wenn deshalb das gute Einvernehmen mit den Göppinger Kollegen gestört würde.

Bamberger spricht gegen Branchenzentralisation und beleuchtet die Art und Weise, wie Theiß versuchte, in Köln zu agitiren. Die Kölner Schmiede wollten nichts von dem Schmiedeverband wissen, deshalb habe Theiß in Köln Fiasko gemacht.

Hilmer behauptet, von der Konferenz in Halle nicht rechtzeitig unterrichtet gewesen zu sein, deshalb habe er gefehlt. Mit der Einmüthigkeit sei es also nichts; man habe ihn jedenfalls nicht haben wollen. Auf der Berliner Konferenz sei Branchenzentralisation beschlossen worden, die „Metallarbeiterztg." habe das Gegentheil gebracht, sie sei ein korrumpirtes Blatt, wenn der Nürnberger Trichter nicht angesetzt werde, dann ginge es nicht. Wenn mit solchen Mitteln gewirkt werde wie bisher, so arbeite er blos für die Schmiede und werde einem allgemeinen Kongreß keine Rechenschaft mehr geben, indem er dies den Schmieden schuldig sei, die das Geld aufgebracht hätten.

Breder erklärt gegen Hilmer, daß er weder in Osnabrück noch in anderen Städten die Schmiede vom Schmiedeverband abspenstig gemacht habe. Er habe blos die Schädlichkeit der Sonderbestrebungen nachgewiesen. Um zu ermöglichen, daß Theiß in Nürnberg sprechen konnte, habe er selbst eine Schmiedeversammlung einberufen, indem ein Schmied hiezu nicht zu finden war. Die Einladung nach Halle hätte er (Redner) auch nicht eher erhalten wie Hilmer. Die Berliner Beschlüsse seien von Hilmer nicht richtig aufgefaßt, er berufe sich hiebei auf Schwartz. Darüber, ob die „Metallarbeiterztg." ein korrumpirtes Blatt sei, werden die Delegirten zu urtheilen wissen. Er erinnere aber hiebei an den Artikel im „Bruder Schmied", den „Thurmbau zu Babel". Die Aufrufe seien einmüthig unterschrieben worden.

Segitz bestätigt, daß Hilmer rechtzeitig eingeladen worden sei. Er habe deswegen bei Metzger angefragt und die Antwort erhalten: Hilmer betrachte die zu behandelnde Frage für die Schmiede als gelöst. Sie hätten einmüthig gehandelt, wie aus dem Statutenentwurf hervorgehe.

Schwartz behauptet, die Vertrauensmänner hätten Fachzentralisation beschlossen, deshalb sei er in den Versammlungen dafür eingetreten, es wäre sonst kein Former hier.

Hilmer erklärt nochmals seine Abwesenheit von der Konferenz in Halle als Folge der späten Einladung.

Metzger theilt mit, daß er Hilmer schon früher persönlich eingeladen habe.

Grenz. Die Einmüthigkeit der Vertrauensleute lasse viel zu wünschen übrig. Die einzelnen Branchen könnten ganz gut für sich arbeiten. Das Vertrauensmännersystem habe im ersten Jahre gut gearbeitet und hätte man deshalb auf dem 2. Kongreß seine Beibehaltung beschlossen. Nach dem Kongreß habe die Einmüthigkeit der Vertrauensmänner gelitten. Er habe nach den Beschlüssen des Kongresses gehandelt, nur wenn er angegriffen worden, sei dies anders gewesen. Die Redaktion der „Metallarbeiterztg." habe mehrfach Wandlungen durchgemacht. Dieselbe sei sich nicht konsequent, sonst müßte sie auch gegen die neue Berliner Organisation etwas schreiben. Uebrigens habe die Bewegung in Berlin immer etwas Besonderes gehabt; die Redaktion der „Metallarbeiterztg." habe aber immer dazu geschwiegen. Ihr sei es nicht um das Wohl der Organisation, sondern um ihr eigenes zu thun. Jedenfalls habe die Redaktion gedacht, daß hier Fachzentralisation beschlossen werde, wodurch ihr Abonnenten verloren gehen und suchte sie sich bei den Berlinern einzuschmeicheln. Berlin könnte sich mit seinem Vorgehen selbst schlagen, weil dadurch die Provinz zurückbliebe. Fritzsche und Auer hätten vor dem Ausnahmegesetz für Branchenzentralisation gewirkt, dies müsse man auch heute thun. Die Zentralisation der Tischler sei stetig gestiegen, sie besitze jetzt 214 Zahlstellen mit 17600 Mitgliedern, dasselbe könnten auch die Former thun. Ferner bezweifelt Redner die in dem Artikel in Nr. 22 der „Metallarbeiterztg." zum Ausdruck gebrachte Meinung über die Beschlüsse des Maurerkongresses; indem nach seiner Ansicht nur auf einem Bauhandwerker-Kongreß derartiges beschlossen werden könnte.

Metzger wünscht daß die Debatte nicht mehr in so breiter Weise fortgesetzt werde.

Gerisch unterstützt dies, man solle den 2. Punkt, die Organisationsfrage, gleich mit verhandeln. Ein dahingehender Antrag von Stücklen, Weirich, Riemann, Gebauer und Schneider wird, nachdem Stücklen ihn begründet und Diedrich dagegen gesprochen, angenommen.

Wolfskämpf erklärt, die Magdeburger Former seien gegen Branchenzentralisation und ersucht, für allgemeine einzutreten.

Theiß erklärt, für die Schmiede sei ein Vertrauensmann bei ihrer gegenwärtigen Organisation unnöthig. Die Schmiede seien zwar zurückgegangen, jedoch sei Rückgang überall zu verzeichnen, in Rücksicht auf die gegenwärtigen Verhältnisse. Bei den Maurern sei durch deren einheitliche Organisation der Rückgang vermindert. Es sei nothwendig, auf alle Fälle zu zentralisiren, schon um in finanzieller Beziehung eine Regelung zu schaffen. Die Schmiede hätten viel geleistet, wären sie unterstützt worden von den anderen Metallarbeitern, so wären sie weiter. Man solle die Fächer zentralisiren und für dieselben eigene Zeitungen schaffen. Die Schmiede müßten wie rohe Eier behandelt werden, um sie zur Organisation zu bringen. Der Bericht Breders biete schöne Zahlen, aber mit diesem Gelde hätte man Besseres schaffen können. Nicht nur die Schmiede seien in ihren Fachorganisationen gestört worden, sondern auch die Klempner und Former. Weiter beschwert sich Theiß über die Schreibweise der „Metallarbeiterztg." und vertheidigt den von ihm geschriebenen „Thurmbau zu Babel". Derselbe sei durchaus sachlich gehalten und sei durch die Einberufung der Gewerkschaftskonferenz gerechtfertigt worden. Die Schmiede würden ihre Organisation beibehalten, bis ein allgemeiner Arbeiterkongreß eine Annäherung möglich mache. Was könne Breder den Hamburgern lehren? Dort seien die Organisationen den Arbeitern in Fleisch und Blut übergegangen. Schildert die Vorgänge in Köln bei Gründung einer Zahlstelle, dort seien die Schmiede majorisirt worden. Redner bittet zum Schluß, alle Zänkereien zu unterlassen, „wir wollen uns einigen".

Metzger erklärt, daß er soeben Nachricht aus Göppingen erhalten habe und er den Streik jetzt für einen Abwehrstreik erklären könne, indem von den Arbeitern Austritt aus der Organisation verlangt werde. Er werde jetzt diesen Streik nach Kräften unterstützen.

Ein Antrag, die Redezeit auf 5 Minuten zu beschränken, wird abgelehnt.

Diedrich beantragt Aenderung der Rednerliste zu seinen Gunsten, da er momentan das nöthige Material nicht dabei habe. Wird abgelehnt.

Lienau bemerkt, die im Berichte des Vertrauensmannes Schwartz für Neumünster gebuchten 40 Mark seien von der ganzen Provinz aufgebracht. Spricht sich im Uebrigen für die allgemeine Union aus.

Krönert betont, daß durch Hilmers Verfahren eine Einigkeit nicht erzielt werden könne und beschreibt, wie die Hamburger Mitglieder des Schlosserverbandes durch ihren Beitritt in den Altonaer Schlosserfachverein versucht haben, denselben zu sprengen und ihn in den Schlosserverband zu bekommen; das sei jedoch nicht gelungen.

Ein Antrag ist eingelaufen, der dahin lautet: „Eine Redaktionskommission zu ernennen, welche die eingelaufenen Resolutionen nach Möglichkeit in eine einzige zusammenfassen soll." Der Antrag wird angenommen.

Diedrich wendet sich zunächst gegen Scherm. Er habe nicht in der Weise gekämpft wie Scherm, der ihm in nicht sachlicher Weise in der „Metallarbeiterztg." entgegengetreten sei. Man habe ihn nur verleumdet und ihm nicht gestattet, sich zu vertheidigen. Die „Schlosserzeitung" sei wegen der Haltung der „Metallarbeiterztg." nothwendig gewesen. Die gesammelten Gelder seien von einigen Vertrauensleuten in Bezug auf Agitation mißbraucht worden. Im Altonaer Schlosserverein hätten sie ein Recht, mitzureden, indem sie schon in den Jahren 1886—88 dort versucht hätten, eine Organisation zu gründen. Geht weiter auf das Verhalten Scherms ein, derselbe habe sich wie eine Windfahne gedreht. Er bedauert im Ferneren, daß er sich von Scherm im Falle Lücke habe mißbrauchen lassen Der Ort des Kongresses sei nicht günstig, Halle wäre besser gewesen. Die Dreher Hamburgs seien mit schuld an dem Rückgang der Hamburger Organisationen. Breder hätte durch sein Auftreten in Hamburg Gehässigkeit geschaffen, wodurch die Organisation geschädigt sei. Redner erklärt, daß er für Fachzentralisation ist, und kommt auf sein Verhalten betreffs des mit den dänischen Metallarbeitern geplanten internationalen Kongresses zu sprechen. Er habe Horup geschrieben, daß er nicht das Gros der Metallarbeiter hinter sich habe, sondern nur im Auftrag von vier Verbänden handle. Daraus gehe hervor, daß er nicht in das Recht der Vertrauensmänner eingegriffen habe. Die Metallarbeiter Bielefelds hätten weniger Interesse an der Organisation, als die im Verband organisirten

Schlosser. Der Kastengeist sei in kleinen Orten stärker, als in großen. Man solle den gegenwärtigen Strömungen Rechnung tragen, denn die älteren Verbände würden der Union nicht beitreten.

Schwartz wendet sich gegen Diedrich bezüglich seiner Auslassungen über den Kongreßort. Frankfurt sei gewählt, weil die elektrische Ausstellung gerade hier stattfindet, ferner wegen der Agitation, die gerade in dieser Gegend betrieben werden müsse.

Segitz weißt aus einem Briefe, den er von Horup erhalten, nach, daß die Angaben Diedrichs nicht stichhaltig seien.

Der Vorsitzende verließt folgende Anträge:

„Resolution: Die heutige (7. Mai) Versammlung der Delegirten der württembergischen Metallarbeiter erklärt: In Erwägung, daß unter den obwaltenden Verhältnissen eine Zersplitterung der Metallarbeiter in verschiedene Branchen-Organisationen von größtem Nachtheil und in Württemberg undurchführbar ist; in Erwägung, daß gegen die großen Kapitalistenverbände nur noch eine vereinte Organisation Stand halten kann, beschließt die Delegirtenversammlung: Die württembergischen Vertreter zum allgemeinen Metallarbeiter-Kongreß sind angewiesen, für eine einheitliche Organisation einzutreten, welche sämmtliche in der Eisen- und Metall-Industrie beschäftigte Arbeiter einschließt und zwar so, daß jeder Fachverein derselben, gleichviel ob Branchen- oder allgemeiner Verein eine direkte Zahlstelle der Allg. Union bildet und außerdem die Union in einzelne Landesbezirke eingetheilt ist, um die Agitation den örtlichen und ländlichen Verhältnissen anpassen zu können. Gleichzeitig wünscht dieselbe, daß keine gleichmäßigen Beiträge erhoben werden, sondern daß ein Modus geschaffen wird, welcher es den einzelnen Genossen ermögicht, je nach ihren Einkünften Beiträge zu leisten.“

„Resolution: Die heute (26. April) in Mainz tagende Bezirkskonferenz der Metallarbeiter aller Branchen von Hessen-Hessen-Nassau und Frankfurt a. M. nebst Umgebung erklärt sich entschieden gegen jede Fachzentralisation und wünscht die zukünftige Organisation so gestaltet, daß jede Branchen-Vereinigung eine direkte Zahlstelle der allgemeinen Union darstellt.“

Es wird sodann zur Wahl der beschlossenen Redaktionskommission geschritten und dazu Fehmerling, Emmel, Breder, Junge (Eßlingen) und Bremer bestimmt.

Schluß der Sitzung 12 Uhr.

Die Schriftführer:

Mittag. Steinkuhl.

---

4. Sitzung, am 2. Juni, Nachmittags.

Die Sitzung wird um 2 Uhr von Panzner eröffnet.

Die Verlesung der Präsenzliste ergibt die Anwesenheit sämmtlicher Delegirten. Das Protokoll der 2. Sitzung wird nach einigen unwesentlichen Aenderungen angenommen.

Die Generaldebatte über den Bericht der Vertrauensmänner und die Organisationsfrage wird fortgesetzt.

Schweer: Aus dem Bericht der Vertrauensmänner geht hervor, daß durch Fach-Zentralisation mehr erreicht werden könne, wendet sich gegen Breder; dessen Agitationsreise nach dem Norden, speziell nach Hamburg, wäre nicht nothwendig gewesen, indem die Hamburger Kollegen im Stande wäre, ihre Verhältnisse selbst zu regeln, und Hamburg schon angefangen habe, Organisationen zu schaffen, als noch von keiner andern Seite daran gedacht worden sei. Vertheidigt Hamburg gegen den Vorwurf von Krönert und erklärt, daß auch in Hamburg Hetzereien vorkommen, welche wohl nicht eher verschwinden, bis einige an der Spitze stehende Personen beseitigt würden. Redner empfiehlt die Gründung einer Metallarbeiterunion aus Fach-Zentralisationen gebildet und mit einer sogenannten Spitze als Oberleitung. Wirft der „Metallarbeiterztg." parteiisches Vorgehen vor und befürwortet die Gründung von Branchenzeitungen.

Müller wünscht nicht, daß sich die Verhandlungen des Kongresses in einer Weise zuspitzen, daß der Streit zwischen Hamburg und Nürnberg als Hauptaufgabe des Kongresses betrachtet werde. Redner vertritt den Standpunkt der kleineren Städte, welche durchgängig auf dem Boden der allgemeinen Zentralisation stehen, und von dem Kongreß erwarten, daß derselbe die Organisationsfrage in dieser Form zum Austrag bringe; er vertheidigt im Interesse der kleineren Orte den Beschluß des Kongresses, die Abstimmung nach Zahl der Mandate vorzunehmen. Wendet sich gegen diejenigen, welche aus dem Bericht der Vertrauensmänner eine größere Leistung der einzelnen Branchen herausfinden wollen, und behauptet, daß sich durch Sammellisten nicht nachweisen ließe, welcher Branche die Geber angehörten. Er bezeichnet das Vorgehen der Berliner Kollegen für verfrüht, und kann sich auch mit den redaktionellen Bemerkungen der „Metallarbeiterztg." nicht einverstanden erklären.

Gerisch konstatirt zur Geschäftsordnung, daß durch die Verquickung des 1. und 2. Punktes der Tagesordnung eine Verschiebung der Rednerliste stattgefunden und die Berliner Delegirten, welche sich schon längst zum Wort gemeldet, dadurch in Nachtheil gerathen seien.

Junge-Hamburg: Die Kampfesweise von Breder und Scherm gegen ihn wäre nicht ehrlich gewesen, er bestreite, daß auf den Konferenzen in Halle und Braunschweig eine Einigung unter den Vertrauensmännern in Bezug auf die Organisationsfrage stattgefunden. Breder und Segitz hätten ihren Einfluß auf die „Metallarbeiterztg." benutzt, um für ihre Ansicht Propaganda zu machen, hält ebenfalls die Agitationsreise Breders nach Hamburg für unnöthig. In Bezug auf die Gründung des Verbandes der Schlosser und Maschinenbauer erklärt Redner, daß die Anregung hiezu aus den Kreisen der Kollegen an Diedrich ergangen und habe hierzu hauptsächlich der unbefriedigende Verlauf des letzten Weimarer Kongresses Anlaß gegeben; Diedrich habe lediglich dieser Anregung Folge gegeben und habe die dazu nöthigen Schritte unternommen. Es sei jedoch öffentlich geschehen und sei es unwahr, daß die zu diesem Zweck einberufene Konferenz der Schlosser und Maschinenbauer in Harburg Wachen ausgestellt habe, um den Zutritt von nicht gewünschten Personen zu dieser Konferenz zu verhindern, es seien im Gegentheil zahlreiche Einladungen erlassen worden. Auch die Idee der Gründung einer eigenen Zeitung sei nicht von Diedrich ausgegangen, sondern habe Redner diesen Antrag selbst in einer Versammlung der Schlosser und Maschinenbauer gestellt und befürwortet. Die „Metallarbeiterztg." wäre nicht im Stande, die Interessen der Metallarbeiterorganisationen zu vertreten. Das in seiner früheren Eigenschaft als Vertrauensmann der Schlosser und Maschinenbauer Deutschlands 1890 nach dem Weimarer Kongreß noch in Händen befindliche Geld habe er noch zur Unterstützung der Hamburger Streiks verwandt, und zwar habe er dem Hamburger Schlosserverein 600 und dem Altonaer Schlosserverein über 300 Mark überwiesen, was auch die anwesenden Hamburger, speziell Münzner, bestätigen würden. Das Uebrige habe er als Entschädigung für Agitationsreisen, welche er zur Berichterstattung an seine Mandatgeber über den letzten Weimarer Kongreß unternommen, angerechnet. Beschuldigt Breder, derselbe habe in Hannover die Organisationsfrage als eine Existenzfrage bezeichnet und erklärt, daß Hamburg keine besoldeten Agitatoren hätte. Die Kritik der „Metallarbeiterztg." gegen den Organisationsentwurf der Generalkommission sei ungehörig und gehässig. Zur Organisationsfrage erklärt Redner, daß eine Metallarbeiterunion nur lebensfähig sei, wenn dieselbe durch Branchenzentralisationen gebildet würde, doch hätten dieselben statutarisch die Bestimmung der Freizügigkeit innerhalb der Union aufzunehmen. Zum Schluß gibt Redner wiederholt die Erklärung ab, daß, wenn es durch eine sachliche Diskussion dem Kongreß gelingt, eine Organisationsform zu schaffen, welche man für die Interessen aller Metallarbeiter voll und ganz für segenbringend halten kann, sich der Verband der Schlosser und Maschinenbauer dann zu Gunsten dieser Organisation auflösen wird. Hamburg hätte nie gegen die Weimarer Resolution gehandelt.

Hierauf folgt eine längere Geschäftsordnungsdebatte.

Alex erklärt als Hamburger Delegirter der Gürtler und Gelbgießer, daß er mit den Sonderbestrebungen von Diedrich und Junge nichts gemein habe.

Schwartz macht bekannt, daß Mittwoch früh der Formerkongreß, gleichviel wie weit heute die Berathungen des Metallarbeiterkongresses gedeihen, stattfindet, da derselbe angemeldet sei.

Breder vertheidigt sich gegen die Angriffe der Hamburger Delegirten, besonders betreffs der Agitationsreise nach Hamburg. Er führt aus, daß er schon auf dem Weimarer Kongreß nach der Erklärung Michaels: „Beschließen Sie was Sie wollen, wir thun doch was wir wollen", gewußt hätte, wie viel es geschlagen. Verliest dann die Resolution des 1890er Schlosser- und des Metallarbeiter-Kongresses. Darnach habe er die Verpflichtung gehabt, dem Rufe nach Hamburg Folge zu leisten. Daß die Hamburger Schlosser nicht sämmtlich mit dem Vorgehen Diedrichs einverstanden seien, beweise, daß Diedrich kein Mandat in Hamburg erhalten. Redner wendet sich gegen Junge betreffs der Aeußerung, die Organisationsfrage sei eine Existenzfrage; er habe in Hannover zu Diedrich gesagt: „Höre mal Diedrich, ist es für Dich nicht eine Existenzfrage?" Er wendet sich gegen die Kampfesweise Junge's, der ihn auf Grund anonymer Briefe verdächtigt und die Ehre abgeschnitten habe. Der Brief des Herrn Heydrich-Nürnberg sei darum nicht von der „Metallarbeiterztg." veröffentlicht, weil sich die Redaktion jedenfalls keine Beleidigungsklage hätte an den Hals hängen lassen wollen. Aus demselben Grunde hätte jedenfalls auch Diedrich die Aufnahme verweigert. Vertheidigt sich gegen den Vorwurf von Grenz, daß er nur für allgemeine Organisation eingetreten; er stehe schon seit Jahren auf diesem Standpunkt und habe keine zwei Ueberzeugungen. Den Vorwurf, daß er Geschäfte mache auf Kosten der Allgemeinheit, weise er zurück, indem er auf Agitation noch keine 6 Mk. 50 Pfg. pro Tag bezogen habe. Seine Stellung zur Organisation präzisirt Redner dahin, daß er unter Union eine allgemeine Metallarbeiter-Zentralisation mit örtlichen Fach-Sektionen verstehe, nicht in dem Sinne von Schwartz. Er erkläre, daß die Metallarbeiter keine weiteren Konzessionen mehr machen, sondern auf alle Fälle die Union ins Leben rufen würden, man könne es sonst den Metallarbeitern gegenüber nicht verantworten. Nicht die kleinen Organisatiönchen, sondern die allgemeine Zentralisation bildet einen Damm gegen das übermüthige Unternehmerthum

Mittag als Berichterstatter der Mandatsprüfungskommission beantragt Namens derselben, die Abstimmung nicht nach Mandaten, sondern nach der Kopfzahl vorzunehmen, indem Mandate vorliegen, die nur wenige Personen unterschrieben haben.

Ueber diesen Antrag wird namentlich abgestimmt; für den Antrag stimmen 70, dagegen 52 Delegirte. Der Antrag ist daher angenommen.

Die Mandatsprüfungskommission beantragt, das Mandat des Delegirten Krönert-Altona für gültig zu erklären, da die Versammlung im „Hamburger Echo" als öffentliche ausgeschrieben und der Protest nur von 33 Mann unterzeichnet sei, während zirka 150 Mann in der Versammlung anwesend waren.

Nach einer kurzen Erklärung Krönerts, worin derselbe den Vorwurf, daß er Streikbrecher sei, zurückweist, wird das Mandat für gültig erklärt.

Junge bemerkt, daß er in der Altonaer Versammlung nicht anwesend war, er habe nur gesagt was ihm mitgetheilt sei.

Münzner beantragt: „In Anbetracht, daß morgen die Spezialkongresse tagen, wolle man zur Klärung der Organisationsfrage nunmehr den Vertrauensmännern und einem Berliner Delegirten das Wort ertheilen."

Der Antrag wird abgelehnt.

Hilmer bemerkt gegen Breder, derselbe habe die Weimarer Kongreßbeschlüsse nicht gehalten, denn das bewiesen die Vorgänge in Hannover und Osnabrück.

Segitz betont, daß er zwar schon oft Veranlassung gehabt hätte zur sachlichen Berichtigung das Wort zu ergreifen, er habe es unterlassen, weil er die Aufgabe des Kongresses darin erblicke, über die zweckmäßigste Organisation zu berathen. Er weist den Vorwurf, der gegen Breder erhoben, zurück, indem Breder nur 6 Mk. pro Tag empfangen. Betreffs der Hamburger Reise hätte er es für die Pflicht Breders gehalten, dorthin zu gehen. Er bemerkt, daß er nicht immer mit der Schreibweise der „Metallarbeiterztg." einverstanden sei; aber man solle nicht vergessen, daß alles das, worüber man sich beschwert, erst durch das Vorgehen der betreffenden Hamburger hervorgerufen sei, speziell habe der Artikel vom „Thurmbau zu Babel" im „Bruder Schmied" wesentlich dazu beigetragen, außerdem auch der Unternehmerklasse eine willkommene Handhabe geboten, die sie weidlich ausgenützt. Man solle daher nicht dem Einzelnen die Schuld in die Schuhe schieben. Die Ausführungen von Grenz hätten keine Beweiskraft; es müsse bewiesen werden, daß mit dem Steigen der Zentralisationen von 27 auf 55 eine dementsprechende Vermehrung der Mitgliederzahl damit verbunden gewesen sei; dieses sei nicht bewiesen. Er sei gegen die Fachzentralisation, weil dieselbe auf die Dauer nicht lebensfähig. Die Durchführbarkeit der Union in seinem Sinne sei nicht mehr zu bezweifeln. Er wendet sich gegen die gestrigen Ausführungen von Schwartz, die ihm ganz neu seien. Das Vertrauensmännersystem hält er für ein System, wodurch der Absolutismus großgezogen wird. Wenn die einzelnen Branchen auf ihren Ansichten streng verharrten, so würde für die Zukunft kein besseres Verhältniß entstehen können, weil die Metallarbeiter-Union doch zu Stande komme, welche dann alle Metallarbeiter als Mitglieder aufnimmt. Darum solle man von vornherein etwas Einheitliches und Dauerhaftes schaffen.

Springer wünscht, daß die Agitation in Süddeutschland mehr betrieben wird und macht wegen Unterlassung dieses Schwartz und Grenz Vorwürfe; behauptet, er habe von Grenz die Antwort erhalten: „Wenn Ihnen eine politische Versammlung vorgehe, er überhaupt nicht kommen würde" (was Grenz durch Zwischenruf bestreitet). Im Uebrigen ist Redner für allgemeine Zentralisation.

Emmel ist nicht dafür, daß man Hilmer für seine außergeschäftliche Haltung Decharge ertheilt. Wendet sich gegen Schwartz; durch die Förderung der Branchen-Zentralisationen würde der Kastengeist großgezogen. Die Aeußerung von Schwartz, daß er die Former um sich gruppiren wolle, beweise den Anfang eines Autoritätenkultus, welcher ganz energisch bekämpft werden müsse. Man möchte fast glauben, daß im Vertrauensmännersystem die Erbfolge sollte eingeführt werden wie bei der Monarchie. Schwartz habe sich früher in Frankfurt über die Organisationen anders ausgesprochen wie jetzt. Einen Beweis gegen die Fachzentralisation böten die Schmiede, deren Mitgliederzahl trotz Vermehrung der Zahlstellen zurückging. An den Streitigkeiten wäre der Artikel des „Bruder Schmied", „der Thurmbau zu Babel", schuld. Die heutige Debatte wurde von verschiedenen Personen mit Berechnung in die Länge gezogen. Der Einwand, daß die Metallarbeiter für eine allgemeine Zentralisation noch nicht reif seien, sondern schrittweise durch die Fachzentralisation dazu gelangen müßten, sei nicht stichhaltig; mit demselben Recht könne man dann auch sagen, die Arbeiter müßten erst die Phasen des Deutschfreisinns oder der Volkspartei durchlaufen, um Sozialisten zu werden.

Schwartz verwahrt sich gegen den von Segitz und Emmel erhobenen Vorwurf, daß er den Autoritätenkultus großziehen wolle; von einer Erbfolge könne keine Rede sein, da er keinen Sohn habe.

Schluß 6¼ Uhr.

Die Schriftführer:

Paul Gebauer. Adolf Stiebeler.

---

5. Sitzung, am 3. Juni, Vormittags.

Der Vorsitzende Krämer eröffnet die Sitzung um 8 Uhr und verliest zunächst die Präsenzliste, welche die Anwesenheit sämmtlicher Delegirten ergibt.

Segitz bemerkt gegenüber der gestrigen Auslassung von Schwartz, daß das System der Vertrauensleute zu verwerfen sei. Er wolle Einzelnen durchaus keine Vorwürfe machen, der Tadel treffe das System. Und dieses sei undemokratisch. Gegenüber Grenz müsse er bemerken, daß sich die Berliner später ebenfalls der Union anschließen werden. Er habe von den Berlinern in der letzten Zeit 4000 Mk. erhalten.

Hilmer: Die Schmiede seien in Folge ihres günstigen Kassenbestandes in der Lage, auf die Hilfe Anderer verzichten zu können. Das Vermögen habe sich um 100 pCt. vermehrt. Außerdem möge man besser aufpassen und ihm nicht alles im Munde herumdrehen.

Scherm führt aus, daß er trotz der vielen Angriffe keine entsprechend lange Rede halten werde, wie seine Hamburger Gegner, welche die ihren Reden fehlende Qualität durch die Quantität zu ersetzen suchten. Redner wendet sich zunächst gegen Diedrich und bezeichnet dessen Veröffentlichungen von Privatbriefen als Vertrauensbruch. Im Uebrigen sei sein Handeln durch die damaligen Verhältnisse begründet. Wenn er das gleiche Verfahren wie Diedrich beobachten wollte, so könnte er eine große Anzahl gravirender Briefe veröffentlichen, aber hier heiße es: „noblesse oblige". Was die Angriffe der Hamburger Gegner auf die „Metallarbeiterztg." betreffe, so hätten diese dazu gar kein Recht, sie hätten die Kongreßbeschlüsse in frivoler Weise gebrochen und den Krieg erklärt. Im Kriege gelten aber nicht die Friedens-, sondern die Kriegsgesetze. Wer als Rebell, als Meuterer auftrete, müsse auch als solcher behandelt werden. Was er gethan, sei auf Grund der vorjährigen Kongreßbeschlüsse geschehen. Redner weist aus anderen Gewerkschaftsblättern („Bruder Schmied", „Mechaniker-Zeitung", „Schlosser und Maschinenbauer") nach, daß diese Blätter bezüglich der Bemerkungen zu Einsendungen die gleiche Praxis pflegten wie er. Dieses Recht könne sich keine Redaktion nehmen lassen. Wenn bei der Korrespondenz aus Duisburg Zwischenbemerkungen gemacht wurden, so sei das nöthig gewesen, weil dort die politische Arbeiterbewegung als Nebensache hingestellt wurde. Nur in einem Punkte habe er gefehlt, in der Anmerkung zur Offenbacher Korrespondenz, wodurch Schwartz der schon längst gesuchte Vorwand gegeben wurde, seine separaten Bestrebungen als motivirt erscheinen zu lassen. Denn er wußte schon längst, daß Schwartz eine Former-Zentralisation schaffen wolle. So habe er auch die Hamburger Formerversammlung vom Februar angeregt und dann in deren Auftrag den Aufruf in Nr. 12 erlassen. Bisher habe er geglaubt, daß der Vertrauensmann im Auftrage der Gesammtheit zu handeln habe, nicht im Auftrage eines einzelnen Vereins. Aus dem Aufruf gehe hervor, daß Schwartz sich zwar nicht als König der Former gerire, wie ihm gestern imputirt wurde, daß er sich aber die Formerbewegung nicht ohne seine Person denken könne. Denn in dem Aufrufe in Nr. 12 sage Schwartz: „Wie Euere Beschlüsse auch ausfallen, seid überzeugt, daß ich sie ausführe." — Grenz habe sich besondere Mühe gegeben, der Redaktion der „Metallarbeiterztg." eine Schwenkung in Bezug auf die Organisationsfrage nachzuweisen, was mißglückt sei. Redner beweist nun, daß er sich konsequent geblieben. Das Protokoll des Geraer Kongresses sei nicht maßgebend, darin seien seine damals geäußerten Ansichten nicht richtig wiedergegeben, was auch Metzger bestätigen könne. Er sei schon damals, ebenso 1888 für dieselbe Form der Organisation eingetreten wie heute.

Aber wer in einem Glashause sitze, solle nicht mit Steinen werfen. Grenz sei in Leipzig „Metallarbeiter" gewesen, in Chemnitz sei er dagegen nur Former. Grenz habe als Konsequenz der Gründung von Branchen-Zentralisationen die Gründung von Fachblättern bezeichnet. Er konstatire dies hier ausdrücklich. Wenn Grenz die Haltung der „Metallarbeiterztg." vor dem 1888er Kongresse gegenüber Mittag für korrekt hielt, während er es jetzt mißbilligt, daß zu Einsendungen Bemerkungen gemacht wurden, so könne man sagen: Wenn es sich bei zwei Personen um dasselbe handle, sei es nicht dasselbe. Die Stellung der Berliner sei korrekt, da dieselben die Beschlüsse des letzten Kongresses nicht verletzt haben. Der Kongreß habe die Verschmelzung lokaler Vereine nicht verboten. Die Berliner würden sich ganz sicher später anschließen. Was die Bemerkungen von Grenz betreffs des neuen Maurerverbandes anbelange, so könne er, Redner, nichts dafür, wenn Grenz nicht merke, daß es sich gleich bleibe, ob die in der „Metallarbeiterztg." geschilderte Organisation des Maurerverbandes mit örtlichen Fachsektionen auf einem Bauhandwerker- oder auf dem Maurer-Kongreß geschaffen wurde. Auf die Ausführungen von Junge und Hilmer wolle Redner nicht eingehen. Wenn Theiß bemängele, daß an Schmiede die „Metallarbeiterztg." gesandt wurde, so beweise das blos, daß man sich fürchte, wenn die Schmiede über die Thätigkeit ihres Redakteurs von anderer Seite Aufklärung erhalten. In Bezug auf die Gründung des Schlosserverbandes, bemerkt Redner, habe Theiß den Weimarer Kongreßbeschluß, dem er sich unterworfen habe, verletzt und die Abstimmung des Schlosser-Kongresses — um keinen schärferen Ausdruck zu gebrauchen — entstellt. Er habe sich dabei als ein neuer, ganz eigenartiger Adam Riese entpuppt. Theiß habe gestern die schönen Worte gesprochen: „Wir wollen uns einigen." Man könne aber diese Worte nicht ernst nehmen, da zugleich erklärt wurde, daß man an die Beschlüsse der Magdeburger Generalversammlung der Schmiede gebunden sei. Eine Einigung im Sinne von Theiß bedeute daher Unterwerfung unter die Beschlüsse der Schmiede. Schweer habe ausgeführt, daß die Hamburger Schlosser ein eigenes Organ haben mußten, weil die „Metallarbeiterztg." ihre Berichte nicht aufgenommen habe. Dies sei unwahr. Die Berichte seien so lange unbeanstandet aufgenommen worden, bis die Hamburger Schlosser die Zentralisation gründeten. Dagegen habe die „Metallarbeiterztg." Stellung nehmen müssen. Das Abonnement der „Metallarbeiterztg." sei von Diedrich für Ende August 1890 indirekt gekündigt und danach sei vom 1. September ab dieselbe nicht mehr nach Hamburg gesandt worden. Am ersten Samstag im September haben die Mitglieder des Hamburger Schlosservereins die „Metallarbeiterztg." erwartet. Dafür sei ihnen aber gleich der „Schlosser und Maschinenbauer" eingehändigt worden. Also sei die Ausrede, man habe die „Metallarbeiterztg." verweigert, hinfällig. Der Vorwurf Diedrichs, daß Einsendungen von ihm keine Aufnahme fanden, sei unberechtigt, es sei nur eine längere Einsendung nicht aufgenommen worden, worin Diedrich gegen eine Stuttgarter Versammlung polemisirte, worüber im „Bruder Schmied" ein Bericht erschienen war. Diedrich sei mit seiner Erwiderung an den „Bruder Schmied" verwiesen worden. Wenn immer gesagt werde, der jetzige Organisationsplan sei Nürnberger Ursprungs, so weise er darauf hin, daß von Hamburg auf dem 1888 Kongresse zu Weimar ein ähnlicher Plan vorgeschlagen wurde. Hamburg sei also an der Vaterschaft dieses Nürnberger Kindes betheiligt. Damit seien alle Angriffe gegen ihn und die „Metallarbeiterztg." auf ihren wahren Werth zurückgeführt.

Schiemann erklärt sich für die Union. Die Branchenvereine seien das Produkt des Sozialistengesetzes. Kommt im Weiteren auf den Streik der Feilenhauer in Leipzig zu sprechen. Derselbe sei ein Kampf gegen die Großindustrie gewesen und habe gezeigt, daß die lokale Organisation derartigem Vorgehen nicht mehr gewachsen sei. Schildert ferner das sächsische Vereinsgesetz. Das Vertrauensmännersystem habe sich unter den gegebenen Verhältnissen vollständig bewährt.

Junge-Eßlingen bemerkt zunächst, daß die vorjährige Resolution des Schlosser-Kongresses nicht von Nürnberg, sondern von Eßlingen stamme. Beklagt sich ferner über die Handlungsweise Metzgers gegenüber einzelnen Vereinen. Grenz habe seine Agitationsreise dazu benützt, die neugegründete Organisation der Metallarbeiter Württembergs zu hintertreiben. Die Wanderunterstützung sei in Württemberg überall geregelt. Die kleinsten Vereine seien in der Lage, jedem Fremden 75 Pf. Unterstützung zu zahlen. Empfiehlt ferner die eingebrachte Resolution betreffs der Organisation.

Stücklen beantragt: „Der Kongreß wolle beschließen, von jedem Gewerbe einen oder zwei Redner sprechen zu lassen und dann die Redezeit auf 10 Minuten zu beschränken."

Der Antrag wird abgelehnt.

Bartels-Bremen: Das Vertrauensmännersystem habe sich nicht bewährt. Schwartz sei nicht gegen, sondern für die Union. Greift im Uebrigen die „Metallarbeiterztg." an. Der Anschluß der Bremer Schlosser an den Verband sei erfolgt, indem sie bei dem Streik nicht genügend unterstützt worden seien. Segitz habe die Glasmacher unterstützt, die Schlosser jedoch nicht. Ist im Ferneren für den Verband der Schlosser.

Breder: Zur Zeit des Bremer Streiks sei Junge Vertrauensmann gewesen, in Folge dessen sei er nicht in diese Sache verwickelt.

Metzger und Genossen beantragen: „Der Kongreß wolle beschließen, die Redezeit für alle Redner auf 10 Minuten zu beschränken, da die Hauptpunkte der Organisationsfrage schon beleuchtet sind."

Stücklen ist gegen den Antrag, nachdem man den Hamburgern unbeschränkte Redezeit gelassen, dürfe man auch die anderen nicht beschränken.

Der Antrag wird angenommen.

Weirich-Hannover erklärt sich für die Union, indem nur dadurch sich Agitation, sowie Reiseunterstützung besser regeln lasse.

Hemme verliest folgende Resolution:

„Der Kongreß erkennt als die beste Form diejenige Zentralisation an, welche sämmtliche in der Metallbranche beschäftigten Arbeiter direkt vereinigt in einem allgemeinen Arbeiterbund, sieht aber zur Zeit aus taktischen und praktischen Gründen davon ab. Er empfiehlt vielmehr die Bildung einer gewissen Anzahl von Fachzentralisationen und eines Verbandes der in der Metallindustrie beschäftigten Hilfsarbeiter, und Vereinigung dieser Verbände durch eine Union. Die Regelung der Agitation und Reiseunterstützung hat durch den Unionsvorstand zu geschehen."

Berger-Frankfurt vermißt in den Berichten der Vertrauensleute Angaben betreffs der Bezirksvertrauensmänner sowie Bericht über die schwarzen Listen. Metzger und Hilmer hätten dem Vorgehen Diedrichs entgegentreten sollen. Junge sei nicht berechtigt gewesen, das Geld an die Hamburger zu vertheilen, indem dasselbe der Allgemeinheit gehört habe. Aus der Organisationsform, welche Schwartz im Auge habe, könne man nicht klug werden, alle paar Wochen eine andere Auslegung. Falls Scherm seine Meinung geändert habe, so sei dies durch die wirthschaftliche Entwicklung leicht erklärlich. Der Behauptung von Grenz müsse er entgegenhalten, daß eine Formerzentralisation nicht gut lebensfähig sei, indem die Former die meiste Reiseunterstützung beanspruchten. Das Verhältniß sei wie 4 zu 1. Der Mechanikerverband sei der beste Beweis, daß die Fachzentralisation nicht weit komme. Die Mechaniker von Frankfurt und Stettin stehen auf dem Boden der Union.

Hilmer: Berger könne kein Urtheil fällen. Betreffs der Bezirksvertrauensleute habe er keinen Bericht erhalten. Er hatte keine Ursache, Diedrich entgegenzutreten, denn der Verlauf des 1890er Schlosserkongresses ist durch Machinationen beeinflußt worden.

Segitz: Er habe von 10 Bezirken Berichte erhalten, im Uebrigen habe sich das System nicht bewährt.

Schwartz: Er sei beauftragt worden, Material in Bezug auf die schwarzen Listen zu sammeln, um dies im Reichstag zur Sprache zu bringen. Er habe nur die bekannten Entlassungsscheine erhalten.

Panzner-Hamburg: Er habe Breder nicht, wie behauptet wurde, nach Hamburg eingeladen. Die Dreher haben sich dem Schlosserverbande nicht angeschlossen, weil derselbe den Kongreßbeschlüssen entgegen ins Leben gerufen wurde. Ist für Union mit Fachsektionen.

Händschel: Der Streik sei dadurch hervorgerufen worden, daß man Junge nicht mehr zum Vertrauensmann gewählt habe. Wendet sich dann gegen Breder, der 60 Tage auf der Reise war und 500 Mk. gebraucht. Das Geld hätte man ersparen können. Er habe der Gründung des Schlosserverbandes nicht zugestimmt. Kritisirt das Verhalten Scherms und wünscht einen andern Redakteur.

König nimmt zunächst Goldbach in Schutz gegen die gemachten Angriffe, denn derselbe habe keine Mittel zur Verfügung gehabt. Der Remscheider Streik konnte nicht verhindert werden; Segitz habe denselben unterstützt. Berichtet über die Arbeiterkammern, schildert die Verhältnisse der Hausindustrie, daß die Arbeiter derselben in 12 Organisationen zersplittert seien und ist im Uebrigen für die Union.

Goldbach vertheidigt sein Verhalten, durch die vielen Streiks zu gleicher Zeit konnte er nicht genügend unterstützen. Statistik fehle von den meisten Orten, weshalb er dieselbe nicht veröffentlichen könne.

Gerlach ist für Fachzentralisation. Die Former in Duisburg und Krefeld haben 9000 Mk. aufgebracht. Greift Scherm an wegen eines Artikels in der „Metallarbeiterztg." Die Former seien es, welche in Rheinland und Westfalen die Agitation betrieben hätten, die Andern hätten nicht viel gethan. Vertheidigt ferner Schwartz.

Gemoll vertheidigt Scherm. Die Führer der Schmiede hätten in Wilhelmshaven Keiltreiberei ausgeführt. Die Schmiede bereuen, der Schmiedevereinigung beigetreten zu sein: ist nur für allgemeine Zentralisation.

Hilmer verwahrt sich gegen den Vorwurf der Keiltreiberei und protestirt gegen die Unterstellung, er habe sich noch ein Mandat schicken lassen.

Rieder ist für Union, wendet sich gegen Theiß und die Vereinsspielerei. Ist ferner gegen die kostspielige Agitation, die den Genossen große Kosten auferlege. Es sei bedauerlich, daß die deutschen Metallarbeiter sich nicht schon längst vereinigt haben.

Fehmerling: Die Werftarbeiter gehören verschiedenen Branchen an und müßten deshalb mit den Seeleuten, Hafenarbeitern eine Organisation bilden, die jedoch mit der Metall-Arbeiter-Union in Verbindung treten müsse. Wäre dies nicht der Fall, so wären die Werftarbeiter in viele Organisationen vertheilt, was eine Zersplitterung bedeuten würde. Wenn behauptet würde, die Organisation der Werftarbeiter sei zurückgegangen, so sei das richtig, das komme aber gerade von der Kräftezersplitterung her. Deshalb müsse man sich vereinigen.

Riemann hat den vorjährigen Schlosserkongreß empfohlen. Hilmer möge seine Aussagen in dieser Beziehung zurücknehmen. Wendet sich gegen Diedrich betreffs der Gründung der Schlosserzeitung. Wenn Grenz behaupte, die Former leisteten viel, so sei hier in Betracht zu ziehen, daß die Former auch mehr verdienten. Geht dann auf die Zentralisation der Schmiede näher ein und tadelt die Magdeburger Resolution derselben, die ein Zusammengehen der Schmiede mit den anderen Metallarbeitern erschweren müsse. Er sei für die Metallarbeiter-Union.

Schluß der Sitzung 12 Uhr.

Die Schriftführer:

Dan. Stücklen. **Herm. Thiele.**

---

6. Sitzung, am 3. Juni, Nachmittags.

Panzner eröffnet die Sitzung um 2 Uhr.

Der Vorsitzende macht bekannt, daß der Delegirte Zeh aus Nürnberg eingetroffen ist und folgende Erklärung dem Kongreß vorliegt: „Die heutige im „Wilden Mann“ in Wöhrd (Nürnberg) tagende öffentliche Formerversammlung spricht ihre entschiedene Mißbilligung über das taktlose, im höchsten Maße inkorrekte Verhalten des Vorstandes des Former-Vereins, Konrad Sebald, aus. Sie beauftragt den Delegirten **Zeh**, auf dem Kongresse die Gründe seines verspäteten Eintreffens klar zu legen und trotz alledem unentwegt dortselbst die Interessen der Kollegen zu vertreten.“

Der Vorsitzende verliest folgenden Antrag:

„In Anbetracht, daß die Branchen-Kongresse morgen Früh eröffnet werden sollen und den Delegirten der kleineren Orte noch wenig Gelegenheit gegeben ist, ihre Meinung zum Austrag zu bringen, beantragen wir, heute Abend bis 8 Uhr zu tagen, event. eine Abendsitzung abzuhalten. **Bremer. Neumann. Wolf. König. Gerisch. Held.**“

Es wird beschlossen, eine Abendsitzung abzuhalten.

Nachdem mehrere Urlaubsgesuche für den Nachmittag erledigt, folgt die Verlesung des Protokolls der 4. Sitzung, welches nach mehreren Richtigstellungen angenommen wird.

Hierauf gelangt folgender Antrag zur Annahme:

„Denjenigen Vertrauensleuten, welche noch keine Stellung zur Organisationsfrage genommen haben, sowie einem Berliner Kollegen soll unbeschränkte Redezeit gewährt werden."

Es wird nunmehr wieder in die Generaldiskussion eingetreten.

Schwartz: Er wolle versuchen, einen Ueberblick über Organisation zu geben. Als die Vertrauensmänner das letzte Mal in Halle zusammen waren, haben sie nach eingehender Berathung beschlossen, den deutschen Arbeitern die Zentralisation vorzuschlagen, welche Form aber, sei nicht bestimmt worden. In den Versammlungen bei seiner (Redners) Agitationsreise durch Schleswig, Thüringen, Rheinland und Westfalen entstanden überall rege Debatten bezüglich der Organisationsfrage. Was Breder gestern in seinen Ausführungen bezüglich der Diskussion in den Versammlungen während Redners Agitationsreise über die Form der Organisation und des Berichtes in der Zeitung darüber erwähnte, wäre somit nicht zutreffend. Daß mit der blos lokalen Organisation gebrochen werden müsse, darüber sei Redner vollständig klar gewesen Die zu gründende Zentralisation müsse die Klippen des Vereinsgesetzes möglichst umschiffen. Nach Aufhebung des Sozialistengesetzes müsse die Politik aus den gewerkschaftlichen Organisationen ausgemerzt werden, dafür seien die politischen Vereine da. Es sei Pflicht, in allen Versammlungen Protest einzulegen gegen die jetzige Vereinsgesetzgebung, die uns zu Bürgern 2. Klasse degradirt, um ein einheitliches Vereinsgesetz zu erlangen. Die Vertreter von Frankfurt und Köln müssen bezeugen, daß bei Abhaltung ihrer Versammlungen nicht über die Form der Organisation gesprochen wurde. Redner erklärt, daß viele Former mit der Form der Organisation, die er sich vorstelle, sich nicht im Einklang befinden. Was die Abhaltung seiner Versammlungen betreffe, so seien blos drei davon Formerversammlungen gewesen, die übrigen waren Metallarbeiter- und Volksversammlungen. Aus den Formerkreisen habe er Briefe erhalten, die sich für Branchenzentralisation aussprachen, in anderen Branchen sei derselbe Drang nach Zentralisation. Die Delegirten müßten sich darüber klar werden, für was sie stimmen und dabei nicht den engen Sinn ihres Ortes, den sie vertreten, in Betracht ziehen, sondern weiter, über die Grenzpfähle hinaus sehen. Redner will eine Brücke schaffen; vergleicht dieselbe mit dem Einigungskongreß zu Gotha 1875. Es müsse hier ein Kompromiß geschaffen werden, um etwas zu Stande zu bringen, gibt aber zu, daß bei Branchenzentralisation der Verwaltungsapparat zu theuer sei. Bis dato seien die Vertrauensmänner blos auf freiwillige Beiträge angewiesen, dies müsse unbedingt eine Aenderung erfahren. Wenn er gestern gesagt habe, „die Former zentralisiren sich um ihn," so sei das nur als Beispiel aufzufassen, er habe damit keineswegs sagen wollen, daß er die Person sein müsse, um die sich die Former gruppiren. Eine Zahlstelle müsse ihre Beiträge ganz oder nach Prozenten abschicken. Es muß ein Normalstatut geschaffen werden, welches mit nur geringen Abänderungen für alle Branchen verwendbar ist. Denn die Frage könne nur sein: Geld, Geld und abermals Geld. Die Fremdenunterstützung könne blos unter der Oberleitung der Union geregelt werden. Die Organisation nach dem veröffentlichten Statutenentwurf betrachte er nicht als eine „Union", sondern als einen Verband. Eine Union sei eine Vereinigung verschiedener Verbände. Die Arbeiter müssen überzeugt bezw. gezwungen werden, die Union wegen Reisegeschenk, Arbeitsnachweis anzuerkennen. Die „Metallarbeiterztg." müsse den verschiedenen Branchen Rechnung tragen, er habe dieselbe immer vertheidigt und stehe heute noch dafür ein. Die Anhängsel, die Bemerkungen müßten in derselben wegbleiben. Redner ersucht also, im Interesse des Friedens das Kompromiß anzunehmen, damit die Vereinigung zu Stande komme, denn wenn das nicht geschähe, gebe es Kampf. Heute beständen schon zwei Fachzentralisationen, für die Zukunft werden sonst noch mehr gegründet. Wenn die Former sich separiren, so ist die Konsequenz davon, daß sie auch ein eigenes Organ schaffen müssen, welches ihre Interessen nach allen Seiten vertritt. Müller habe gesagt, daß die quittirten Gelder nicht nur von Berufsgenossen herrühren, sondern daß andere Branchen ebenfalls beigetragen. Redner verwahrt sich dagegen, denn es seien bei den Formern die Marken eingeführt, welche blos von Formern gekauft würden. Auch könne Redner beweisen, daß selbst kleine Orte Geld für Marken abgeliefert, sogar auf dem Dorfe sei Gelegenheit geboten, Marken zu bekommen. Die Beschwerde vom Münchener Kollegen sei nicht korrekt. Die Former selbst sind gut und haben immer Geld abgeführt, wenn es jetzt nachgelassen, so liege es an der schlechten Konjunktur. Derselbe Kollege habe ihn beschuldigt, er habe Schaukelpolitik getrieben, dies sei nicht an dem; da die Verhältnisse andere geworden seien, hätte er denselben Rechnung tragen müssen. Was die Versammlung in Hamburg betreffe, so bekenne Redner sich als Veranlasser. Schiemann erwidere er, die Former wollen eine starke Organisation schaffen; daß sie dieses Jahr einig sind, beweise, daß die größte Masse der Former gar nicht an Ausstände denke, wenn kein Geld vorhanden, ausschließlich Halle, wo es ein Abwehrstreik sei. Was Westfalen anbetrifft, so herrschen dort eigenthümliche Verhältnisse, nicht der Indifferentismus, sondern der Ultramontanismus sei dort an der zurückgebliebenen Bewegung schuld.

Metzger wundert sich, daß man sich so lange aufgehalten habe über ein schlecht verstandenes Fremdwort. Er sei nicht in allen Punkten mit Schwartz einverstanden. Wenn Segitz sage, das Zusammenfassen aller Berufsgenossen sei in Folge der industriellen Entwicklung eine Nothwendigkeit, so könne er dies nur bedingt zugeben, später werde es keine gelernten Handwerker im heutigen Sinne mehr geben. Man thue Unrecht, den Branchenvertretern Zunftzopf vorzuwerfen. Redner verweist auf das Schild im Lokale, welches lautet: „Metallarbeiter aller Branchen, vereinigt Euch!" Hier sei ein Zopf. Es müsse thatsächlich heißen; „Proletarier aller Länder vereinigt Euch!" Wenn Schneegaß berichtet habe, sie seien in Erfurt als Klempnerverein nicht weiter gekommen, so bemerke er, daß er, Redner, es gewesen, der den Beitritt zum Metallarbeiterverein angerathen habe. Auch an anderen Orten sei auf seinen Rath, wenn es der Wille der Genossen war, so verfahren worden Wenn man sage, es sei klar, daß Fachorganisationen ein überwundener Standpunkt seien, so bestreite er dies, denn die Nr. 15 der „Metallarbeiterztg." zeigt, daß in allgemeinen Metallarbeiter-Vereinen circa 15,900 Mitglieder, in Former-, Klempner-, Schlosser- 2c.-Vereinen 16,000 organisirt sind. Man möge die Sache nur ruhig und sachlich beurtheilen. Wenn von Breder gesagt worden, er, Redner, hätte in Halle die Organisation von Hasenclever angeführt, so erkläre er, daß letzterer Gewerkschaften gar nicht gegründet, sondern dies von Fritzsche und Schweizer geschehen sei. Was das Fremdwort Union betreffe, so könne man besser sagen „Metallarbeiter-Bund." Redner kommt nochmals auf Schwartz's Ausführung zurück und stellt sich die Sache so vor, daß, wenn sich alle Branchen zentralisiren, von den einzelnen Branchen je ein Mann in die Oberleitung kommt und die Leitung in einer Stadt ihren Sitz haben muß. Ferner bekämpft Redner die Meinung eines Delegirten, daß der Kastengeist in kleinen Städten schärfer ausgeprägt sei, wie in großen. Das Gegentheil sei wahr. Wenn Breder sage, wir sollten nicht erst experimentiren, sondern man solle direkt auf's Ziel losgehen, so rathe er, keinen Beschluß zu fassen, daß zu Recht bestehende Zentralisationen sich auflösen müßten, man solle dieselben nicht erdrosseln. Bezüglich des Aufrufs in Nr. 13 der „Metallarbeiterztg.", meint Redner, sei seitens der Redaktion nicht korrekt verfahren, wenn die Vertrauensmänner etwas Unrechtes gethan, sei der Kongreß der Ort, an dem sie Rechenschaft abzulegen haben. Redner erwartet von dem nächsten allgemeinen Gewerkschaftskongreß weitergehendere Beschlüsse.

Goldbach: Auf der Hallenser Konferenz sei beschlossen, die Zentralisation anzubahnen. Von den Feilenhauern sei die Hälfte organisirt; dieselben seien nicht im Stande, bei größeren Aussperrungen die Kosten aufzubringen und empfehle er die Union, wie sie von Segitz vorgeschlagen.

Körsten: Wenn Metzger sage, das Richtige getroffen zu haben, so könne er dasselbe bezüglich seiner Meinung behaupten. Daß die Berliner ihre lokale Organisation kurz vor dem Kongreß beschlossen, wie behauptet worden, sei ein Irrthum, daß sie nicht früher in's Leben trat, daran sei die vorjährige Maifeier resp. deren Folgen schuld. Wenn immer betont werde, sie, die Berliner, hätten gegen die vorjährigen Kongreßbeschlüsse gehandelt, so verweise er auf das Protokoll Seite 56, ferner auf den Delegirtentag der Brandenburgischen Metallarbeiter, der in Berlin tagte. Dort habe man schon die jetzige Form der Berliner Organisation beschlossen. Sie seien mit den vielen Branchen-Vereinen betreffs des Herbergswesens, der Fremden-Unterstützungen und namentlich des Arbeitsnachweises wegen der Ausdehnung der Stadt dazu gezwungen worden. Die Former hätten früher 2,50 Mk. Unterstützung bezahlt, jetzt bezahlen sie 1 Mk. weniger, weil viele Branchen blos 1 Mark bezahlt hätten. Redner kommt nochmals auf den Delegirtentag in Berlin zurück und erklärt, daß Brandenburg und Pommern mit den Beschlüssen einverstanden gewesen. Redner meint, in den Fabriken seien die Branchen beisammen, in den Vereinen gingen sie auseinander. Das sei widersinnig. Wir würden schon dadurch zur engeren Vereinigung gezwungen. Die Behauptung, daß in den Fabriken Schuster, Schneider u. s. w. in kurzer Zeit angelernt werden und den gelernten Konkurrenz machten, sei richtig, er führe nur die Firma Ludwig Löwe, Berlin, an. (Zuruf: In Chemnitz auch!) Wenn das Einzelne nicht glaubten, so sollten diese ihre Künstlerschaft nur aufrecht erhalten. In Berlin gebe es fast keine Former mehr, das beweise, daß in Berlin in einer Fabrik gegen 500 Formmaschinen stehen. Grenz sage, die Former verdienen im Allgemeinen noch etwas mehr; das bestreite er, das sei blos dort der Fall, wo man keinen Feierabend kenne. In Berlin müssen die Former Montags Biermarken entnehmen, die die meisten nehmen, verdienen mehr. Durch die Art der

Arbeit sei der Former gezwungen, Bier zu trinken; das gebe wohl Jeder zu. (Zuruf: Trinkt doch Wasser!) Dann gehen wir noch eher zu Grunde. Auf das berüchtigte Komplott der Groß-Industriellen brauche er wohl nicht näher einzugehen. Die Former allein seien nicht in der Lage, gegen derartige Ringe anzukämpfen. Die Löhne fielen immer mehr, die Steuern in den Vereinen bleiben. Unsere Forderungen müssen immer sein: Verkürzung der Arbeitszeit, Einführung der Lohnarbeit. Alles andre sind unnütze Palliativ-Mittel à la Hirsch-Duncker, dafür danken die Berliner. Mit partiellen Streiks sei es nichts mehr. Man könne blos von großen Generalstreiks etwas erwarten. Die verschiedenen Branchen Berlins seien betreffs Verschmelzung selbst gekommen, namentlich die Former. Voriges Jahr und früher seien sie opferwillig eingetreten und dann später schmählich im Stiche gelassen worden. Wir wollen nicht Leute heranziehen, um auf Agitation zu gehen und Fiasko zu machen; er Redner, stehe auf dem Boden der Union. Wenn die Berliner sich nicht sofort anschließen, so sei Rücksicht zu nehmen auf die noch junge Organisation, die Union werde auch nicht gleich über Nacht fertig sein. Es werden dazu einige Monate nöthig sein. Man werde bis dahin jedenfalls mit einer respektablen Mitgliederzahl eintreten können. Die Generalkommission habe sich nach seiner Meinung nicht bewährt. Er sei Mitglied der Berliner Streikkontrollkommission; als die Glasarbeiter in Charlottenburg sich im Streik befanden und sich um Unterstützung an die Generalkommission wandten, wurden sie an Berlin gewiesen, trotzdem Charlottenburg nicht im Bezirke lag. Wenn wir einig seien, könnten wir alle Streiks unterstützen und erzielten viel für die deutsche Arbeiterschaft. Redner übergibt hierauf folgende schriftliche Erklärung der Berliner Delegirten zur Einverleibung in das Protokoll:

„In Erwägung, daß in einer Stadt wie Berlin mit ihren Riesenbetrieben die moderne Form der Produktion am schärfsten zum Ausdruck gelangt, in weiterer Erwägung, daß dieser moderne Betrieb den eigentlichen berufsmäßigen Arbeiter mehr und mehr verdrängt und an seine Stelle den sogen. unqualifizirten Arbeiter setzt, in fernerer Erwägung, daß die Organisation nur das getreue Spiegelbild der jeweilig herrschenden Produktionsform sein soll, erklären die Berliner Delegirten sich im Namen ihrer Mandatsgeber gegen die Branchen-Zentralisation und im Prinzip für die Metallarbeiter-Union. Der letzteren selbst beizutreten, erklären wir uns zur Zeit außer Stande, da die gegenwärtig bestehende und unter dem Druck der Verhältnisse neugeschaffene Organisation erst noch Zeit zur Kräftigung bedarf. Wir erklären jedoch, daß wir in dem Falle, daß der Kongreß die Union beschließen sollte, die Beschlüsse der letzteren stets anerkennen und ihr jede sonstige Förderung angedeihen lassen werden."

Boschert: Hilmer und Theiß pochten auf ihre Branchenzentralisation, er wolle aber hier einen Gegenbeweis in's Feld führen. Im Offenbacher Metallarbeiter-Fachverein seien seiner Zeit 6 Schmiede als Mitglieder gewesen, nachdem sei eine Filiale der Schmiede-Vereinigung gegründet und hätte auch die Höhe von 86 Mitglieder erreicht, dies sei aber blos Strohfeuer gewesen, denn bis jetzt seien thatsächlich nur noch 27 Mitglieder zur Filiale gehörig. Schwartz wollte Kartell. Redner stehe auf dem Boden des Mainzer Konferenz-Beschlusses. Durch die Hamburger Keiltreibereien wollten die Kollegen nicht mehr in unsere Fonds zahlen.

Graf-Offenbach erklärt, daß die Offenbacher Metallarbeiter mit der Korrespondenz in Nr. 17 der „Metallarbeiterztg.", die von Schwartz angezogen wurde, vollkommen einverstanden seien und nur für allgemeine Union eintreten. Schwartz habe in Hamburg bei der Organisationsfrage einen anderen Standpunkt als in Offenbach eingenommen. Die Former hätten zwar das meiste Geld aufgebracht, aber auch das Meiste gebraucht.

Tapfer: Theiß mache ihm Vorwürfe, er habe die Schmiedebewegung gehindert; darauf sage er Folgendes: Hilmer und Theiß hätten in Rostock die 20 Schmiede, welche in dem 70 Mitglieder starken Metallarbeiterverein organisirt waren, herausgezogen. Nachdem die 20 Schmiede separirt waren, ist deren Organisation in kurzer Zeit wieder zersplittert und sind die Schmiede der Organisation bis auf 4 Mann entrissen. Das Gleiche sei in Güstrow der Fall gewesen. Als Vertrauensmann der Metallarbeiter Mecklenburgs habe Redner ein Recht, für die geeignetste Organisation einzutreten. Er sei schon seit den 70er Jahren in der dortigen Arbeiterbewegung, er kenne die Verhältnisse genau. Es gebe Schmiede, die pro Woche nur 13 Mark verdienen. Redner fragt, warum Diedrich die Einladung zu der vorjährigen Harburger Konferenz den Mecklenburgern nicht eingesandt habe. Er wäre hingegangen. Die Mecklenburger Metallarbeiter seien für den Zusammenschluß sämmtlicher Metallarbeiter.

Krämer wendet sich gegen Theiß; der Artikel des „Bruder Schmied", der „Thurmbau zu Babel" habe ihn (Redner) nicht bekehrt. Was Schwartz in Bezug auf das Gruppiren um den Vertrauensmann sage, sei eine Extra-Zentralisation und ihm unverständlich, er denke sich die Zentralisation ganz anders. Redner polemisirt gegen Metzger, man dürfe das Lokalkomitee nicht in dieser Weise antasten, sie wüßten genau, wie der Ausspruch von Marx heiße, die Frankfurter Arbeiter ständen vollständig auf den Standpunkt der Zeit. Heute Morgen habe ein ausländischer Kollege gesprochen, in dessen Heimathsstaate existiren 15 Sprachen dort seien sie einig und hier existire blos eine Sprache und man sei sich nicht einig. Heutzutage seien fast blos junge Kollegen wegen der Reiseunterstützung in unserer Organisation, man müsse die Organisation so gestalten, daß auch die älteren Kollegen herangezogen würden.

Friemann: Die Klempner Kiels sind für eine allgemeine Union. Schwartz habe gesagt, er wolle eine Brücke bauen, bis dato sei er aber noch nicht bekehrt und trete noch für eine allgemeine Union ein.

Roll: Redner will die Thätigkeit der Vertrauensleute nicht kritisiren. Was die Reibereien der „Metallarbeiterztg." kontra Hamburg anbelange, so seien sie schon vor dem Artikel „Der Thurmbau zu Babel", von ersterer hervorgerufen worden. Wenn voriges Frühjahr Hilmer den Schmiedetag in Halle nicht zu Pfingsten einberufen hätte, wären andere Schmiede die Einberufer geworden. Redner trete für Fachzentralisation ein, denn die Schmiede arbeiteten heute beim Kleinmeister, morgen in der Fabrik.

Segitz polemisirt gegen den Schwartz'schen Organisationsplan und ist der Meinung, wenn wir diesen Vorschlag acceptirten, wir jedenfalls 10—12 separate Organisationen erhalten würden.

Stücklen: Die Schläger Deutschlands erklärten, direkt der Union beizutreten, desgleichen die Schmiede Nürnbergs, welche er auch vertrete.

Trautewein ist nicht hergeschickt worden, um eine Mohrenwäsche vorzunehmen, sondern für die Metallarbeiter etwas Ersprießliches zu schaffen. Ist ferner der Meinung, wenn Branchen-Zentralisation beschlossen würde, die kleinen Städte sich allgemeine Arbeiter-Vereine gründen müßten. Weist die Aeußerung Diedrichs, daß in kleinen Städten Kastengeist bestände, zurück.

Mittag wendet sich gegen Hilmers Ausspruch, der vorjährige Schlosser-Kongreß sei durch Machinationen beeinflußt worden. Er behaupte, daß gerade in der Branchen-Zentralisation der Kastengeist gezüchtet werde. Redner erläutert eine Korrespondenz in der neuesten Nummer des „Bruder Schmied." Die Schmiede Kiels hätten sich eine Fahne angeschafft und in einem Schaufenster zur Besichtigung ausgestellt. In der Fahne liege der Sinn des Kastengeistes, Theiß sollte diesen bekämpfen und die Schmiede der Fahne der Solidarität folgen lassen. Halle könnte mit der Union blos in Kartell treten. Schlägt als Sitz der Union Württemberg vor.

Es wird hierauf beschlossen, die Abendsitzung um 7 Uhr beginnen zu lassen.

Schluß der Sitzung 6 Uhr.

Die Schriftführer:

Emil Riemann. Max König.

---

7. Sitzung, am 3. Juni, Abends.

Segitz eröffnet die Sitzung um 7 Uhr.

Sämmtliche Delegirte, mit Ausnahme der Beurlaubten, sind anwesend.

Gerisch rügt, daß Junge-Hamburg einen Vertrauensbruch dadurch begangen habe, daß er in der bewußten Angelegenheit betreffs Breder nochmals Briefe erwähnt, deren Vernichtung in Weimar beschlossen sei. Redner vertheidigt dann das Verhalten der Berliner als nicht gegen die Beschlüsse des Weimarer Kongresses verstoßend. Die lokalen Verhältnisse Berlins, sowie der Umstand, daß die einzelnen Branchenvereine nicht richtig lebensfähig waren, hätten sie gezwungen, in der bekannten Weise vorzugehen. Von Zertrümmerung der Vereine, wie einige Delegirte behaupten, könne keine Rede sein. Es war der Wille der einzelnen Organisationen selbst, daß die Verschmelzung vorgenommen werde. Ein Einfluß sei nicht ausgeübt worden. Die Berliner Zahlstelle des Schmiede-Verbands sei auf 25 Personen gesunken, wozu von anderer Seite nicht geholfen wurde, im Gegentheil habe man die Schmiede in jeder Beziehung unterstützt. Es sei dies der beste Beweis, daß die Branchenorganisation nicht auf der Höhe der Zeit stehe. Er schließe sich der von Körsten eingereichten Erklärung an.

Lankau wünscht, die Berichte der Vertrauensmänner, soweit dies nicht schon geschehen, drucken und unter die Delegirten vertheilen zu lassen. In Magdeburg seien drei Zahlstellen der Schmiede, ein Beweis der Zerrissenheit. Von der Opferwilligkeit der Schmiede wisse er nichts. Als Junge seine Stelle an Breder abtreten mußte, sei es auch seine Pflicht gewesen, mit demselben abzurechnen. Das Verhalten Scherms könne er auch nicht in Allem billigen. Schildert die Verfolgung der Organisationen in Magdeburg, sie müßten jetzt einen allgemeinen Arbeiterverein gründen. Er stimme für die Union.

Bremer beantragt, nur solche Delegirte sprechen zu lassen, die noch nicht gesprochen haben. Dem wird zugestimmt.

Kuntze-Stettin nimmt die „Metallarbeiterztg." in Schutz. Sie (in Stettin) hätten Theiß den Rücken gewandt und wären für die Union. Redner beklagt sich über die Werftarbeiter, die ihnen die Mitglieder abzugewinnen suchen. Bestreitet den hohen Verdienst der Former.

Bolte erklärt, die Former von Konstanz seien für die Union.

Speh berichtet, daß er die Machinationen Diedrichs betreffs der Schlosserzeitung und des Schlosserverbandes bekämpft habe. Die Harburger seien nur für die Union.

Metzger bestreitet, in Harburg für Fachorganisation gewirkt zu haben.

Zwei Anträge, von denen der erste Schluß der Sitzung um 10 Uhr, der zweite Beschränkung der Redezeit auf 5 Minuten verlangt, werden abgelehnt

Birner wendet sich gegen den Stettiner Delegirten. Derselbe sei im Irrthum über die Ansichten der Werftarbeiter. Letztere wären für die Union. Die Eigenartigkeit ihres Betriebes erfordere jedoch, daß sie ihre Organisation wahren müßten. Mit Theiß und Hilmer habe er nichts gemein, sie seien den Schmieden noch nicht lästig gefallen, sie müßten aber ihre Organisation gegen die Einfälle dieser Herren schützen. Gegen das Vorgehen Diedrich's protestire er im Namen der Werftarbeiter.

Steinmüller ist für Union.

Fritz behauptet, Steinmüller sei mit den Solinger Verhältnissen nicht vertraut. Die dortigen einzelnen Vereine könnten sich wegen der örtlichen Verhältnisse nicht vereinigen. Er sei für Branchenzentralisation. Daß er Diedrich in seinen Sonderbestrebungen unterstützt habe, sei aus Unkenntniß der Verhältnisse in Osnabrück geschehen. Wenn die Union beschlossen werde, werde er auch dafür wirken.

Alex ist für allgemeine Union.

Kleemann ist ebenfalls für die Union. Durch Branchenzentralisation werde nur der Kastengeist großgezogen.

Ebeling erklärt sich auch für Union. Hilmer beanspruche den Personenkultus. Die Schmiede seien von den Metallarbeitern reichlich unterstützt worden.

Weißmann konstatirt, daß die Former Süddeutschlands für die Union seien. Die Agitation von Grenz und Schwartz habe sie nicht eines Besseren belehrt. Grenz möge auf der Agitation sein Privatgeschäft weglassen.

Grenz: Der Ertrag aus diesem Geschäft komme blos den Formern Deutschlands zu Gute.

Gebauer gibt im Namen von 9 Städten Thüringens die Erklärung ab, daß dieselben für die allgemeine Union sind. Er sei früher ein Gegner gewesen, habe jedoch eingesehen, daß seine Ansichten irrige waren.

Milberg bekennt sich zur Union, er sei zwar früher gegentheiliger Meinung gewesen, habe aber eingesehen, daß er sich auf unrichtigem Wege befunden.

Bennewitz betont, daß er auf Verlangen von Theiß in Görlitz eine Zahlstelle der Schmiede gegründet habe; doch wolle dieselbe nicht gedeihen. Die Streikbrecher kämen aus den kleinen Städten, deshalb solle man dort tüchtig agitiren. Erklärt sich im Weiteren für Union.

Gantzer: Er sei verpflichtet, für allgemeine Union einzutreten. Bestreitet weiter den guten Verdienst der Former.

Schwarze-Herford wendet sich gegen Diedrich, der in Bielefeld die Metallarbeiter entzweit habe. Man habe sogar versucht, die Entsendung von Delegirten zu hintertreiben.

Mack stimmt dem Vorschlag von Schwartz bei und betont die Opferwilligkeit der Former in Halle.

Waldmann ist beauftragt, für die Union mit örtlichen Fachsektionen zu stimmen. Bezirksorganisationen könnten sie in Cannstatt nicht gutheißen, wie von einigen Vertretern gewünscht werde, ebensowenig seien sie für ungleiche Beiträge.

Wegener bedauert das Vorgehen Diedrichs, nimmt Schwartz und Grenz in Schutz. Ist für Branchenzentralisation.

Bojahr: Die Westfalen seien für Union.

Weindl ist ebenfalls dafür.

Stiebeler ist früher für Fachzentralisation gewesen. Mit Rücksicht auf die kleinen Städte sei er jetzt für allgemeine Zentralisation.

Ein Antrag auf Schluß der Debatte wird abgelehnt.

Rudolf ist für Union.

Bamberger wendet sich gegen den Vorschlag Hemme's betreffs einer Union für Hilfsarbeiter. Er spreche hier für Köln und habe nicht gesagt für ganz Rheinland.

Jahn: Die Former wären stets den allgemeinen Vereinen beigetreten. Er stimme mit Schwartz nicht überein.

Petzold betont, die auf dem letzten Former-Kongreß angenommene Resolution stimme mit der jetzigen Haltung von Grenz und Schwartz nicht überein. Er sei für Union.

Mrikwicka ebenfalls. Mit Branchenzentralisation sei nichts zu erreichen.

Maiberger ist für Union.

Held konstatirt die verschiedenen Richtungen, ist gegen Branchenzentralisation.

Bremer erklärt sein Verhalten betreffs des geplant gewesenen internationalen Metallarbeiter-Kongresses. Was das Anhängen von Bemerkungen vulgo „Schwänzchen“ an Einsendungen Seitens der „Metallarbeiterztg.“ anbetreffe, so sei dies das Recht eines jeden Redakteurs; das lasse er sich auch nicht verwehren. Wenn in der Zeitung, für die er verantwortlich, etwas gedruckt werden solle, was ihm falsch erscheine, so müsse er dagegen seine Meinung äußern. Weiter ist er für einen Kompromiß, um Frieden zu schaffen. Die thatsächlichen Verhältnisse verlangten dies. Persönlich stehe er auf dem Boden der Union.

Cappel gibt bekannt, daß Grenz durch seine Agitation die Former in Kiel, die früher auf dem Boden der allgemeinen Union gestanden haben, auf den Standpunkt der Branchenzentralisation gebracht habe. Diedrich habe überall die Beschlüsse von Weimar verletzt. Erklärt sich im Namen der Schlosser Kiels für Union.

Kirsch desgleichen.

Illgen ist für Union, weil dies ohne Auflösung der bestehenden Vereine möglich sei. Verurtheilt das Vorgehen von Diedrich und Genossen. Viele Genossen seien nur durch ihren Aufenthalt in Hamburg für Branchenorganisation gestimmt worden, jetzt seien sie eines Besseren belehrt.

Mäggle ist für Union.

Schneider beklagt sich über das Verhalten Junge's-Hamburg und erklärt sich für die Union.

Brinkmann bekennt sich zu den Anschauungen von Schwartz. Die Hamburger hätten nichts gegen die „Metallarbeiterztg." gethan.

Dimmelmeier wendet sich gegen Theiß und Diedrich. Ist für Union.

Heinemann ebenfalls.

Neumann ist für ein Kompromiß, wie es der Statutenentwurf enthält.

Während der Debatte ist folgender Antrag eingelaufen: „Der Kongreß wolle beschließen: In Rücksicht auf den hohen Kassenbestand, der in den Händen des Vertrauensmannes Segitz sich befindet, den so brutal aufs Pflaster geworfenen Bergleuten die Summe von 500 Mk. zu überweisen. Berger. Schlicke. Emmel. Stücklen. Harscher. Ensner."

Dieser Antrag wird einstimmig angenommen.

Es folgen eine Reihe von unwesentlichen persönlichen Bemerkungen.

Grenz erklärt persönlich und gibt diese Erklärung schriftlich ab:

„Da mir nach Annahme des Geschäftsordnungsantrages, nach welchem Delegirte, die zum Bericht der Vertrauensmänner, sowie zur Agitation und Organisation einmal gesprochen, aus der Rednerliste gestrichen wurden, es nicht möglich war, auf die Angriffe, welche von verschiedenen Seiten auf die Anhänger der Branchenzentratisation gemacht worden sind, zu antworten, so muß ich zum Wenigsten einige mir persönlich gemachten Vorwürfe zurückweisen. Herr Scherm sagte: auch ich habe Schwenkung gemacht, denn in Leipzig sei ich Anhänger der allgemeinen Metallarbeiterorganisation gewesen. Hierauf erwidere ich: daß ich dem Genossen Scherm keinen Vorwurf aus seiner Ansichtsänderung über die Organisation mache, sondern nur über die Art und Weise, z. B. seiner Stellung den Berlinern gegenüber, im Vergleich zu der unsrigen. Selbst Genosse Segitz hat ja erklärt, daß er die Schreibweise der „Metallarbeiterztg." in letzter Zeit nicht immer für „korrekt" gehalten habe. Ich soll in Süddeutschland Fiasko gemacht und ungezogene Kinder erzogen haben, ja ein anderer fühlte sich sogar veranlaßt, von solchen Elementen, wie ich eins sei, zu warnen, und ein weiterer Redner sagte: ich sei gleich wie Theiß ein Hemmschuh in der Metallarbeiter-Bewegung. Sonderbar erscheint dies, nachdem ich ein ganzes Jahr agitirt habe, in circa 9 Monaten einige 90 Versammlungen abgehalten, von denen 37 Metallarbeiter-, 33 Volks-, Arbeiter- und allgemeine Gewerkschaftsversammlungen und nur 24 Branchen-Versammlungen waren. Durch mein Verschulden ist auch nicht eine einzige Versammlung vereitelt worden, ich habe keine einzige im Stich gelassen, man ist in allen Versammlungen, ausgenommen 1 oder 2 davon, mit meinen Ausführungen einverstanden gewesen, auch in der „Metallarbeiterztg.“ ist nicht eine einzige Beschwerde über die Art meiner Agitation gekommen, nur hier macht man auf einmal derartige Beschuldigungen. Ich weise sie also ganz entschieden zurück, indem ich sie nicht für den Ausdruck der Metallarbeiter halte, bei denen ich gesprochen, sondern als Ausflüsse einzelner Personen, denen ich unbequem zu sein scheine. Daß ich neben der Agitation Geschäfte mit Formerwerkzeug gemacht und somit persönliche Vortheile erzielt haben soll, weise ich desgleichen ganz entschieden zurück. Mein Vortheil, welchen ich mit dem Vertrieb von Werkzeug anderen Agitatoren gegenüber genossen habe, bestand darin: daß ich einen Musterkoffer von einigen 20 Kilo umher zu schleppen die Ehre hatte, der Ertrag aus diesem Geschäft floß unbeschnitten in die Agitationskasse der Forrme.“

Der Kongreß wird bis zum andern Tag Nachmittags 2 Uhr vertagt. Schluß 11 Uhr Nachts.

Die Schriftführer:

Mittag. Steinkuhl.

---

8. Sitzung, am 4. Juni, Nachmittags.

Die Sitzung wird um 2 Uhr von Segitz eröffnet und macht derselbe bekannt, daß der Delegirte Hendschel in Folge schwerer Erkrankung verhindert ist, an den Sitzungen theilzunehmen.

Ein Antrag, in Rücksicht auf den Former-Kongreß, der seine Arbeiten noch nicht vollendet, den allgemeinen Kongreß auf unbestimmte Zeit zu vertagen, wird dahin erledigt, daß einstweilen die Verlesung der Protokolle der dritten und sechsten Sitzung stattfindet, welche nach einigen Aenderungen angenommen werden. Alsdann wird auf Antrag von Metzger der Kongreß um 3 Uhr auf eine Stunde vertagt.

Wiedereröffnung 4 Uhr.

Es wird nun in die Berichterstattung über die Spezial-Kongresse eingetreten.

Breder theilt zunächst folgende Resolution mit:

> „Der Schlosser und Maschinenbauer-Kongreß erklärt in Bezug auf die Organisationsfrage, daß er einen Metallarbeiter-Verband (Union) mit einer einheitlichen, geschlossenen Zentralleitung, mit je nach Bedürfniß einzurichtenden örtlichen Fach-Sektionen für die zweckmäßigste Form der Organisation hält und empfiehlt dem Allgemeinen Metallarbeiter-Kongreß, über den in Nr. 14 der „Deutschen Metallarbeiterzeitung“ veröffentlichten Statuten-Entwurf in die Berathung einzutreten.“

Er erwähnt ferner, daß dieselbe mit 26 gegen 4 Stimmen angenommen wurde, bei 3 enthaltenden, 2 fehlenden, 1 krank. Er erörtert die Gründe, welche den Schlosser-Kongreß zu dieser Resolution veranlaßten. Die Schlosser seien deshalb gegen den Schwartz'schen Organisationsplan, weil derselbe in absehbarer Zeit zu den Fach-Zentralisationen führen würde.

Metzger erstattet Bericht über den Klempner-Kongreß, er drückt seine Genugthuung aus, daß auf demselben in Bezug auf die Organisationsform eine vollständige Einigung erzielt sei. Folgende Resolutionen seien mit 18 gegen 1 Stimme, die wahrscheinlich auch nur aus Mißverständniß dagegen abgegeben wurde, angenommen:

1. „Um ein einheitliches, planmäßiges Vorgehen der unter den bestehenden Gesetzen in Deutschland möglichen gewerkschaftlichen Organisationen, zwecks Erreichung befriedigender Lohn- und Arbeitsbedingungen, eine nach jeder Richtung hin hin wirksame Unterstützung zu ermöglichen, empfiehlt der Kongreß die Bildung eines Verbandes der Metallarbeiter aller Branchen, einen Bund, welchem anzugehören allen in der Metallindustrie beschäftigten Arbeitern und Arbeiterinnen, unbeschadet ihrer Zugehörigkeit zu den in der Metall-Industrie vorhandenen, auf dem Boden der modernen Arbeiterbewegung stehenden Organisationen zur Pflicht gemacht wird."

2. „Der heute am 4. Juni tagende Kongreß der Spengler erklärt sich aus prinzipiellen und praktischen Gründen mit Gründung einer allgemeinen Metallarbeiter-Union mit nach Lage der Verhältnisse zu errichtenden örtlichen Fach-Sektionen einverstanden und erwartet von den anwesenden Kollegen, daß dieselben auf dem allgemeinen Kongreß in diesem Sinne ihre Stimme abgeben."

Schwartz verliest folgende Resolution, welche mit 14 gegen 13 Stimmen angenommen sei:

„Der heute, den 4. Juni, im Lokal des Herrn Schmid zu Frankfurt a. M. tagende Branchen-Kongreß der Former erklärt sich mit dem Beschluß der allgemeinen Union einverstanden, mit Gliederung in Fach-Sektionen, wo es nöthig erscheint."

Goldbach: Die Feilenhauer hätten sich mit 7 Stimmen einmüthig für allgemeine Union ausgesprochen und folgende Resolution angenommen:

„Der heute, am 4. Juni, tagende Kongreß der Feilenhauer beschließt einstimmig wie folgt:

Daß, in Erwägung der Verschiedenartigkeit unseres Gewerbes, von der Gründung einer Branchen-Zentralisation Abstand zu nehmen ist, und unter den obwaltenden Umständen er nur für eine Union mit Fach-Sektionen eintreten kann;

daß in Erwägung, wenn auch ziemlich sämmtliche Feilenhauer Deutschlands in eine selbstständige Fach-Zentralisation organisirt würden, dieselbe jedenfalls einen sehr kläglichen Eindruck machen würde und nicht im Stande wäre, den kostspieligen Verwaltungsapparat nebst Fachorgan durch die zu leistenden Beiträge zu decken;

in fernerer Erwägung, daß, wenn wir eine kompakte organisirte Arbeiterschaft in unserer Branche haben wollen, wir unbedingt auch auf unsere in der Haus-Industrie beschäftigten Kollegen der Rheinisch-Westfälischen Distrikte rechnen müssen, welchen es in ihrer lokalen Vereinigung durch irgend eine Form ermöglicht werden muß, den Anschluß an die Union zu bewerkstelligen.

Weiter beschloß der Kongreß, sich der allgemeinen Union anzuschließen, jedoch unter Vorbehalt der Aenderung des vorgelegten Statuten-Entwurfs, da solches nach genauer Prüfung von unserem gewerblichen Standpunkte dringend nöthig erscheint."

Schlicke: Die Mechaniker hätten mit allen gegen eine Stimme sich für die allgemeine Union erklärt und dann einstimmig die Resolution angenommen:

„Der in Frankfurt a. M. am 4. Juni 1891 tagende Kongreß der Mechaniker und verwandten Berufsgenossen erwartet vom Vorstand des Verbandes, daß er den Beschlüssen des allgemeinen Metallarbeiter-Kongresses Rechnung trägt und in allernächster Zeit einen Verbandstag einberuft zu dem Zwecke, um Mittel und Wege zu finden, sich der auf dem Metallarbeiter-Kongreß in Frankfurt a. M. beschlossenen Organisation anzuschließen.

Er ersucht den Vorstand, um Kosten zu sparen, den Verbandstag in Hamburg abzuhalten und die Zahlstelle Hamburg zu veranlassen, aus ihrer Mitte den übrigen Zahlstellen Delegirte vorzuschlagen. Der Kongreß erachtet es als eine Pflicht der Zahlstellen, ihren Verpflichtungen dem Verband gegenüber bis zur Beschlußfassung des Verbandstages nachzukommen, um so eine Lösung der vom Vorstand Namens des Verbandes eingegangenen Verbindlichkeiten zu ermöglichen."

Redner bedauert den Indifferentismus, welcher noch unter den Mechanikern herrsche und erwartet von dem Vorstand des Verbandes der Mechaniker, daß derselbe nach Gründung der Union die nöthigen Schritte unternehme, damit die Mechaniker sich derselben anschließen.

Stücklen erklärt im Namen der Schläger Deutschlands, daß dieselben auf dem Boden der allgemeinen Union stehen und sich derselben anschließen werden, mit Ausnahme der Feingoldschläger, die sich dem Gold- und Silberarbeiterverband angeschlossen hätten, indem sie nicht wissen konnten, daß die Metallarbeiter-Union so bald zu Stande kommen werde. Dieselben würden sich anschließen, sobald die Verhältnisse es erlauben. Verliest folgende auf dem zu Ostern in Fürth abgehaltenen Schläger-Kongreß gefaßte Resolution:

„Der Kongreß spricht die Ueberzeugung aus, daß es den deutschen Schlägern nur vermittelst einer alle Branchen umfassenden Zentralisation möglich ist, ihre Interessen, besonders rücksichtlich der Lohn- und Arbeitsverhältnisse ausreichend zu wahren. Demgemäß erachtet der Kongreß es als das Zweckmäßigste, seine Thätigkeit auf die baldmöglichste Errichtung der Metallarbeiter-Union zu richten.

Bis zum Inslebentreten der Union machen es die versammelten Delegirten allen Schlägern zur Pflicht, sich den bestehenden Organisationen anzuschließen, und wo solche nicht bestehen, unverzüglich welche zu gründen. Insbesondere sind auch die Frauen zur Organisation heranzuziehen.

Der Kongreß erkennt alle zur Zeit bestehenden Organisationen der Schläger an, fordert jedoch dieselben auf, sobald die Union ins Leben tritt, sich dieser anzuschließen.

Dieses gilt insbesondere auch bezüglich der Organisationen der Feingoldschläger, welche sich verpflichten, sobald die Verhältnisse es möglich machen, den Anschluß an die Union zu bewerkstelligen."

Hilmer erklärt, daß sich die Schmiede auf Grund der auf dem Schmiedetag zu Magdeburg gefaßten Resolution der Union vorläufig nicht anschließen würden.

Schwartz führt aus, daß die Former an verschiedenen Orten noch Verbindlichkeiten zu erfüllen hätten, und wünscht, daß ihm bis 1. Oktober zur Erledigung der geschäftlichen Angelegenheiten, d. h. zur Ausgabe der Marken bis 1. September und Einziehung der noch ausstehenden Marken Zeit gelassen werde, erwartet auch, daß nach dieser Zeit die Union für etwaige noch vorhandene Verbindlichkeiten der Former eintrete.

Fehmerling: Die Werftarbeiter könnten sich der Union nicht anschließen, da der Werftarbeiterverband hauptsächlich eine Organisation der Seeleute werden sollte. Hofft jedoch auf Abschließung eines Kartellverhältnisses und verliest eine diesbezügliche Resolution.

Grenz frägt die Berliner Delegirten, welchen Standpunkt sie einnehmen.

Körsten: Er habe schon in der Generaldebatte erklärt, daß sie im Prinzip mit der allgemeinen Union einverstanden seien, aus praktischen Gründen sich jedoch nicht sofort anschließen können.

Der Kongreß ist mit dieser Erklärung einverstanden.

Bremer empfiehlt, daß auch den schon bestehenden Branchenzentralisationen eine möglichst lange Zeit zur Regelung ihrer Angelegenheiten bis zum Uebertritt in die Union gelassen werde.

Segitz: Er stellte die in seinen Händen befindlichen Gelder der Union zur Verfügung und hoffe, daß bis zum 1. September die Geschäfte soweit erledigt sind, daß die Union in's Leben treten kann.

Falkenrath: Die örtlichen Verhältnisse der Feilenhauer zu Remscheid ließen augenblicklich einen Eintritt derselben in die Union nicht wahrscheinlich erscheinen.

Bremer: Der Delegirte Mittag habe sich gegen eine Union erklärt, welchen Standpunkt nehme Halle ein?

Ebeling: Halle würde sich den Beschlüssen des Kongresses fügen.

Fritz verlangt, daß die Metallarbeiter aus dem Werftarbeiterverband in die Metallarbeiterunion neu eintreten.

Fehmerling beruft sich auf seine vorherige Erklärung und verliest nochmals die diesbezügliche Resolution:

„Der dritte allgemeine Metallarbeiter-Kongreß zu Frankfurt a. M. möge, falls die Union der Metallarbeiter beschlossen, welches von uns mit Freuden begrüßt werden sollte, beschließen, daß die auf den Schiffbauwerften beschäftigten Metallarbeiter sich der Sektion der Werftarbeiter anzuschließen haben. Die Nothwendigkeit hierfür ist darin zu suchen, daß sonst auf den Schiffbauwerften verschiedene Unionen sich wieder zusammenwürfeln würden. Da jedoch die Arbeiter bei einem und demselben Arbeitgeber beschäftigt sind, so gehören sie auch zu einer und derselben Organisation, außerdem müssen sich die Arbeiter der Schiffsbauwerften mit denjenigrn Arbeitern am engsten verbinden, von denen sie im gewerblichen Verkehr abhängig sind. und dieses sind die Hafenarbeiter und Seeleute. Selbstverständlich muß zwischen der Metallarbeiter-Union einerseits und der Werftarbeitersektion andererseits ein Kartellverband geschlossen werden, wonach die Mitglieder von einem zum andern Verband unentgeltlich übertreten können."

Metzger wünscht nicht, daß eine Ausnahmestellung zugelassen wird, erkennt jedoch bei den Werftarbeitern und Schmieden vorläufig eine solche an, er glaubt nicht, daß unter den gegenwärtigen Verhältnissen auf die Dauer etwas zu schaffen sei, und erwartet eine endgültige Lösung der Organisationsfrage durch den bevorstehenden Gewerkschaftskongreß.

Junge-Hamburg wendet sich gegen den Werftarbeiterverband, derselbe sollte die Metallarbeiter nicht mit Gewalt in seine Reihen ziehen wie es thatsächlich geschehen.

Ebeling wünscht, daß sich auch Magdeburg, trotzdem dort schwierige Verhältnisse bestehen, der Union anschließt.

Hemme: Es wäre im Interesse des guten Einvernehmens nothwendig, den Schmieden vorläufig eine Sonderstellung zu belassen.

Birner bestreitet die von Junge aufgestellten Behauptungen.

Es erfolgt Schluß der Debatte.

Scherm bemerkt, daß er, obwohl alle Fachkongresse für die Union votirten, es dennoch für nöthig erachte, eine namentliche Abstimmung im allgemeinen Kongreß über die Organisationsform vorzunehmen, um ein Gesammtbild zu haben. Er stellt hierzu folgende Resolution:

„Der zu Frankfurt a. M. tagende Kongreß der Metallarbeiter Deutschlands beschließt die Gründung einer allgemeinen Metallarbeiter-Union mit nach Lage der Verhältnisse zu errichtenden örtlichen Fachsektionen."

Es ist ein weiterer Antrag eingelaufen:

„Der Kongreß möge beschließen, die einzelnen Fächer aufzufordern, sich zu zentralisiren. Für die Vereinigung dieser Zentralisationen beschließt der Kongreß ferner, einen Unionsvorstand in einem Ort Deutschlands einzusetzen, in dem jede Zentralisation vertreten ist. Für diejenigen Metallarbeiter, denen die am Ort bestehenden Gesetze es verbieten, sich einem Zentralverband anzuschließen, ernennt der Kongreß zwei Vertrauensmänner, welche sich aber an einem Ort befinden müssen. Zur Ausführung dieses beschließt der Kongreß, für alle Zentralisationen der Metallarbeiter ein einheitliches Normalstatut auszuarbeiten. Diedrich. Junge-Hamburg. Schweer. Bremer. Händschel."

Die namentliche Abstimmung über die von Scherm gestellte Resolution wird hierauf vorgenommen.

Für dieselbe stimmen: Alex, Bojahr, Bamberger, Berger, Bennewitz, Birner, Bolte, Breder, Brehm, Boschert, Cappel, Dramm, Ebeling, Emmel, Engels, Ensner, Falkenrath, Friemann, Fritz, Frühinsfeld, Guntzer, Gebauer, Gemoll, Graf, Goldbach, Götz, Hockenberger, Heinemann, Harscher, Hauß, Hausmann, Held, Heinze, Hemme, Jahn, Illgen, Junge (Eßlingen), Kirsch, Kleemann, Klein, Krämer, König, Krönert, Krug, Krüger, Kuntze, Lankau, Linau, Lübke, Maiberger, Mäggle, Metzger, Michael, Mittag, Milberg, Mrkiwicka, Müller, Neumann, Nehme, Oeser, Pentzien, Pietsch, Plath, Reinhardt, Riedl, Rieder, Riemann, Roth, Rudolf, Schaller, Schiemann, Schenk, Scherm, Schlicke, Schrejer, Schneider, Schneegaß, Schwarze, Schwenn, Schweer, Segitz, Söder, Speh, Springer, Stiebeler, Steinkuhl, Steinmüller, Stücklen, Tapfer, Thiele, Trautewein, Trost, Waldmann, Weindl, Weirich, Weißmann, Wolf, Wollstadt, Wolfskämpf, Wugatzer, Zeh.

Gegen dieselbe stimmen: Bartels, Bremer, Brinkmann, Diedrich, Engelmann, Geyer, Gerlach, Grenz, Hilmer, Junge (Hamburg), Mack, Münzner, Panzner, Reith, Rohrhirsch, Roll, Schütz, Theiß, Vogel, Wegener.

Der Stimme enthalten sich: Gerisch, Körsten, Petzold, Fehmerling.

Beurlaubt ist: Boos, Dimmelmaier.

Krank ist: Händschel.

Damit ist die Resolution von Scherm angenommen.

Grenz wirft Körsten Inkonsequenz vor, indem er auf dem Former-Kongreß für die Union gestimmt und jetzt erklärte, daß die Berliner sich der Union jetzt noch nicht anschließen würden.

Körsten verwahrt sich gegen die fortwährenden gehässigen Anzapfungen von Grenz.

Milberg erklärt, daß er sich den gefaßten Beschlüssen fügen werde; er habe auf dem Kongreß der Klempner zwei Mal nicht zum Wort kommen können, er hätte die Resolution des Württembergischen Verbandstages zu vertheidigen gehabt und habe deswegen gegen eine andere gestimmt.

Metzger, welcher sich zuerst der Stimme enthalten, erklärt auf Vorhalt, er sei in der Versammlung, wo er als Delegirter gewählt wurde, nicht anwesend gewesen, deshalb habe er sich der Abstimmung enthalten. Da er im Prinzip für die Union sei, so gebe er seine Stimme mit Ja ab.

Birner erklärt, daß er seine Stimme mit dem Vorbehalt gegeben, daß der Verband der Werftarbeiter geschont werde.

Bremer hält einen Vorbehalt nicht für zulässig.

Birner vertheidigt seinen Standpunkt.

Diedrich: Birners Handlungsweise sei nicht konsequent.

Hemme stellt den Antrag auf Schluß der Sitzung. Angenommen.

Urlaubsgesuche von Hilmer, Theiß und Körsten werden bewilligt.

Zur persönlichen Bemerkung wendet sich Junge-Hamburg gegen Alex. Diedrich sei in Hamburg darum nicht gewählt, weil er in der betreffenden Versammlung nicht anwesend war.

Theiß: Die Offenbacher Zahlstelle sei in Folge der wirthschaftlichen Krisis, hervorgerufen durch die Zollpolitik, zurückgegangen. Wendet sich gegen die Vorwürfe Tapfers und verwahrt sich dagegen, daß er die Schmiede bevormunde.

Tapfer hält seine Behauptungen in Bezug auf Güstrow und Rostock aufrecht.

Schluß der Sitzung 5³/₄ Uhr.

Die Schriftführer:

Paul Gebauer. A. Stiebeler.

9. Sitzung, am 5. Juni, Vormittags.

Der Vorsitzende Krämer eröffnet die Sitzung und läßt zunächst die Präsenzliste verlesen, welche die Anwesenheit sämmtlicher Delegirten ergibt

Das sodann verlesene Protokoll der 5. Sitzung wird mit einigen geringen Aenderungen angenommen.

Junge-Hamburg wünscht von Gerisch Aufklärung betreffs der gestern gemachten Ausführungen; er habe gehört, Gerisch hätte gesagt, durch Veröffentlichung der Briefe, die nach dem Weimarer Beschluß vernichtet werden sollten, habe er (Redner) einen Vertrauensbruch begangen. Er habe dies nicht gethan, indem er seinerzeit alles diesbezügliche an Breder ausgeliefert habe. Das, was er jetzt vorgebracht habe, könne mit den Weimarer Beschlüssen nicht in Verbindung gebracht werden.

Gerisch-Berlin kommt unter Anderem auf die Depesche von Segitz betreffs Breder zu sprechen. Das sei damals mit erledigt worden.

Junge-Hamburg erklärt sich bereit, diese Depesche abzugeben, damit sie vernichtet werden kann.

Der Kongreß tritt hierauf in die Berathung des Organisations-Statuts ein.

Panzner stellt den Antrag, die Verhandlungen hierüber nicht näher zu protokolliren, sondern nur die gefaßten Beschlüsse, was angenommen wird.

Metzger-Hamburg beantragt zunächst, statt „Union" zu setzen „Verband". Wird angenommen.

§ 1 wird hierauf nach Streichung des zweiten Satzes in Absatz 1 debattelos angenommen.

Angenommen wird § 2, Alinea a.

Zu Alinea b ist der Antrag eingelaufen:

„Der Kongreß wolle beschließen, hinter dem Wort „Reise" „und in Sterbefällen" zu setzen."

Dieser Antrag wird abgelehnt und Alinea b in der vorliegenden Fassung mit der redaktionellen Aenderung, daß betr. Reisegeschenk ein besonderes Alinea eingefügt wird, angenommen.

Ebenso werden die Alinea's c, d und e angenommen.

Ein von Emmel-Frankfurt gestellter Zusatzantrag, dem § 2 die Bestimmung anzufügen betreffs „Errichtung von Bibliotheken, Veranstaltung von Vorträgen u. s. w.", wird abgelehnt, indem man dies den einzelnen Zahlstellen überlassen müsse, was sie in dieser Beziehung thun wollen.

Zu § 3 Abs. 1 wird beschlossen, daß alle in der Metallindustrie beschäftigten Arbeiter und Arbeiterinnen dem Verbande beitreten können.

Bei Abs. 2 des § 3 der Vorlage wird generell beantragt, statt „Geschäftsleitung" „Vorstand" zu setzen, was angenommen wird.

Hierauf wird beantragt, in den § 3 auch die Bestimmung aufzunehmen, daß die zum Beitritt Berechtigten an solchen Orten, wo die Bildung von Zahlstellen unmöglich, als Einzelmitglieder dem Verbande beitreten können und die Einziehung der Beiträge und die Auszahlung von Unterstützungen an solchen Orten vom Vorstande zu regeln ist.

Dieser Antrag wird angenommen.

Angenommen wird auch der Antrag, daß der Vorstand solchen Personen, welche nicht mehr als Arbeiter in der Metallindustrie beschäftigt sind, den Beitritt gestatten kann.

Absatz 3 der Vorlage wird dahin abgeändert, daß der Beitritt „nach Gutachten der Ortsverwaltung" vom Vorstande verweigert werden kann.

Zu § 3 Abs. 4 Alinea a ist beantragt, statt „8 Wochenbeiträge" zu setzen: „13 Beiträge". Ferner sollen nach einem weiteren Antrage Mitglieder, deren Mitgliedschaft wegen Beitragsrückstand erlischt, nach Jahresfrist unter Zahlung von 13 Beiträgen wieder aufgenommen werden können.

Diese beiden Anträge werden abgelehnt, dagegen wird beschlossen, in obigem Alinea hinter „schuldet" zu setzen: „und dieselben nach erfolgter Mahnung nicht entrichtet."

Die Beschlußfassung über § 4 wird zurückgestellt bis zum Schlusse der Statutenberathung.

Zu § 5 Absatz 1 wird beschlossen, statt „kann an allen Zahlstellen" zu setzen: „an den vom Vorstand bestimmten Zahlstellen".

Eine Anzahl von Anträgen bezieht sich auf die Karenzzeit. Mehrfach wird beantragt, statt ein „halbes Jahr", ein „Vierteljahr" zu setzen. Der Wortlaut der Vorlage in Bezug auf die Karenzzeit wird nach längerer Debatte angenommen.

Weitere Anträge beziehen sich auf die Höhe des zu zahlenden Reisegeschenks. Es wird beantragt, pro Kilometer 3 oder 4 Pf. zu bezahlen, sowie für Bahnreisende 1,50 Mk. Ein anderer Antrag verlangt, daß zwischen Bahn- und Fußreisenden kein Unterschied gemacht werde.

Nach längerer Debatte wird beschlossen, das Reisegeschenk für sämmtliche Reisende auf 2 Pf. pro Kilometer zu normiren, unter der Voraussetzung, daß dieselben mindestens 25 Kilometer pro Tag zurückgelegt haben. Jedoch darf das Geschenk auf keinen Fall 1 Mk. pro Tag übersteigen.

Zu § 5 Abs. 1 ist ferner beantragt: „Arbeitslosen, deren familiäre Verhältnisse eine Ortsveränderung erschweren, können eine Arbeitslosenunterstützung nach Maßgabe der festgesetzten Reiseunterstützung erhalten."

Wird abgelehnt mit dem Hinweis auf § 6 bezw. § 2 Alinea b der Vorlage.

Abs. 2 wird unverändert angenommen.

Der zweite Satz in § 5 Abs. 3 wird auf Antrag gestrichen.

Abs. 4 wird unverändert angenommen.

Zu § 5 Abs. 5 wird beantragt, daß außer an die Mitglieder solcher Vereine, welche gesetzlich verhindert sind, sich dem Verbande anzuschließen, auch an die Mitglieder derjenigen Vereine, welchen vom Kongreß vorläufig eine Ausnahmestellung zugestanden wurde (Berlin), Reisegeschenk unter den im Statut des Verbandes vorausgesetzten Bedingungen gezahlt werden könne.

Dieser Antrag wird mit dem Zusatzantrag von Bremer angenommen, daß in dem Absatz 5 im letzten Satz hinter den Worten „ein halbes Jahr angehört" und „sich ordnungsgemäß abgemeldet" eingeschaltet wird: „und ihre Beiträge entrichtet haben".

Hierauf wird Abs. 6 und der ganze § 5 in der abgeänderten Fassung angenommen.

Die beiden Delegirten der Werftarbeiter reichen folgendes Gesuch ein: „Wir beantragen, daß man uns von unserem Mandat entbinden möge, da wir rechtzeitig zur Generalversammlung in Hamburg eintreffen müssen. Fehmerling. Birner."

Das Gesuch wird genehmigt.

§ 6 wird unverändert angenommen.

In § 7 Abs. 2 wird das Wort „Amtsgericht" gestrichen und der Paragraph in seiner sonstigen Fassung angenommen.

Ebenso wird § 8 unverändert angenommen.

§ 9 Abs. 1 wird unverändert angenommen.

Abs. 2 soll nach Antrag von Cappel, Kuntze, Lienau, Friemann und Jahn folgende Fassung erhalten:

„Bei Krankheiten und Arbeitslosigkeit der Mitglieder wird denselben auf schriftliches oder mündliches Ansuchen, welches spätestens vor Ablauf der achten Restwoche bei der örtlichen Verwaltung gestellt werden muß, der Beitrag erlassen. Bei sonstigen Nothfällen kann der Beitrag bis höchstens 26 Wochen vom Vorstand erlassen werden."

Es wird beschlossen, daß in den in der Vorlage bezeichneten Fällen der Beitrag für die ersten 13 Wochen gestundet oder erlassen werden kann und nach 13 Wochen erlassen werden muß.

Im Absatz 3 wird das Wort „erstere" gestrichen.

Absatz 4 wird gänzlich gestrichen und sodann der ganze § 9 mit den bezüglichen Abänderungen angenommen.

Hierauf wird die Sitzung bis Nachmittags 2 Uhr vertagt. Schluß 12 Uhr.

Der Schriftführer: Daniel Stücklen.

---

10. Sitzung, am 5. Juni, Nachmittags.

Panzner eröffnet die Sitzung um 2 Uhr und verliest die Präsenzliste. Sämmtliche Delegirte bis auf die Beurlaubten und den Erkrankten sind anwesend.

Es wird hierauf das Protokoll der 8. Sitzuug verlesen und nach einigen Richtigstellungen angenommen.

Der Vorsitzende stellt folgenden Antrag: „Das Bureau zu ermächtigen, Anträge, die mit den bereits gefaßten Beschlüssen im Widerspruch stehen, zurückzustellen, ebenso gleichlautende Anträge zusammenzufassen und dann zur Debatte zu stellen."

Der Antrag wird angenommen.

Mäggle und Weindl beantragen, daß sie beurlaubt werden, da sie sonst den von der Fabriksleitung bewilligten Urlaub überschreiten müßten. Wird bewilligt.

Breder stellt den Antrag, daß die dreigliedrige Kommission auch seine Abrechnung prüfe, was angenommen wird.

Roll und Plath erklären, daß sie die Abrechnung von Goldbach für richtig befunden haben und ertheilt der Kongreß Decharge.

Es folgt die Fortsetzung der Statutenberathung mit § 10.

Es wird beantragt, den § 10 in der vorgeschlagenen Fassung abzulehnen, denselben dagegen wie folgt zu formuliren:

„§ 10. Die Verwaltung des Verbandes besteht aus einem Vorstande von neun Mitgliedern: dem ersten und zweiten Vorsitzenden, dem Hauptkassierer, dem Sekretär und fünf Beisitzern.

In den Fällen zeitweiliger Verhinderung des Vorsitzenden oder des Hauptkassiers ist der zweite Vorsitzende berechtigt, die Vertretung zu übernehmen.

Der Vorstand ist verpflichtet, alle Interessen des Verbandes gewissenhaft wahrzunehmen.

Er vertritt den Verband nach Innen und Außen und ist auch berechtigt, in Gemeinschaft mit dem Ausschusse unumgänglich nothwendige Statutenänderungen vorzunehmen.

Er legitimirt sich durch eine Bekanntmachung im Verbandsorgan. Zur Giltigkeit einer Zeichnung für den Verband gehören die Unterschriften des 1. Vorsitzenden, des Hauptkassierers und des Sekretärs.

Der Vorstand hat die Aufrechterhaltung der Statuten zu überwachen, sowie alle statutengemäßen Beschlüsse zu vollziehen, die ordentlichen und außerordentlichen Generalversammlungen einzuberufen, Bestimmungen zu treffen über Ort und Zeit der Generalversammlungen, über Eintheilung der Wahlkreise behufs Wahl der Delegirten, sowie ein Wahlreglement aufzustellen und für dessen Einhaltung Sorge zu tragen."

Angenommen.

Die §§ 11 und 12 werden nach der Vorlage angenommen.

§ 13 erhält folgende Fassung:

„§ 13. Der erste und zweite Vorsitzende, der Hauptkassierer und der Sekretär des Vorstandes, sowie der Vorsitzende des Ausschusses, werden von der Generalversammlung mittelst geheimer Abstimmung durch absolute Majorität auf die Dauer bis zur nächsten ordentlichen Generalversammlung gewählt.

Die Beisitzer des Vorstandes werden von den Mitgliedern desjenigen Ortes und dessen näherer Umgebung gewählt, an welchem der Verband seinen Sitz hat.

Bei der Wahl der Beisitzer soll auf die verschiedenen Branchen der Metallindustrie möglichst Rücksicht genommen werden.

Die Ausschußmitglieder, sowie die Mitglieder der Revisions-Kommission werden von den Mitgliedern des Ortes und dessen näherer Umgebung gewählt, an welchem die betreffenden Körperschaften ihren Sitz haben.

Tritt für ein besoldetes Vorstandsamt oder für das Amt des 2. Vorsitzenden eine Vakanz ein, so entscheidet über die Besetzung der Vorstand nebst dem Ausschuß.

Mitglieder des Vorstandes, des Ausschusses oder der Revisionskommission können, wenn sie ihre Pflichten gegen den Verband nicht erfüllen, mit demselben in Prozeß gerathen oder sich Unredlichkeiten gegen denselben schuldig machen, durch Beschluß eines gemeinschaftlichen Kollegiums der nicht betheiligten Vorstands- und Ausschußmitglieder ihres Amtes einstweilen enthoben werden. Der bezügliche Antrag kann auch aus der Mitte der Verbandsmitglieder hervorgehen, muß aber vom dritten Theile derselben unterstützt sein.

Ihre Geschäftsordnung gibt sich jede der drei Körperschaften selbst."

§ 14 Abs. 1 erhält folgende Fassung:

„Der Vorstand kann für bestimmte Bezirke örtliche Verwaltungsstellen errichten, sofern in dem Bezirk mindestens 10 Mitglieder des Verbandes sich aufhalten. Wo die örtlichen Verhältnisse es geboten erscheinen lassen, können an ein und demselben Ort mehrere Verwaltungsstellen errichtet werden. Den Berufsgenossen bleibt es überlassen, nach Bedürfniß Fachsektionen zu bilden."

Abs. 2, 3, 4, 5 und 6 werden nach der Vorlage angenommen.

Als neuer Absatz 7 wird beschlossen:

„Zur Bestreitung der Ausgaben für lokale Zwecke können die örtlichen Verwaltungsstellen 33¹/₃ Proz. der Beiträge verwenden."

Im Weiteren wird § 14 unverändert angenommen.

In § 15 Abs. 1 wird entgegen der Vorlage die Zahl der auf einen Abgeordneten treffenden Wähler auf 300 bezw. 150 festgesetzt.

In Abs. 2 werden die Diäten der Abgeordneten auf 8 Mk. pro Tag normirt.

In § 15 Abs. 1 wird die Frist zur Einberufung einer Generalversammlung auf 8 Wochen festgesetzt und der Nachsatz von Abs. 5 gestrichen; der § im Uebrigen unverändert angenommen.

Die §§ 17, 18, 19 und 20 werden unverändert angenommen.

Ein neuer § 21 wird beschlossen und hat folgenden Wortlaut:

„§ 21 Behufs Betreibung einer planmäßigen Agitation sind vom Vorstand Bezirke zu bilden. Die Leiter der Bezirksagitation sind vom Vorstand zu bestätigen und unterstehen in Allem dessen Anordnungen. Den Leitern der Bezirksagitation steht das Recht zu, im Einverständniß mit dem Vorstand Bezirkskonferenzen einzuberufen, an welchen der Vorstand durch eines seiner Mitglieder theilnehmen kann."

§ 21 der Vorlage wird unverändert angenommen, nachdem ein Antrag, den Mitgliedern die „Metallarbeiterztg." gratis zu verabfolgen, abgelehnt war.

Die §§ 22, 23 und 24 der Vorlage werden unverändert angenommen.

Es folgt nunmehr die endgültige Feststellung von § 4.

Es wird beschlossen, das Beitrittsgeld für männliche Mitglieder auf 30, für weibliche auf 20 Pfg., den wöchentlichen Beitrag für männliche Mitglieder auf 15, für weibliche auf 5 Pfg. festzusetzten.

Das Statut wird hierauf in seiner Gesammtfassung mit allen gegen 5 Stimmen angenommen.

Diedrich erklärt, daß sie gegen das Statut gestimmt, weil sie überhaupt gegen die Union waren.

Ein Antrag, die Sitzung bis 7 Uhr auszudehnen, wird abgelehnt.

Segitz schlägt vor, erst die Sitze der verschiedenen Körperschaften des Verbandes zu bestimmen und dann erst die Personen zu wählen, demgemäß also die Tagesordnung zu ändern, was angenommen wird.

Es kommt zur Verhandlung der 5. Punkt der Tagesordnung: Wahl des Vorortes.

Schweer tritt für Hamburg ein, das dortige Vereinsgesetz gewähre einen weiten Spielraum; es handle sich nicht um diese oder jene Persönlichkeit, sondern um die sichere Grundlage. Man habe ja auch voriges Jahr an Junge das Ansuchen gestellt, den Vertrauensposten zu führen und Hamburg den Rücken zu kehren, also könnten auch die zu Vorstandsmitgliedern gewählt werdenden nach Hamburg ziehen.

Ebenfalls würde durch Verlegung des Sitzes nach Hamburg die dortige Organisation wieder gekräftigt.

Panzner wünscht den Sitz nicht in Hamburg, aber auch nicht in Nürnberg.

Mittag desgleichen; schlägt Stuttgart vor.

Es wird noch Hamburg und Halle vorgeschlagen.

Müller empfiehlt Halle.

Ein weiterer Antrag geht dahin, Baden-Baden als Sitz des Vorortes zu bestimmen.

Junge-Eßlingen wünscht, daß wegen der Streitigkeiten von Hamburg und Nürnberg abgesehen werden solle. Ebenso von Halle, da dort eine Auflösung eher zu befürchten sei wie in Württemberg.

Segitz ist gegen Hamburg und Nürnberg und wegen der Erklärung Mittags, daß sich Halle dem Verbande nicht anschließen könne, auch gegen dieses.

Scherm tritt für Stuttgart ein, weil da der Verband sicherer sei als anderswo. Andererseits sei er auch gegen Hamburg, da in absehbarer Zeit der Sitz doch nach Berlin verlegt werden müßte. Dort seien die meisten Metallarbeiter, der Verband erhalte dadurch ein tüchtiges Rückgrat. Von Stuttgart sei der Sitz ev. wieder leichter zu entfernen als von Hamburg.

Breder gibt Names der Nürnberger Delegirten die Erklärung ab, daß sie gegen Nürnberg als Sitz des Vorortes seien, daß aber auch kein Nürnberger Genosse eine event. Wahl in den Vorstand annehmen werde. Weiter weist er die Unterstellung zurück, als ob Nürnberg Streit gesucht oder geführt habe. Lediglich er in seiner Eigenschaft als Vertrauensmann und die „Metallarbeiterztg.“ hätten ihre Pflicht darin gethan, den Sonderbestrebungen entgegen zu treten. Nürnberg habe noch keinen Streit provozirt. Spricht schließlich für Stuttgart.

Metzger ersucht, den Sitz nicht nach Nürnberg zu verlegen, da dort die öffentliche Aufforderung, Gelder für Streiks zu sammeln, strafbar sei.

Junge-Hamburg: Was gegen Hamburg und Nürnberg vorgebracht werde, sei nicht stichhaltig.

Schluß der Debatte wird angenommen.

Hierauf wird mit allen gegen 5 Stimmen Stuttgart als Sitz des Verbandes bestimmt.

Es folgt die Wahl des Sitzes des Ausschusses.

Hiezu wird einstimmig Frankfurt a. M. gewählt.

Beim 7. Punkt wird Eßlingen als Sitz des Revisionskommission gewählt.

Hierauf wird die Sitzung um 6 Uhr geschlossen.

Die Schriftführer:

Riemann. König.

---

11. Sitzung, am 6. Juni, Vormittags.

Segitz eröffnet die Sitzung um 8 Uhr.

Weirich erstattet Namens der Revisionskommission Bericht, aus dem hervorgeht, daß die Abrechnungen der Vertrauensmänner Segitz und

Breder als richtig befunden wurden. Er beantragt, den Beiden Decharge zu ertheilen. Der Kongreß beschließt demgemäß.

Ein Antrag, vor der Wahl der Beamten deren Gehälter zu bestimmen, wird angenommen.

Segitz macht den Vorschlag, den 1. Vorsitzenden, den Kassier und den Sekretär voll zu besolden.

Krämer schlägt vor, jedem der Drei pro Monat 150 Mark zu bezahlen.

Fritz beantragt 120 Mark.

Es wird dem Vorschlage Segitz-Krämer gemäß beschlossen.

Es folgt hierauf die Wahl des 1. und 2. Vorsitzenden, des Kassiers und Sekretärs.

Segitz, Breder und Grenz, welche zum 1. Vorsitzenden vorgeschlagen werden, verzichten, letzterer mit der Erklärung (Dieselbe ist nachträglich an Segitz gesandt worden. Die Herausgeber.):

„Ich muß auf jedes Amt, für welches ich vorgeschlagen werde, verzichten. Die Majorität auf dem Former-Kongreß ist eine künstliche. Nach Einsichtnahme der Präsenzliste stellen sich sonderbare Dinge heraus. Die Majorität ist 14 gegen 13 für „Union". Kollege Schwartz hatte keine Einladung zum Spezial-Kongreß der Former erlassen, demzufolge war die Ansicht vorherrschend, daß nicht alle Formervertreter Mandate für einen Former-Kongreß haben würden. Um aber allen gerecht zu werden, empfahl man in einer Vorbesprechung, daß alle diejenigen, welche Former seien und Former vertreten, auch ohne im Besitz von Mandaten für den Former-Kongreß zu sein, Sitz und Stimme haben sollten; nur solche Delegirte, welche nicht Former sind, aber angeben, daß sie Auftrag haben, Former zu vertreten, müssen sich legitimiren. Der Kongreß erhob dies zum Beschluß. Nach Tagung des Kongresses stellte sich folgendes heraus: Die Former von Nürnberg hatten einen eigenen Vertreter entsandt. Ein weiterer Former von dort, welcher keinen Auftrag der Nürnberger Former hatte, sondern im Besitz eines Mandats der Schlosser oder Maschinenbauer war, übte diesen Auftrag gar nicht aus, sondern kam ohne Auftrag zum Former-Kongreß und stimmte für Union. Die Former mehrerer Städte Süddeutschlands (Frankenthal) hatten extra ihre Vertretung einem eigenen Delegirten übergeben, weil der Delegirte der Metallarbeiter von dort für „Union" eintrete, sie aber auf dem Standpunkt der Branchen-Zentralisation stehen. Trotzdem kam der Delegirte der Metallarbeiter, weil er Former, aber ohne Auftrag der Former, zum Former-Kongreß und stimmte für „Union". Die Berliner Delegirten sind in Folge ihrer sonderbaren Stellung gemäß auf dem Metallarbeiter-Kongreß wenigstens taktvoll vorgegangen, indem sie sich der Abstimmung zur Organisationsform enthielten. Anders auf dem Former-Kongreß. Dort stimmte der Berliner Kollege, und zwar für „Union". Durch Zurufe veranlaßte man den Kollegen Schwartz, seine Stimme gegen die „Union" zurückzuziehen, er habe als Vorsitzender kein Stimmrecht. Außer dem Angeführten ist von Bedeutung, daß zirka 15 Städte, in denen die Former auf dem Standpunkt der Branchen-Zentralisation stehen, auf dem Kongreß aber nicht direkt vertreten waren, sondern nur durch Mandatübertragung an andere, auf ihrem Standpunkt stehende Kollegen vertreten sein wollten. Diese Mandatgeber kamen aber nicht zur Geltung, indem nur nach anwesenden Personen abgestimmt ward. Demnach ist der gefaßte Beschluß auf dem Former-Kongreß nicht der Ausdruck der deutschen Former, wäre es regelrecht hergegangen, so wären zirka zwei Drittel für Branchen-Zentralisation, höchstens aber für den vom Kollegen Schwartz vorgeschlagenen Kompromiß zu haben gewesen. Unter diesen Verhältnissen ist es mir unmöglich, irgend ein Amt in der Metallarbeitergewerkschaft anzunehmen. Würde ich's thun, so würden jene Recht haben, die mir Sonderinteressen bei meiner Agitation verfolgt zu haben, vorwarfen. Man würde, und mit Recht, sagen: Da habt Ihr den Grenz, er tritt nur so lange für eine Sache ein, als ihm Vortheile daraus erwachsen. Ich will beweisen, daß diese Ansicht über meine Person eine falsche ist. Vor der Hand werde ich nur dorthin gehen, wo mich die Former oder sonst Andere rufen, um dann einen objektiven Bericht über diese Kongresse zu erstatten. Ob ich für die Agitation der „Metallarbeitergewerkschaft" brauchbar sein werde, wird ja mein demnächst stattfindendes Auftreten bei meiner Berichterstattung über die Kongresse zeigen." —

Es werden hierauf Junge-Eßlingen und Emmel-Frankfurt vorgeschlagen, welche sich zur Annahme bereit erklären.

Als Wahlkommission werden Milberg, Stücklen, Bremer, Schlicke und Wolfskämpf gewählt.

Im ersten Wahlgang wird zunächst der 1. Vorsitzende gewählt. Abgegeben werden 112 Stimmen, davon erhält Junge-Eßlingen 61 Stimmen, Emmel 32 Stimmen, zersplittert waren 11 Stimmen, weiße Zettel 8.

Junge ist somit gewählt.

Zum 2. Vorsitzenden wird seitens der württembergischen Delegirten Pfeiffer (Stuttgart) vorgeschlagen, der, da sich kein Widerspruch erhebt, per Akklamation gewählt wird.

Zum Kassier werden vorgeschlagen Goldbach, Thiele und Mittag

Scherm wünscht, daß hiezu ein Former gewählt werde, und werden hierauf Münzner, Schiemann und Grenz vorgeschlagen, welche ablehnen.

Abgegeben werden 110 Zettel, davon erhält Goldbach 51 Stimmen, Thiele 46 Stimmen, Mittag 6 Stimmen, weiße Zettel 7.

Es ist Stichwahl zwischen Goldbach und Thiele nöthig.

Das Resultat der Stichwahl ist folgendes:

Abgegeben sind 110 Zettel, davon erhält Goldbach 57 Stimmen, Thiele 46 Stimmen, Mittag 1 Stimme, weiße Zettel 7.

Goldbach ist somit gewählt.

Bei der Wahl des Sekretärs werden 109 Stimmzettel abgegeben, davon erhält Schlicke 74 Stimmen, Diedrich 22 Stimmen, Mittag 6 Stimmen, weiße Zettel 7.

Per Akklamation wird sodann Emmel als Vorsitzender des Ausschusses gewählt.

Segitz ersucht hierauf um Vorschläge betreffs Fertigstellung des Protokolls und wird dies dem Vorstand übertragen

Scherm legt folgende Abrechnung vom vorigen Kongreß-Protokoll vor: Angefertigte Protokolle des 1890er Kongresses 14000. Versandt 13,039. Einnahme bis zum Kongreß Mk. 1951,45. Ausgabe: Satz, Druck und Papier Mk. 1071.—. Buchbinder 252. Packen der

Protokolle 3. Packmaterial 7,50. Inserat im „Bruder Schmied“ 4. Depesche an Bremer 0.70. Porto 128,45. 3 Postanweisungen à 20 0.60. 28 Briefe à 3 0.84. Summa Mk. **1463 09**. Ueberschuß Mk. **448 36**. Hiezu der Kassenbestand von den 1888er Protokollen Mk. **159,87**. Zusammen Mk. **648,23**. Hievon bezahlt die 1890er Kongreßkosten mit Mk. **309,70**, bleibt Kassenbestand Mk. **338,53**. Ausstehen noch Mk. **665,10**.

Auf Verlangen gibt Scherm die Restanten bekannt.

Scherm wird hierauf beauftragt, die noch restirenden Gelder für die Protokolle baldigst einzuziehen.

Müller beantragt, zur Prüfung der Abrechnung über das Protokoll 3 Nürnberger Delegirte zu wählen. Es werden Stücklen, Frühinsfeld und Ensner gewählt, welche in der „Metallarbeiterztg.“ darüber zu berichten haben.

Bei der hierauf vorgenommenen Wahl eines Vertrauensmannes für diejenigen Metallarbeiter, die sich dem Verband nicht anschließen können, wird Segitz gewählt.

Zur „Organfrage“ erhält das Wort

Scherm. Derselbe berichtet, daß in 3 Quartalen sich ein Ueberschuß von Mk. 1683,38 ergebe, wenn die noch ausstehenden Gelder voll und ganz eingehen. Redner klagt über das mangelhafte Eingehen der Gelder, es stehe immer eine Quartaleinnahme aus, wodurch Zinsenverlust erwachse. Er verbreitet sich dann in weiteren Ausführungen über die Einsendungen für die Zeitung und gibt Rathschläge über die Abfassung der Berichte. Man solle alles Nebensächliche daraus fortlassen. Des Weiteren tritt er für obligatorische Einführung der „Metallarbeiterztg.“ ein. Ihm persönlich sei es gleich, was beschlossen werde, allein im Interesse des Verbandes sei es nöthig, er brauche gerade im Anfang ein richtiges Bindemittel. Auch würde die Nichteinführung auf obligatorischem Wege großen Widerspruch bei allen denen erfahren, die bisher die Zeitung bei 10 Pfg. Wochenbeitrag erhielten.

Segitz theilt mit, daß bei ihm gegen die Redaktion keine Beschwerde eingegangen sei.

Stiebeler meint, dadurch, daß die „Metallarbeiterztg.“ nicht obligatorisch eingeführt sei, werde dieselbe an Abonnenten verlieren, was kein Wunder sei, wenn diejenigen Genossen, die bisher bei 10 Pfg. die Zeitung erhielten, sie fernerhin bei 15 Pfg. nicht mehr erhalten würden, und somit auf das freie Abonnement angewiesen wären, wofür der Preis bei der sinkenden Auflage steigen würde.

Diedrich wünscht, die Zeitung an einen andern Ort zu verlegen. Daß keine Beschwerden eingelaufen sind, erkläre sich daraus, weil der Sitz der Preßkommission in Nürnberg sei. Wünscht auch hier einen andern Ort. Tritt ferner für die Hinzufügung von technischen Beilagen ein.

Scherm ist gegen die Preßkommission und erklärt technische Beilagen für eine überwundene Einrichtung. Wer sich technisch bilden wolle, solle sich abgeschlossene Fachwerke kaufen, die billig zu haben seien.

Panzner beantragt, in das Statut die Bestimmung noch aufzunehmen, daß die „Metallarbeiterztg.“ den Mitgliedern gratis ausgehändigt wird.

Schweer ist für obligatorische Einführung.

Lienau ebenfalls. Dadurch könne man die Indifferenten heranziehen. Ist gegen technische Beilagen.

Metzger wendet sich gegen Scherm bezüglich der Anhängsel an eingesandte Berichte. Ist gegen die technischen Beilagen. Wünscht Verlegung der Preßkommission an einen andern Ort.

Diedrich vertritt nochmals seine schon vorgebrachte Ansicht. Der Vertrauensmann solle eine bestimmte Summe Geld bekommen, um einen durch die Gratis-Vertheilung etwa entstehenden Verlust zu decken.

Bremer ist auch für eine Preßkommission, indem der Vorstand nicht berechtigt sei, die Haltung der Zeitung zu kontrolliren. Schildert ferner die Verhältnisse anderer Gewerkschaftsblätter, um dadurch zu beweisen, daß die „Metallarbeiterztg." billiger hergestellt werden könne.

Es wird an Scherm die Anfrage gerichtet, ob er sich einer Preßkommission unterwerfe.

Scherm erklärt, daß er sich ja wohl fügen müsse, wenn in Gestalt der Preßkommission ein „Geistesgalgen", eine Zensurbehörde, errichtet werde, daß er dieses Institut aber für vollkommen überflüssig halte. Wenn gesagt worden sei, es seien in der Zeitung Meinungen unterdrückt worden, so sei dies unwahr; eine Unterdrückung liege nur dann vor, wenn man die Betreffenden nicht zu Wort kommen lasse, nicht aber, wenn man ihre Einsendungen richtig stelle. Was die billigere Herstellung der Zeitung anbelange, so könne das in Zukunft möglich sein, wenn man nicht mehr mit Verlusten zu rechnen habe. Seitens des Verlags werde das Möglichste gethan werden, man möge aber auch keine Preisdrückerei ausüben.

Der Antrag, eine Preßkommission zu wählen, deren Sitz nicht in Nürnberg ist, wird angenommen.

Ebenso ein Antrag Diedrichs, geheim abzustimmen.

Die hierauf vorgenommene Wahl ergab folgendes:

Abgegeben 115 Zettel, davon fielen auf

Hamburg	56	Stimmen,
Hannover	27	"
Berlin	22	"
Halle	8	"
Weiß und ungiltig	12	"

Vorgeschlagen werden sodann in die Preßkommission Panzner, Diedrich, Bremer und Hemme. Letzterer lehnt auf Befragen ab.

Scherm: Man möge Diedrich nicht wählen, denn derselbe sei Partei und die Preßkommission solle unparteiisch sein. Werde Diedrich gewählt, so erwecke dies den Anschein, als habe die „Metallarbeiterztg." wegen des Vorgehens gegen Diedrich vom Kongreß Unrecht bekommen.

Metzger schließt sich dem an.

Segitz meint, daß es das Einfachste wäre, wenn Diedrich freiwillig Verzicht leiste.

Diedrich verzichtet nicht.

Nachdem hierauf bei der Abstimmung Diedrich abgelehnt wird, werden Panzner, Bremer und Hemme, welch Letzterer sich nun zur Annahme der Wahl bereit erklärt, gewählt.

Segitz theilt mit, daß der Kongreß die Kompetenzen der Preßkommission gleich feststellen möge.

Scherm will dieselben dahin präzisirt wissen, daß dieselbe nur Beschwerden über Einsendungen zu erledigen habe. Er selbst werde der Kommission Einsendungen, die er nicht glaube aufnehmen zu können, zur Begutachtung überlassen.

Metzger schließt sich dem an.

Die Vorschläge Scherms werden als Befugnisse der Preßkommission angenommen.

Der Antrag von Diedrich, dem Vertrauensmann eine Summe zur Deckung des Verlusts bei Gratisvertheilung der „Metallarbeiterztg." zu überweisen, wird, nachdem mehrere Redner dagegen gesprochen, abgelehnt.

Die obligatorische Einführung der „Metallarbeiterztg." wird hierauf angenommen und nochmals über das Gesammtstatut abgestimmt, welches gegen wenige Stimmen angenommen wird.

Hierauf wird bestimmt, daß das Bureau mit dem Redakteur der „Metallarbeiterztg." die Redaktion des Statuts im Sinne der Beschlüsse zu besorgen hat.

Zum 10. Punkt der Tagesordnung wird folgende Resolution angenommen:

> Der in Frankfurt a. M. vom 1. bis 6. Juni abgehaltene Kongreß der deutschen Metallarbeiter erhebt entschieden Protest gegen jene Organisationen der Unternehmer, welche gegen Gesetz und Recht es sich zur Aufgabe stellen, den Arbeitern das Koalitionsrecht unmöglich zu machen und durch Verbreitung von schwarzen Listen und gekennzeichneten Zeugnissen den organisirten Arbeitern die Existenz erschweren.
>
> Insbesondere protestirt der Kongreß gegen den Geheimbund der Berliner Metallindustriellen und spricht sein Bedauern aus über die Theilnahme der Behörden an diesem unzweifelhaft ungesetzlichen Unternehmen. (Einstimmig angenommen.)

Zum 11. Punkt betont

Metzger: Es sei dringend nothwendig, statistische Erhebungen über die auf Grund der neuen Gewerbenovelle vorkommenden Streitigkeiten zwischen Unternehmern und Arbeitern zu pflegen, um den herrschenden Klassen zeigen zu können, wie die Arbeiter seitens der Unternehmer ausgebeutet werden. Denn nur dadurch sei es möglich den sogenannten Arbeiterfreunden die Maske vom Angesicht zu entfernen.

Hierauf gelangt folgende Resolution zur Annahme:

> Der im Meriansaale zu Frankfurt a. M. tagende Kongreß der Metallarbeiter erblickt in der vom deutschen Reichstag erlassenen Novelle zur Gewerbeordnung eine tiefe Schädigung der Interessen der Arbeiter. Er erkennt insbesondere in der Bestimmung betreffend Lohneinhaltung, sowie für Schadloshaltung bei Kontraktbruch eine Beugung des Rechts zu Gunsten der Unternehmer. Der Kongreß sieht in diesem Gesetz einen neuen Beweis, daß es den herrschenden Klassen nicht Ernst ist mit einer friedlichen Lösung der sozialen Frage und macht es deshalb allen Metallarbeitern Deutschlands zur Pflicht, durch Anschluß an den in's Leben zu rufenden Metallarbeiterverband ihre Interessen zu wahren. (Einstimmig angenommen.)

Betreffs Stellungnahme zum allgemeinen Gewerkschafts-Kongreß (Punkt 12) beantragt

Metzger: Der Kongreß möge 3 Mann wählen, welche die Metallarbeiter auf diesem Kongreß vertreten.

Dieser Antrag wird angenommen und Junge (Eßlingen), Segitz und Metzger gewählt.

Segitz bespricht sodann die Vorgeschichte betreffs des internationalen Metallarbeiter-Kongresses und die Thätigkeit Diedrichs. Verliest außerdem einen Brief von Hörup, der das Nähere darüber bekannt gibt, was auf diesem Kongreß verhandelt werden soll. Redner wünscht über die Vorschläge nicht in die Diskussion einzutreten.

Metzger betont, daß es nicht räthlich für uns sei, wenn wir uns an diesem geplanten Kongreß betheiligen würden. Man solle es den betreffenden Genossen überlassen, wie sie sich vertreten lassen wollen.

Lankau ist derselben Meinung.

Diedrich vertheidigt sein Verhalten in dieser Sache. Er habe blos in seiner Eigenschaft als Verbandsvorsitzender gehandelt. Er könne die Beweise dafür bringen.

Die offizielle Beschickung des Kongresses wird hierauf mit großer Majorität abgelehnt.

Ein Antrag von Weirich, die Bekanntmachung der Herbergen betreffend, wird abgelehnt.

Ein Antrag der Magdeburger Delegirten, zu den Kosten des Magdeburger Gewerkschaftskongresses beizusteuern, wird den Vertrauensleuten zur Berücksichtigung überwiesen.

König verliest hierauf das Protokoll der 6., Stücklen das der 9. Sitzung. Beide werden mit geringen Aenderungen angenommen.

Breder: Die Erklärung des Genossen Grenz gelegentlich der Vorstandswahl veranlaßt mich zu folgender Gegenerklärung, die ich erst jetzt abgebe, weil ich die Verhandlungen des Kongresses nicht aufhalten wollte. Wenn Genosse Grenz jetzt nach der Abstimmung über die Organisationsfrage auf dem Formerkongreß denselben nicht als einen Kongreß, sondern nur als eine harmlose Besprechung bezeichnen will, so erkläre ich, daß der Genosse Schwartz auf der Vertrauensmänner-Konferenz zu Braunschweig derjenige war, welcher veranlaßte, daß die Spezial-Kongresse stattfinden sollten, was auch jetzt geschehen ist; folglich ist die Interpretation des Genossen Grenz über den Formerkongreß, als wäre nur eine „Besprechung" gewesen, der Wahrheit widersprechend. Wenn Grenz weiter behauptet, daß die Former-Delegirten auf dem Spezialkongreß von Leuten majorisirt worden wären, welche nicht befugt waren, an den Verhandlungen Theil zu nehmen, so konstatire ich, daß auf dem Schlosserkongreß der Offenbacher Former-Delegirte mich ersuchte, folgendes bekannt zu geben: „Der Formerkongreß hat beschlossen, daß alle Delegirte, wenn dieselben Former und auch nicht im Besitze eines Mandats für den Formerkongreß sind, auf dem Formerkongreß Sitz und Stimme haben, und werden eventuell solche Anwesende ersucht, an den Verhandlungen des Formerkongresses Theil zu nehmen." Auf dieses hin ist der Former Weißmann aus Nürnberg, welcher nur ein Mandat für den Schlosserkongreß hatte, aber auch von einem Theil der Nürnberger Former, welche aus der Formerorganisation in die der Schlosser übergetreten sind, gewählt wurde, nach dem Formerkongreß gegangen, und man hatte demselben auch dort Sitz und Stimme eingeräumt. Wenn dadurch angeblich die Former majorisirt sein sollen, so behaupte ich mit demselben Recht, daß die leitenden Persönlichkeiten mit dem Beschlusse, auch solche Former zum Kongreß zuzulassen, welche kein Mandat hatten, beabsichtigten, die Anhänger der allgemeinen Vereinigung zu majorisiren, damit ein Theil der Former eine Sonderstellung einnehmen könnte. Ferner konstatire ich, daß auch auf dem Formerkongreß Delegirte, welche den strikten Auftrag hatten, für die allgemeine Vereinigung zu stimmen, was auch den Intentionen ihrer Mandatgeber entsprechend gewesen wäre, sich haben breit schlagen lassen, indem sie für Fachzentralisation stimmten. Diese sollen sehen, wie sie mit ihren Mandatgebern fertig werden.

Grenz betont, es wäre Jemand auf ihrem Kongreß gewesen, der wohl Former sei, aber kein Mandat besessen habe. Körsten habe den Ausschlag gegeben.

Segitz schlägt vor, den Verband am 1 August in Kraft treten zu lassen. Bis dahin sollen die Vertrauensleute noch wie bisher funktioniren und bis 1. Oktober definitiv abrechnen.

Dem wird zugestimmt.

Beschlossen wird noch, daß die Uebergangsbestimmungen betreffs des Uebertritts der jetzigen Organisation in den Verband in der „Metallarbeiterztg." bekannt gemacht werden.

Metzger ersucht, die Delegirten möchten dem gesammten Bureau ihren Dank für die Führung der Geschäfte durch Erheben von den Sitzen abstatten, was geschieht.

Segitz spricht dem Lokalkomité für die Aufopferung, und den Vertrauensleuten, mit Ausnahme seiner Person, für ihre Thätigkeit den Dank des Kongresses aus. Zum Zeichen der Anerkennung erheben sich die Delegirten von den Plätzen.

Mit einigen herzlichen Worten an die Delegirten zu festem Zusammenwirken und mit einem begeistert aufgenommenen Hoch auf die neue Organisation schließt Segitz den Kongreß.

Schluß halb 2 Uhr.

Die Schriftführer:

Mittag. Steinkuhl.

Protokoll

über den am 4. Juni 1891 abgehaltenen Klempner- (Spengler-) Kongreß im Restaurant Kühmayer zu Frankfurt a. M.

Um 9 Uhr Morgens eröffnet Kollege Heinemann mit einer kurzen Ansprache den Kongreß.

Man schreitet sogleich zur Wahl des Bureaus, welches sich zusammensetzt aus folgenden Kollegen: Hemme-Hamburg, 1. Vorsitzender, Dimmelmeier-München, 2. Vorsitzender, Schommer-Frankfurt, Schriftführer. In die Mandatsprüfungs-Kommission werden gewählt: Heinemann, Friemann, Milberg. Der Kongreß wird hierauf auf eine Viertelstunde vertagt betreffs Prüfung der Mandate und nach Ablauf dieser Zeit wieder eröffnet. Im Namen der Mandatsprüfungs-Kommission erstattet Milberg Bericht. Hiernach sind 19 Delegirte anwesend mit 25 Mandaten, die 21 Orte vertreten; zu beanstanden ist nichts, worauf sämmtliche Mandate für gültig erklärt werden.

Es wird dann zur Tagesordnung übergegangen, welche lautete: Wie organisiren wir uns? Es erhält zunächst der Vertrauensmann Metzger das Wort. Redner spricht unter Hinweis auf den bisherigen Verlauf der Generaldiskussion die Ansicht aus, daß für eine streng abgeschlossene Fach-Zentralisation absolut keine Stimmung vorhanden sei. Uebrigens habe eine solche seines Wissens auch Niemand, er am allerwenigsten, im Sinne gehabt, und verweist hierbei nur auf seinen Bericht und die Tags zuvor abgegebene Erklärung. Er denke sich die geplante und allseitig befürwortete Union so, daß sich unter einer Leitung die einzelnen Branchen oder Fächer der Metallindustrie so zu organsiren haben, wie es die Landesgesetze der verschiedenen Bundesstaaten gestatten. Aber die materiellen Kräfte müßten auf einen Punkt konzentrirt werden. Freilich komme auch die gewünschte Metallarbeiter-Union oder Verband seinem Ideal in Bezug auf die Konzentration die Vereinigung der ganzen Kraft auf einen Punkt noch nicht nach, bilde aber gewissermaßen einen Uebergang für die weitere Vervollkommnung der gewerkschaftlichen Organisation. Um allen Anforderungen und Wünschen nach Möglichkeit gerecht zu werden, halte er es für geboten, die Gesammtleitung des Verbandes aus so viel Personen bestehen zu lassen, als Fach-Organisationen vorhanden sind. Es sei natürlich nicht nöthig, daß dieselben sämmtlich stets in aktiver Thätigkeit seien, im Gegentheil müsse die Geschäftsleitung, um leicht und prompt arbeiten zu können, aus möglichst wenigen, etwa 2, höchstens 3 Personen bestehen. Die weiteren Mitglieder brauchten nur zu so wichtigen Angelegenheiten zusammen berufen werden, für welche die aktive Geschäftsleitung die Verantwortung nicht allein übernehmen zu können glaubt. Metzger verweist auf die Einrichtung, der aus 7 Personen bestehenden Generalkommission der Gewerkschaften Deutschlands, deren Angelegenheiten von einer laufenden, ordentlichen, aus 3 Mitgliedern eingesetzten Subkommission besorgt werden. Im Uebrigen hofft er, daß sich die Kollegen nach kurzem Meinungsaustausch über ihre Stellungnahme zu der auf dem allgemeinen Kongreß zu vereinbarenden Organisationsform einigen würden, als jetzt schon mit ziemlicher Sicherheit angenommen werden könne, daß der Errichtung von Fachsektionen, wo sich solche als nöthig erweisen, nichts in den Weg gelegt werden solle, erhebt aber auch Bedenken gegen solche und glaubt, daß durch diese eine Auflösung des Verbandes leicht erfolgen könne, verweist auf die verschiedenen der bestehenden Vereinsgesetze und bringt hierbei auch einen Gerichts-Entscheid vor. Uebrigens glaubt er, daß es nöthig sein wird, unsere Wünsche durch eine Resolution zum Ausdruck zu bringen, und glaubte er mit Bestimmtheit, daß wir in dieser Beziehung zu einem alle befriedigenden Schluß gelangen.

Maiberger tritt für die Union ein und spricht sich dahin aus, daß da, wo es zeitgemäß erscheine, örtliche Fachsektionen zu bilden seien, spricht sich weiter anerkennenswerth über die Nürnberger Arbeiterinnen der Metall-Branche aus, die sich schon zahlreich der bestehenden Organisationen angeschlossen haben.

Milberg steht auf dem Standpunkte der Union im Auftrage seiner Stuttgarter Mandatgeber, will örtliche Fachsektionen nicht berücksichtigt wissen; die Klempner Stuttgarts seien ganz einverstanden mit den Beschlüssen des württembergischen Delegirtentages.

Hemme bittet alles Persönliche zu unterlassen und in sachlicher Weise zu diskutiren, stellt dann eine Resolution, die verlesen wird und gibt der Hoffnung Ausdruck, daß diese zur Annahme gelangen möge, es sei dadurch eine Einigung zu erzielen.

Dimmelmeier spricht sich für die Union aus und betont, daß eine solche nicht etwa verfrüht, sondern es schon längst an der Zeit gewesen sei, nur größere Verbände zu schaffen, wie Metallarbeiterverband, Holzarbeiterverband u. s. w.

Heinemann ist für die Union mit Bildung von örtlichen Fachsektionen da, wo es als ein Bedürfniß erscheint und hegt keine Befürchtungen wie Metzger, der da glaubt, durch Errichtung örtlicher Fachsektionen sei eine Auflösung der Union leicht möglich, verweist hierbei auf die Hirsch-Duncker'schen Gewerkvereine und glaubt, daß das gleiche Recht auch wir haben müßten.

Schneegaß bespricht die Verhältnisse Thüringens und erwähnt, daß gerade die Klempner dort am besten organisirt seien; ist mit dem Anschluß an die Union einverstanden. Er beklagt sich weiter, daß die nöthige Agitation dort nicht betrieben worden sei und daß das auf dem Weimarer Kongresse beschlossene Flugblatt nicht erschienen sei.

Michael erklärt sich für die Union und bittet den Kongreß um Aufklärung, wie man sich speziell in Magdeburg dazu stellen müsse und erwähnt hierbei den großen Gewerkschafts-Prozeß, der auch den Klempnern dort große Opfer auferlegt habe, wodurch es ihnen unmöglich geworden sei, Gelder an den Vertrauensmann absenden zu können, will dieses berücksichtigt wissen.

Haußmann ist für die Union mit Errichtung örtlicher Fachsektionen. Er führt aus, daß die Bezirksvereinigung wie in Hessen, Hessen-Nassau und Frankfurt den Beweis hiefür liefere, wie nothwendig es sei, eine solche weiter auszubauen. Spricht sich weiter gegen Branchen-Zentralisation aus, die bei der heutigen verwickelten Großindustrie ihren Mitgliedern nicht gerecht werden könne.

Gebauer spricht für die Resolution und glaubt, daß die Unterstützungsfrage am besten durch eine Resolution gelöst werden könne.

Schwenn sagt, seine Mandatgeber seien für allgemeine Organisation, kann sich für die Resolution Hemme nicht erwärmen, denn hiernach müsse man doppelte Beiträge zahlen; außerdem sei in der Resolution Verschiedenes enthalten, was zu einem Konflikt mit dem Braunschweiger Vereinsgesetz führe. Er beklagt sich ferner, daß letztes Jahr seitens der Vertrauensleute wenig gethan worden sei betreffs Agitation in Hannover und Braunschweig.

Held ist für die Union und wünscht eine solche in der Gestalt wie die Metallarbeiter-Krankenkasse, ist somit gegen Bildung örtlicher Fachsektionen.

Schneegaß reicht eine Resolution ein, die dann gleich mit diskutirt wird.

Metzger weist die Angriffe, die gegen ihn gemacht wurden, zurück.

Wuggatzer spricht für Branchen-Zentralisation mit Anschluß an die Union und trägt Bedenken dagegen, daß man als einzelnes Mitglied der Union angehören solle unter Hinweis auf manche Uebelstände.

Roll erklärt sich für die Union, trägt aber Bedenken wegen dem bestehenden sächsischen Vereinsgesetz, das ihnen nicht gestatte, einer Zentralisation beizutreten, hofft aber, daß jeder als Einzelmitglied beitreten könne.

Heinze zieht die Dortmunder Verhältnisse in Betracht und meint, man müsse etwas Ganzes schaffen, denn nur dadurch könne man die Arbeiterverhältnisse bessern und dies könne nur eine Union.

Hierauf werden 2 Anträge angenommen; einer besagt, daß jeder Redner nur einmal sprechen könne, der andere lautet auf Schluß der Rednerliste.

Mook erachtet es für zeitgemäß, daß eine Union unbedingt in's Leben tritt.

Friemann führt an, daß, wenn man die Resolution in der Fassung wie sie vorliege, annehme, eine zweite General-Kommission geschaffen würde, spricht sich weiter für die Union aus und ist mit dem Statuten-Entwurf einverstanden, der ja auch den einzelnen Branchen Rechnung trage.

Oeser, in Vertretung der Klempner Kassels, tritt ganz entschieden für eine allgemeine Union ein unter Berücksichtigung der lokalen Verhältnisse, da, wo es angebracht sei, Fachsektionen zu errichten.

Mrkwicka führt an, daß die Meinungsverschiedenheiten, welche aus einigen Reden hervorgehen, auf ungenügendes Verständniß der Resolution zurückzuführen seien; erklärt sich mit der Resolution einverstanden, da dieselbe allen Vereinsgesetzen, sowie allen örtlichen Verhältnissen Rechnung trage.

Da die Rednerliste somit erschöpft ist, gelangen die folgenden eingelaufenen Resolutionen zur Abstimmung.

Resolution 1. (Hemme-Metzger):

„Um ein einheitliches planmäßiges Vorgehen der unter den bestehenden Gesetzen in Deutschland möglichen gewerkschaftlichen Organisationen Zwecks Erreichung befriedigender Lohn- und Arbeitsbedingungen, eine nach jeder Richtung hin wirksame Unterstützung zu ermöglichen, empfiehlt der Kongreß die Bildung eines Verbandes der Metallarbeiter aller Branchen, einen Bund, welchem anzugehören alle in der Metallindustrie beschäftigten Arbeitern und Arbeiterinnen, unbeschadet ihrer Zugehörigkeit zu den in der Metall-Industrie vorhandenen, auf dem Boden der modernen Arbeiterbewegung stehenden Organisationen zur Pflicht gemacht wird.

Resolution 2 (Schneegaß):

„Der heute, den 4. Juni, tagende Kongreß der Spengler (Klempner) erklärt sich aus prinzipiellen und praktischen Gründen mit Gründung einer allgemeinen Metallarbeiter-Union mit nach Lage der Verhältnisse zu errichtenden örtlichen Fachsektionen einverstanden und erwartet von den anwesenden Kollegen, daß dieselben auf dem allgemeinen Kongreß in diesem Sinne ihre Stimme abgeben."

Thiele spricht zu der Resolution und meint, durch die von Hemme und Metzger eingebrachte Resolution wird ein Weg gebahnt, allmählich eine Vereinigung aller Metallarbeiter herbeizuführen. Daß Metzger solche Konzessionen mache, sei mit Freuden zu begrüßen; er empfiehlt der Annahme der Resolution und spricht weiter dem Vertrauensmann Metzger den besten Dank aus für die gute Geschäftsführung. Es erheben sich alle zum Zeichen des Dankes von ihren Sitzen.

Metzger erwidert, der Dank gehöre allen, die nach Kräften mit beigetragen haben an dem Ausbau der weiteren Entwicklung und Besserstellung aller Arbeiter.

Die Abstimmung über die beiden eingelaufenen Resolutionen ergibt die Annahme derselben gegen eine Stimme und wird hiernach, da die Tagesordnung des Kongresses erschöpft ist, der Kongreß mit einem dreimaligen begeisterten Hoch auf die deutsche Arbeiterbewegung geschlossen.

W. Schommer,
Schriftführer.

Präsenzliste des Klempner- (Spengler-) Kongresses.

Ort	Name und Beruf des Delegirten	Mandatgeber
Altona-Ottensen	L. Wuggatzer, Klempner.	Klempner.
Braunschweig } Hannover }	F. Schwenn, "	"
Cassel	Alfred Oeser, "	"
Dortmund	Max Heinze, "	"
Düsseldorf	Heldt, "	"
Erfurt	Wilh. Schneegaß "	"
Frankfurt a. M.	B. Heinemann, "	"
"	Wilh. Schommer, "	"
"	J. Mook, "	"
Göppingen	Herm. Thiele, "	"
Hamburg	G. Hemme, "	"
Kiel	Heinrich Friemann "	"
Ludwigshafen } Mannheim }	Robert Mrkwicka "	"
Leipzig	Karl Roll, Schmied.	"
München	J. Dimmelmeier, "	"
Mainz } Wiesbaden } Gießen }	Joseph Hausmann, "	" "
Magdeburg	Paul Michael, "	
Nürnberg	Andreas Maiberger "	"
Stuttgart	F. Milberg, Ziseleur.	"

Protokoll
des Spezial-Kongresses der Former zu Frankfurt a. M. am 4. Juni 1891.

Der stellvertretende Vertrauensmann Kollege Grenz eröffnet den Kongreß und begrüßt die anwesenden Delegirten. Auf der Tagesordnung steht:

1. Organisation.
2. Agitation.
3. Organfrage.

Es wird zur Wahl eines definitiven Bureaus geschritten und werden gewählt als 1. Vorsitzender Schwartz-Lübeck, als 2. Vorsitzender Münzner-Hamburg, zu Schriftführern Schütz-Breslau, Engelmann-Altona, Rohrhirsch-Itzehoe, Gerlach-Duisburg. Als Führer der Rednerliste Wegener-Braunschweig. In die Mandatsprüfungskommission werden gewählt Körsten-Berlin, Schiemann-Leipzig.

Es wird nun in die Tagesordnung eingetreten und erhält das Wort Kollege Schwartz. Derselbe führt aus, daß er sich nicht mit den Ausführungen des Metallarbeiter-Kongresses einverstanden erklären kann, d. h. in Betreff der Organisations-Frage, er meint, daß speziell in denjenigen Städten, in denen er zuletzt referirte, es Wunsch der Former sei, Branchenzentralisationen zu gründen, er selbst stehe noch unter dem Eindruck, welchen die letzten Versammlungen auf ihn gemacht haben, und erklärt, für eine Union im Sinne des auf dem allgemeinen Kongreß Vorgeschlagenen nicht eintreten zu können. Er ersucht die Kollegen, nun selbst zu urtheilen, und wünscht, daß etwas Ersprießliches geschaffen werden möchte.

Boschert-Offenbach führt aus, daß die heute bestehenden Organisationen nicht mehr der Zeit entsprechende wären, man müsse mit dem Zeitgeist fortschreiten und Organisationen schaffen, welche allen Anforderungen genügen. Er empfiehlt die allgemeine Metallarbeiter-Union.

Geyer-Göppingen. Derselbe ergeht sich in längeren Ausführungen über die Lage der Former in Württemberg, und schildert die eigenartigen Verhältnisse daselbst, er erklärt nur für Branchenzentralisation eintreten zu können.

Hockenberger-Frankenthal erklärt, die heutigen Organisationen wären dem Unternehmerthum nicht mehr gewachsen, es müsse eine sehr rege Agitation entfaltet werden, um dieselbe widerstandsfähig zu gestalten und empfiehlt die Gründung der Union. In Betreff der Organfrage erklärt sich Redner für die „Metallarbeiterztg.“, empfahl aber die Einsetzung einer Kontroll-Kommission, und ersucht nochmals die Kollegen, für die allgemeine Union zu stimmen.

Kuntze-Stettin erklärt, zwar nicht selbst Former zu sein, jedoch vertrete er dieselben von Stettin und Bredow. Er meint, daß noch vor einem Jahre die Stettiner Former den Standpunkt der Formerzentralisation vertraten, jedoch ihre Ansicht jetzt zu Gunsten der allgemeinen Union geändert hätten. Er empfiehlt daher die allgemeine Metallarbeiter-Union und erklärt, daß Schwartz ja doch in den Unionsvorstand, wie ihm mitgetheilt worden ist, gewählt werden würde.

Schwartz-Lübeck weist dieses Ansinnen zurück, indem er erklärt, keine Geschäfte dabei machen zu wollen.

Wolfskämpf-Magdeburg schildert die eigenartigen Verhältnisse, welche in der letzten Zeit dortselbst Platz gegriffen hätten und erwähnt die Maßnahmen der dortigen Behörden. Er meint, aus diesem Grunde könnten sich die Magdeburger Former für eine Branchenvereinigung nicht mehr erwärmen und empfiehlt daher die allgemeine Union.

Engelmann-Altona wundert sich über verschiedene Kollegen, die an dem heutigen Kongreß betheiligt wären, daß sie sich nicht in derselben ruhigen und sachlichen Weise an den Debatten betheiligten, wie dieses auf früheren Kongressen der Fall war, er ersucht, daß Jeder seine Meinung vertreten und aussprechen möge, es solle, so weit es in unsern Kräften stehe, einem Jeden Rechnung getragen werden, und schließt seine Rede damit, daß er den Auftrag habe, für Branchenzentralisation zu stimmen.

Schütz-Breslau ersucht die Kollegen, in ruhiger sachlicher Weise zu diskutiren und die persönlichen Angriffe zu unterlassen, indem dadurch nur die Würde des Kongresses herabgesetzt würde.

In demselben Sinne sprachen Mack-Halle, Körsten-Berlin.

Schreyer-Solingen entrollt ein Bild der traurigen Lage der Arbeiter in dortiger Gegend und erklärt, den Auftrag zu haben, für die allgemeine Union zu stimmen.

Weißmann-Nürnberg. Derselbe ergeht sich in längeren Ausführungen über die Unterstützungen, welche die Süddeutschen den Norddeutschen geleistet hätten, er kommt auf den Kastengeist der Former zu sprechen und ersucht, denselben zu beseitigen. Er erklärt, aus dem dortigen Former-Fachverein ausgetreten zu sein, weil zu viele Zwistigkeiten in demselben geherrscht hätten. Der Vorsitzende des Former-Fachvereins hätte auch die Beschickung dieses Kongresses hintertreiben wollen, und meint, die Fach-Vereins-Vorstände und der Vertrauensmann harmonirten mit einander, um sich gegenseitig in ein günstiges Licht zu stellen.

Schwartz-Lübeck fordert Weißmann auf, eine Erklärung abzugeben über diese Behauptungen. Diesem konnte Weißmann nicht nachkommen, sondern erklärte, es nicht so gemeint zu haben.

Rohrhirsch-Itzehoe tadelt zunächst das Vorgehen des Kollegen Weißmann, indem derselbe erklärte, nicht Mitglied des Former-Fachvereins zu sein, sondern wegen Streitigkeiten ausgeschieden zu sein. Ferner befürchtete derselbe, daß, wenn allgemeine Vereinigung der Metallarbeiter beschlossen würde, die indifferente Masse nicht so leicht zur Organisation heranzuziehen sei, als bei Branchen-Vereinigung.

Schiemann-Leipzig stellt den Antrag, die Redezeit auf 10 Minuten zu beschränken, mit Ausnahme für Kollegen Grenz, welcher Bericht über seine Thätigkeit erstatten müsse. Dieser Antrag wurde einstimmig angenommen.

Grenz-Chemnitz: Die neuere Formerbewegung datirt seit dem Jahre 1888. Auf dem zu Pfingsten 1888 in Magdeburg tagenden Kongresse der Former standen sich zwei Richtungen gegenüber, die eine vertreten durch Körsten, die radikale, war in der Majorität, sie stellte Forderungen an die Unternehmer, welche im Frühjahr 1889 zum Austrag gebracht werden sollten. Die andere Richtung, vertreten durch mich, war die gemäßigte, sie vertrat die Ansicht, daß zunächst gehörig agitirt und organisirt werden müsse, und dann sollte auf einem später stattfindenden Kongresse Heerschau gehalten und dem Resultat gemäß eine festere Organisation geschaffen werden. Was ich voraus gesagt, trat ein. Die Former wurden in Folge der auf dem Kongreß gefaßten Beschlüsse in Kämpfe verwickelt. Es bildete sich in Hannover der Fabrikanten-Ring, dem dann weitere folgten. In der Eisenzeitung (Organ der Eisengießereibesitzer) trug man dafür Sorge, daß die in Magdeburg gefaßten Beschlüsse den Fabrikanten mit der nöthigen Würze vor die Augen geführt wurden. „Es sind in den nächsten Monaten große Formerstreiks zu gewärtigen nicht nur im hiesigen Bezirk, sondern in ganz Mittel- und Norddeutschland. Former, welche sich als Agitatoren zeigen, solle man von der Arbeit ausschließen, und regelmäßig Listen solcher Former in der Eisenzeitung veröffentlichen, von Hamburg und Braunschweig aus werden Hetzer nach allen Richtungen entsandt." So schrieb man in der Eisenzeitung. Das System der schwarzen Listen datirt seit jener Zeit. Ehe daran gedacht werden konnte, die Magdeburger Forderungen in Angriff zu nehmen, hatten die Fabrikanten schon über 500 Kollegen auf die Straße geworfen, Es war somit nicht denkbar, im Sinne der Magdeburger Beschlüsse im Frühjahr 1889 hervorzutreten. Ja, es war nicht einmal möglich, den geplanten Kongreß abzuhalten. Im März rieth man selbst von Berlin aus ab, in die geplante Lohnbewegung einzutreten und von einem Kongreß Abstand zu nehmen. Zum Glück war auf dem Weimarer Metallarbeiter-Kongreß im Dezember 1888 das Vertrauensmännersystem eingeführt worden, durch welches die Eintreibung von Geldern und die Vertheilung an die Ausgesperrten regelrecht betrieben werden konnte. Meine Befürchtungen, daß ein harter Kampf entbrennen würde, waren somit eingetreten. Aber die Former haben ihn, wenn auch nicht siegreich, durchgemacht, aber auch den Fabrikanten ist es nicht gelungen, alle ihre Maßnahmen durchführen zu können. Wie stark könnten wir jedoch dastehen, wenn die auf diese Weise heraufbeschworenen Kämpfe unterblieben wären? Ohne Zweifel hätten wir jetzt über eine der stärksten Organisationen zu verfügen. Der Einwand, mit Branchen-Zentralisationen sei nichts zu erreichen, ist hinfällig. Daß man in der Branche eine große Organisation zu Stande bringen kann, zeigt uns unter anderem die Organisation der Tischler, welche im Jahre 1883 gegründet wurde, 1885 bestand der Verband, welcher sich aus Vereinen zusammensetzte, aus 58 Vereinen mit 4600 Mitgliedern. 1886 ging er zurück auf 3100 Mitglieder; nun beschloß man die Umformung des

Verbandes in Zahlstellen und einzelne Mitglieder. 1887 waren es 78 Zahlstellen mit 7300 Mitgliedern und 1890 war der Verband auf 214 Zahlstellen mit 17,600 Mitgliedern gestiegen. Trotzdem spricht man von Zentralisatiönchen, welche nicht leistungsfähig seien, man vergißt hierbei aber, daß diese Zentralisatiönchen auf einem Gewerkschafts-Kongreß unter irgend einer Form mit einander Fühlung nehmen sollen. Das uns in der „Metallarbeiterztg." angeführte Beispiel, die jetzt vor sich gegangene Zentralisation der Maurer, ist unter keinen Umständen zu vergleichen mit der Zentralisation der Metallarbeiter; will man der Metallarbeiter-Organisation ein Gleiches zur Seite stellen, so müßte dies in einer Bauarbeiter-Organisation geschehen, aber nicht in einer Maurer-Organisation. Die Maurerorganisation ist zu vergleichen mit der Organisation, welche ich anstrebe, nämlich Zentral-Organisation der Former und aller in den Eisen- und Metallgießereien beschäftigten Arbeiter. Um aber nicht auf allzugroßen Widerstand zu stoßen, empfehle ich die vom Kollegen Schwartz auf dem Metallarbeiter-Kongreß empfohlene Art der Organisation. Auf meinen Reisen habe ich erkannt, daß die Former viel leichter in eine Formerorganisation hineinzubringen sind, als in eine allgemeine, und dieser Thatsache muß Rechnung getragen werden, erst muß man sie zusammenbringen, und dann kann man sie allmählich der Allgemeinheit zuführen. Wenn man nun kommt und sagt, dieser schrittweise Weg ist überflüssig, so behaupte ich, daß ein Vertreter solcher Ansicht von der Entwicklung der Arbeiterbewegung, blitzwenig versteht. Es wird gesagt, für Agitation wird zuviel verausgabt, ich behaupte das Gegentheil. Woran liegt es, daß die Arbeitsplätze der Feiernden gleich besetzt werden können? Nur an den vielen Indifferenten; gut, so muß man auch dort hingehen, wo sie zu Hause sind, und nicht nur allein in die großen Städte. Thun Sie was Sie wollen, aber die Gründung einer Union, wo nicht einmal die einzelnen Fächer selbstständig organisirt sein sollen, halte ich für verfrüht. Die Former wollen in der Mehrzahl ihre Selbstständigkeit gewahrt wissen, tragen wir diesem berechtigten Verlangen keine Rechnung, dann befürchte ich, daß das, was wir unter schweren Kämpfen und Opfern aufgebaut haben, zusammenstürzt und wir viele Jahre zurückgeworfen werden. Die Meinung, welche da aufgetaucht ist, daß ich diesen Standpunkt nur aus persönlichem Interesse vertrete, weise ich ganz entschieden zurück. Ich halte es für meine Pflicht, Ihnen die Eindrücke, welche die Bewegung der Former auf mich gemacht hat, vor Augen zu führen. Aber höchst sonderbar erscheint es, wenn man von einer Seite fortwährend für den Zusammenschluß der ganzen Metallarbeiter spricht, und dann für sich selbst eine Sonderstellung beansprucht.

Bamberger-Köln erklärt, nur für die Union stimmen zu können. Er empfiehlt zugleich als Organ die „Metallarbeiterztg." obligatorisch einzuführen.

Ganzer-Aschersleben. Derselbe erklärt, ebenfalls für Union zu stimmen, indem alle Mittel nur zur Unterstützung für Durchreisende verwendet werden müßten, und sie an Gewährung von Rechtsschutz nicht denken könnten.

Wegener-Braunschweig. Derselbe wundert sich über die Stellung, welche die süddeutschen Former jetzt einnehmen. Nach seiner Meinung wäre die Branchen-Vereinigung die beste und sei er beauftragt, in diesem Sinne zu stimmen.

Zeh-Nürnberg. Derselbe findet den Kompromiß-Vorschlag, welchen Schwartz auf dem Allgemeinen Kongreß gemacht, nicht für genügend, und erklärt, beauftragt zu sein, für Union zu stimmen.

Schütz-Breslau ergeht sich in längeren Ausführungen darüber, welche Schwierigkeiten uns in der Agitation sowohl als in der Organisation in Schlesien entgegengetreten, er erklärt sich, nachdem er seinen Standpunkt eingehend klargestellt und die Motive, welche ihn leiten, angegeben, für Branchen-Zentralisation.

Reith-Mannheim erklärt sich für Branchenvereinigung und betont, daß er ca. 600 - 700 Former vertrete, welche sich gegen eine allgemeine Union erklären und nur für Branchen-Zentralisation eintreten werden.

Mack-Halle weist nach, daß die Former in Halle durch ihre Branchenvereinigung große Resultate erzielt hätten, indem die dortigen Metallarbeiter sie in den letzten Lohnkämpfen wenig unterstützt hätten. Erst nach Beschluß der Vertrauensmänner sämmtlicher Gewerke, welche in Halle zusammentraten, wurden dieselben unterstützt. Er entrollt ein Bild über den jetzigen Formerstreik in Halle und empfiehlt Branchenvereinigung.

Münzner-Hamburg. Derselbe erklärt, daß er schon auf dem vorigen Kongreß für Zentralisation eingetreten sei, er kommt auf den dort herrschenden Indifferentismus zu sprechen, indem in den letzten Jahren sehr viel Böhmen und Polen nach Hamburg importirt worden wären und diesem Indifferentismus müsse Rechnung getragen werden. Nachdem er seine Ansichten über die Organisationsfrage geäußert, erklärt er sich für Branchen-Zentralisation. Er erklärt, wenn uns die Anhänger der Union in eine Sonderstellung drängen, die naturgemäße Folge die Gründung eines eigenen Organs wäre. Durch die Ausführungen von Schwartz und aus dem Brief aus Göppingen gehe hervor, daß die württembergischen Former ebenfalls gegen die Union seien.

Springer-München. Derselbe erklärt, daß es nicht seine Absicht war, durch seine Ausführungen auf dem Allgemeinen Kongreß Kollegen Grenz in der Ehre zu kränken, er meint nur, daß Kollege Grenz durch sein Auftreten für Branchen-Zentralisation ein Hemmniß sei, er erklärt, daß keine der von Grenz angeführten 55 Zentralisationen im Stande sei, dem Kapitalismus einen wirksamen Widerstand entgegen zu setzen. Er will etwas Großes, Ganzes geschaffen haben, führt die Ritter der Arbeit zum Beispiel an, er meint ferner, man dürfe dem Indifferentismus nicht zu viel Konzessionen machen und tritt mit aller Macht für Union ein.

Schwartz-Lübeck erklärt, daß er jederzeit nach dem Braunschweiger Beschluß gehandelt habe, nach welchem sich die Vertrauensmänner geeinigt hätten, und er wundert sich über die Schreibweise der „Metallarbeiterztg." in welcher er fortwährend angezapft würde; über den bewußten Artikel erklärt er, daß Niemand wisse, wer denselben eingesandt habe, es sollte nur dadurch bezweckt werden, Schwartz in ein ungünstiges Licht zu stellen, indem man diese Unterschiebungen machte.

Körsten-Berlin. Schwartz solle sich doch nicht so entrüstet fühlen, wenn einer anders denke, gesteinigt würde Jeder, der an der Spitze der Arbeiterbewegung stehe. Grenz war es mit Schwartz, welche zuerst (1889 zu Weimar) den Former-Kongreß beseitigten, um einen Antrag einzubringen, welcher für die Zukunft keinen Former-Kongreß mehr gestattete. Jetzt nun hat sich das Blatt gewendet, ich und Grenz haben die Rollen vertauscht, was ich früher wollte, will er jetzt. Sie beide haben uns zu dem gemacht, was wir sind, nun wollen Sie plötzlich zurück. Recht hat Grenz damit: wer nichts unternimmt, läuft nicht Gefahr, gesteinigt zu werden. Jedoch was wir gethan haben, hat er auch schon früher in Leipzig gethan. Die Aufklärungen unseres Solinger Kollegen treffen vollständig zu, wir können allein nichts unternehmen, weil wir Tausende mit hineinziehen, in Folge dessen ist unser Standpunkt sowie der der süddeutschen Kollegen vollständig der richtige. Die Former können keine Sonderstellung für die Zukunft einnehmen, weil sie sonst nichts werden können, namentlich da viele große Städte der Sache fehlen. Falls sie jedoch nicht sich in die Union auflösen wollen, so wäre jedoch mindestens zu empfehlen, daß sie den Antrag von Schwartz annehmen. Für ein Fach-Organ bin ich nicht, da dadurch höchstens ein Verzweiflungskampf entstehen würde. Grenz hat gestern sehr geschickt die Anfrage beantwortet, warum er voriges Jahr den Antrag eingebracht hat, daß so lange keine Branchen-Organisationen gegründet werden sollen, bis ein einheitliches deutsches Vereinsgesetz geschaffen sei. Jedoch seine Antwort glaubt er selbst nicht, nämlich, daß er glaubte, nach Fall des Socialistengesetzes würde dies geschehen. Wenn er die Tischler zitirt, so muß er zugeben, daß jene um kein Haar breit besser stehen, wie andere, das beweist München und Berlin.

Schiemann-Leipzig erklärt, daß Scherm ein Recht hätte, seine Ansicht in der „Metallarbeiterztg." zum Austrag zu bringen, spricht ihm aber das Recht ab, die oft genannten Schwänzchen anzuhängen. Redner kommt auf die Entlassung des Vorsitzenden, Kollegen Fischer, vom Former-Fachverein in Golzern i. S. zu sprechen, daß durch ihm gemachte Mittheilungen es ihm möglich geworden ist, einen Ausstand dort zu verhüten. Derselbe verurtheilt jede gemeine Unterschiebung, die den Vertrauensleuten gemacht würde, indem dieselben in der uneigennützigsten Weise unserer Sache gedient hätten, und er hofft, daß dieselben dies auch ferner thun werden. Zum Schluß empfiehlt er die Union.

Schneider-Hannover erklärt sich für die Gründung einer Union.

Schaller-Nürnberg erklärt ebenfalls, im Auftrage seiner Mandatgeber für Union stimmen zu müssen.

Gerlach-Duisburg und Krefeld. Derselbe meint, die Kollegen sollten sich keine Illusionen machen in Betreff der Union; derselbe meint, die Bewegung würde dadurch einen Rückschlag erleiden, er begreift die Kurzsichtigkeit einiger Redner nicht, welche meinen, es dürften dem Indifferentismus keine Konzessionen gemacht werden, er meint, dies wäre eine Nothwendigkeit, denn man müsse mit diesen Leuten rechnen. Würden dieselben nicht berücksichtigt, so könnte dadurch nur die ganze Bewegung gehemmt werden. Er betont besonders, daß gerade die Verhältnisse in Duisburg-Krefeld, überhaupt Rheinlands und Westfalens so liegen, daß sie mit einer Union nichts ausrichten und empfiehlt Branchen-Zentralisation. Er meint, alle Arbeiter wären noch nicht so weit, begreifen zu können, daß sie auf gewerkschaftlichem Gebiet gleiche Interessen zu vertreten hätten. Er müsse gestehen, daß ein großer Theil der Former dortiger Gegend es verstanden habe, für ihre Interessen einzutreten, das beweist die zahlreiche Neugründung von Vereinen und das Aufbringen der materiellen Mittel, indem die Duisburger Former in den paar Jahren des Bestehens ihrer Organisation zirka 9000 Mark aufgebracht hätten, dagegen sind 5 bis 6000 Metallarbeiter nicht im Stande, einen Verein lebensfähig zu erhalten. In Krefeld sind 75 pCt. der Former im Verein. Sie zahlen Reiseunterstützung, haben sich an allen anderen Unterstützungen betheiligt, selbst schon Vereinbarungen mit den Unternehmern betreffs Verkürzung der Arbeitszeit angestrebt, und dies mit Erfolg, indem die Arbeitszeit eine Stunde verkürzt wurde. Die Metallarbeiter hingegen haben es verstanden, ihren Verein von 30 auf 8 Mitglieder herunterzubringen. Er ersucht zum Schluß der Branchen-Zentralisation zuzustimmen.

Wolfskämpf-Magdeburg spricht über das Aufbringen der Mittel in Magdeburg und erklärt, daß sich nur wenige Former daran betheiligt hätten.

Hiermit ist die Diskussion beendet und liegt folgende Resolution vor:

„Der heute, den 4. Juni, hier tagende Branchen-Kongreß der Former erklärt sich mit dem Beschluß der Allgemeinen Union einverstanden, mit Gliederung in Fachsektionen, wo es nöthig erscheint.

Boschert. Körsten. Weißmann. Kuntze. Nehme."

Dafür stimmen:	Dagegen stimmen:
Bamberger-Köln	Schütz-Breslau
Schreier-Solingen	Gerlach-Duisburg
Boschert-Offenbach	Vogel-Ruhrort
Wolfkämpf-Magdeburg	Wegener-Braunschweig
Schaller-Nürnberg	Geyer-Göppingen
Kuntze-Stettin	Rohrhirsch-Itzehoe
Nehme-Witten a. R.	Mack-Halle
Schiemann-Leipzig	Engelmann-Altona
Gantzer-Aschersleben	Grenz-Chemnitz
Zeh-Nürnberg	Reith-Mannheim
Hockenberger-Frankenthal	Schneider-Hannover
Weißmann-Nürnberg	Münzner-Hamburg
Körsten-Berlin	Schwartz-Lübeck
Springer-München	

Das Resultat der Abstimmung ist, daß die Resolution mit 14 gegen 13 Stimmen angenommen wurde.

Schwartz frägt an, wie es mit Regelung der Hannover'schen Angelegenheit steht.

Derselbe wird beauftragt, Marken nur noch bis zum 1. September auszugeben, um am 1. Oktober Abrechnung leisten zu können, und sollen alle Verbindlichkeiten bis dahin möglichst geregelt werden. Auf Antrag Schwartz wurde eine Revisions-Kommission zur Prüfung der Abrechnung, die Schwartz noch zu leisten hat, bestehend aus den Kollegen Münzner-Hamburg, Engelmann-Altona, Rohrhirsch-Itzehoe gewählt.

Schluß 2 Uhr 15 Minuten.

Präsenzliste des Former-Kongresses.

1. Bamberger für Deutz-Köln.
2. Springer für München.
3. Schütz für Breslau und Brieg.
4. Schreier für Solingen.
5. Gerlach für Duisburg und Krefeld.
6. Vogel für Ruhrort und Umgebung.
7. Boschert für Offenbach.
8. Wolfskämpf für Magdeburg.
9. Schaller für Nürnberg.
10. Kuntze für Bredow-Stettin.
11. Nehme für Witten a. R.
12. Schiemann für Golzern und Leipzig.
13. Wegener, Braunschweig und Wolfenbüttel.
14. Geyer für Göppingen und Cannstatt.
15. Rohrhirsch für Glückstadt und Itzehoe.
16. Mack für Halle-Sangerhausen.
17. Engelmann für Altona, Harburg, Geestemünde.
18. Grenz für Chemnitz, Dresden, Kiel, Mülheim a. Rh.
19. Reith für Mannheim, Karlsruhe, Ludwigshafen, Frankenthal, Worms, Kaiserslautern.
20. Boos für Laufach b. Aschaffenburg.
21. Gantzer für Aschersleben.
22. Zeh für Nürnberg.
23. Hockenberger für Frankenthal.
24. Schneider für Hannover.
25. Weißmann für Nürnberg.
26. Körsten für Berlin.
27. Münzner für Hamburg, Bremen, Flensburg.
28. Schwartz für Lübeck.

Protokoll

des Schlosserkongresses, abgehalten am 4. Juni 1891 zu Frankfurt a. M.

Der Einberufer des Kongresses, Vertrauensmann Breder, eröffnet Morgens 9 Uhr mit einer Bewillkommung den Kongreß und schlägt vor, zunächst einen provisorischen Vorstand zu ernennen.

Es werden gewählt Breder als Vorsitzender, Diedrich als Schriftführer.

Sodann wird zur Wahl der Mandatsprüfungskommission geschritten, die Wahl fällt auf die Delegirten: Brinkmann, Riemann und Müller.

Als Geschäftsordnung wird die des allgemeinen Kongresses angenommen, nur mit der Ausnahme, daß die Redezeit bei der Generaldebatte auf 15 Minuten beschränkt wird.

Alsdann wird, um die Verhandlungen rechtzeitig zu Ende führen zu können, trotzdem die Mandate noch nicht geprüft, übergegangen zur Wahl des definitiven Bureaus. Es werden gewählt Breder als erster, Panzner als zweiter Vorsitzender, Diedrich, Junge (Eßlingen) als Schriftführer, Lankau als Führer der Rednerliste.

Ein Delegirter aus Schmalkalden erklärt, nicht im Besitze eines Mandats zu sein, sondern nur zum allgemeinen Kongreß gewählt worden zu sein. Ein Antrag, dahingehend, diesen Delegirten als stimmberechtigt zuzulassen, wird abgelehnt.

Breder theilt mit, daß der Delegirte Boschert-Offenbach im Auftrag des Formerkongresses hier sei und allenfalls anwesende Former eingeladen seien, am Formerkongreß theilzunehmen; wenn sie auch kein Mandat besäßen, so hätten sie Sitz und Stimme. Der Delegirte Weißmann entfernt sich hierauf.

Alsdann wird zum einzigen Punkt der Tagesordnung: „Wie organisiren wir uns?" übergegangen.

Hierzu erhält Scherm als Referent das Wort. Derselbe führt aus, es sei ja schon zur Genüge die Meinung auf dem allgemeinen Kongreß geklärt, es sei deshalb nicht nöthig, lange zu diskutiren. Redner kommt zunächst auf den Vorschlag in der „Metallarbeiterztg". Man habe sich hierbei nicht auf den extremen Standpunkt gestellt, sondern jede Fachorganisation sei hier berücksichtigt. Den Vorschlägen von Schwartz könne er nicht zustimmen, ebenso nicht dem Vorschlag der Branchenzentralisation. Die örtlichen Angelegenheiten könnten die Fachzentralisationsvorstände auch nicht regeln, infolge dessen sei gegen den Unionsvorstand für alle Branchen als einzige Oberleitung durchaus kein Bedenken vorzubringen. Er findet ferner bei einer solchen Organisation, wie sie Schwartz oder die Generalkommission vorgeschlagen, von einem einheitlichen Handeln keine Spur, im Gegentheil, hierdurch würde eine wahre Jagd nach Mitgliedern um sich greifen, da jede Zentralisation „verwandte Berufsgenossen" aufnehmen würde. Der Vorschlag Schwartz sei kein Vermittlungsantrag, sondern er würde konsequenter Weise zur Branchenzentralisation führen. Der Vorschlag, die Branchenzentralisationen nach oben hin zu vereinigen, sei der Vorschlag der Generalkommission, und seine Stellung hierzu sei ja bekannt. Der Antrag Metzgers bezwecke eigentlich dasselbe wie der von Segitz gestellte, nur mit dem Unterschied, daß Metzger die Vertrauensmänner als Zentralleitung wolle, während Segitz einen festen Unionsvorstand wünscht. Eine Einigung würde durch die Vorschläge von Schwartz und Metzger nicht geschaffen. Ebenfalls sei auch der Antrag von Hemme, welcher von Panzer hier gestellt wurde, zu verwerfen. Er empfehle beiden Richtungen, etwas nachzugeben und den Antrag Segitz anzunehmen. Er unterbreite dem Kongreß folgende Resolution:

„Der Schlosser- und Maschinenbauer-Kongreß erklärt in Bezug auf die Organisationsfrage, daß er einen Metallarbeiterverband (Union) mit einer einheitlichen, geschlossenen Zentralleitung, mit je nach Bedürfniß einzurichtenden örtlichen Fachsektionen für die zweckmäßigste Form der Organisation hält und empfiehlt dem allgemeinen Metallarbeiter-Kongreß, über den in Nr. 14 der „Deutschen Metallarbeiterztg." veröffentlichten Statuten-Entwurf in die Berathung einzutreten."

Breder verliest hierauf die Resolution des Württembergischen Provinzialtages:

„Die heutige Versammlung der Delegirten der württembergischen Metallarbeiter erklärt: In Erwägung, daß unter den obwaltenden Verhältnissen eine Zersplitterung der Metallarbeiter in verschiedene Branchen-Organisationen von größtem Nachtheil und in Württemberg undurchführbar ist; in Erwägung, daß gegen die großen Kapitalistenverbände nur noch eine vereinte Organisation Stand halten kann, beschließt die Delegirtenversammlung: Die württembergischen Vertreter zum allgem. Metallarbeiter-Kongreß sind angewiesen, für eine einliche Organisation einzutreten, welche sämmtliche in der Eisen- und Metallindustrie beschäftigte Arbeiter einschließt und zwar so, daß jeder Fachverein derselben, gleichviel ob Branchen- oder allgemeiner Verein eine direkte Zahlstelle der Allgem. Union bildet und außerdem die Union in einzelne Landesbezirke eingetheilt ist, um die Agitation den örtlichen und ländlichen Verhältnissen anpassen zu können. Gleichzeitig wünscht dieselbe, daß keine gleichmäßigen Beiträge erhoben werden, sondern daß ein Modus geschaffen wird, welcher es den einzelnen Genossen ermöglicht, je nach ihren Einkünften Beiträge zu leisten."

Ensner: Man solle dahin wirken, eine Union nach dem Vorschlage der „Metallarbeiterztg." zu errichten. Die Delegirten Schwartz und Metzger würden sich wohl hiermit einverstanden erklären. Er spricht sodann noch über den Kastengeist eines Theils der Nürnberger Former als abschreckendes Beispiel der Branchenzentralisation.

Kirsch ist ebenfalls für Union, da eine Branchenzentralisation die Kräfte zersplittere und Gelder unnöthig vergeude. Ist für die Resolution der Württemberger resp. Scherm's wünscht, daß die Agitation in Ostpreußen mehr gepflegt wird.

Steinmüller schildert die Verhältnisse der Organisationen in Solingen und ist für die Resolution von Scherm, nur vermißt er einen dahingehenden Passus, daß an Orten, wo schon allgem. Vereine bestehen, keine Branchenvereine mehr gegründet werden sollen.

Junge (Hamburg) wünscht zur Geschäftsordnung, man solle die örtlichen Verhältnisse aus dem Spiele lassen.

Scherm erwidert auf die Aeußerung Steinmüller's, daß dort, wo die Verhältnisse es bedingen, noch Branchenvereine gegründet werden müßten.

Schweer steht auf dem Standpunkt der Fachzentralisation, weil man da am besten die Indifferenten hineinbringen könne. Ist für die Vertretung der Branchen in der Unionsverwaltung, und erklärt sich gegen den Passus 3 der württembergischen Resolution. Er empfiehlt eine Union mit Fachzentralisation.

Riemann als Vertreter der Mandatprüfungskommission erstattet sodann Bericht und ersucht, alle Mandate anzuerkennen. Es sind 42 Orte durch 36 Delegirte mit 39 Mandaten vertreten.

Der Antrag Riemann wird einstimmig angenommen.

Ebeling: Trotzdem daß in Halle die Verhältnisse so schwierig seien, gebe er die Versicherung, alles daran zu setzen, um auch Halle der Union zuführen zu können.

Krönert steht auf dem Standpunkt der Resolution Scherm, ihm komme es vor, als sei die Gewerkschaftsbewegung den Delegirten Schwartz und Metzger Nebensache.

Lienau gibt die Erklärung ab, daß in kleinen Orten die Fachorganisation unmöglich sei, steht auf dem Standpunkt von Scherm.

Junge (Hamburg) erklärt, nicht in einer Viertelstunde eingehend die Sache besprechen zu können, er stehe auf dem Boden der Generalkommission. Wenn man die polizeilichen Verhältnisse anführe, so könne auch jede Sektion der Union der Auflösung verfallen. Macht hierzu auf ein erst kürzlich gefälltes Reichsgerichtsurtheil aufmerksam. Er wünscht zum Schluß, daß die Branchenvereine derselben Gewerbe in den einzelnen Orten sich mehr vereinigen. Kastengeist herrsche bei der Fachorganisation nicht. Dieser könne ebenso gut bei der allgemeinen Organisation gepflegt werden.

Götz stellt sich auf den Boden der Resolution Scherm und ist für die Resolution der Württemberger, Absatz 2 und 3.

Emmel tritt den Ausführungen von Junge-Hamburg entgegen, vertheidigt das Vorgehen der Berliner und schließt sich den Württembergern an; er findet es für unnöthig, daß jede Branche einen Vertreter im Vorstand habe; führt die Verhältnisse in den englischen Gewerkschaften an, man solle sich nicht auf den Branchenstandpunkt einlassen.

Bartels ist für Branchenzentralisation und steht auf dem Boden des Vorschlages der Generalkommission. Er tritt dem entgegen, daß jeder unqualifizirte Arbeiter von der Straße hinweg den gelernten

Arbeiter ersetzen könne, man solle den Verhältnissen der einzelnen Branchen Rechnung tragen.

Krämer erklärt, daß die Mitglieder für Branchenorganisationen seien, läge an den Führern, weil diese es ihnen einpaukten. Er hält es für nöthig, daß die Union es ermögliche, Einzelmitglieder aufzunehmen. Die Gewerkschaftsbewegung lasse sich nicht von der Politik trennen; ist nicht dafür, daß absolut die Vertreter der Branchen im Vorstand thätig seien, hierzu gehörten nur Leute, die organisiren könnten und Verwaltungstalent hätten. Ist im ferneren gegen niedrige Beiträge, man müsse den Mitgliedern etwas bieten können und dieselben zur Opferwilligkeit erziehen, die Fabrikanten seien auch opferwillig.

Junge (Eßlingen) ist entgegen der Ansicht Krämers für niedrige Beiträge, um desto mehr die Massen heranziehen zu können. Ist im weiteren für die Resolution Scherm und Errichtung von Agitationsbezirken. Vertritt im übrigen die Württembergische Resolution.

Panzner hält die Vorlage der „Metallarbeiterztg." im Prinzip für die beste. Man habe in Halle nicht beschlossen, wie die Union beschaffen sein solle. Um einen Vorschlag zur Einigung zu bringen, stelle er folgende Resolution:

> „Der Kongreß empfiehlt die Bildung einer Union der Metallarbeiter Deutschlands, der jeder Metallarbeiter Deutschlands, möge er einer der bestehenden Zentralisationen oder Lokalisationen angehören, beizutreten verpflichtet ist. Der Vorstand der Union soll aus je einem Vertreter der derselben angehörigen Branchen gebildet werden."

Lankau führt die Magdeburger Verhältnisse an und daß sich die Politik schwer von der Gewerkschaftsbewegung trennen ließe. Ist für allgem. Zentralisation nach der Resolution Scherm. Er sei deshalb für die Resolution Scherm, weil er diese für das kleinere Uebel halte.

Steinkuhl steht ebenfalls auf dem Standpunkt der allgem. Zentralisation, die Branchenzentralisation gebe einen zu großen Wirrwarr. Er erklärt sich deshalb gegen den Vorschlag Schwartz. Auf dem Lande könne man keine Fachsektionen bilden.

Schenk theilt mit, daß im Bockenheimer Fachverein 17 Branchen vertreten sind, was würde es für einen Wirrwar geben, wenn diese sich alle den Branchenzentralisationen anschließen sollten; ist im übrigen für einheitliche Höhe der Beiträge.

Müller kann nicht begreifen, daß man die Politik nicht vom Gewerkschaftlichen trennen könne; er sei für eine einheitliche Union nach dem Vorschlag der „Metallarbeiterztg."

Ein Antrag auf Schluß der Debatte wird abgelehnt.

Diedrich weist zunächst zurück, daß er gehässig gesprochen habe, er stehe seit 1885 auf dem Boden der Union durch Fachzentralisation. Er bedauere das unparlamentarische Vorgehen des Bureaus, zum Referenten nicht auch einen Korreferenten gestellt zu haben. Wenn man den Weg der Einigung wolle, müsse man die bestehenden Zentralisationen in Betracht ziehen, man könne nicht verlangen, daß die bestehenden Zentralisationen sich auflösen sollen. Wenn er als Korreferent bestellt wäre, hätte er jedenfalls 4 Stunden zu sprechen, er habe jedoch die Ansicht, daß sich keiner der Anwesenden von seinen Ausführungen überzeugen ließe. Redner verweist sodann auf die bestehenden verschiedenen Brancheninteressen, die sich nicht verquicken ließen. Durch Branchenzentralisation könne keine Mitgliederabtreibung stattfinden, er verweise auf Hamburg, wo dieses nicht der Fall sei. Kommt sodann auf Gewerkschaft und Politik und verliest ein Reichsgerichtsurtheil, wonach den Gewerkschaften eine bestimmte Grenze gestellt sei. Macht sodann auf seinen Organisationsentwurf im „Schlosser- und Maschinenbauer" aufmerksam, und fordert nochmals auf, Fachzentralisation zu beschließen.

Ein Antrag, die Redezeit auf 5 Minuten zu beschränken, wird angenommen.

Klein ist für Union, schildert die Industrieverhältnisse in Solingen.

Breder im Sinne Scherms für die Vorlage, ist der Meinung, daß, nachdem jetzt schon so viel für und wider gesprochen sei, die Resolution Scherm angenommen werden könne. Er verzichte für seine Person auf jeden Posten.

Cappel ist für die Resolution Scherm, wendet sich gegen die Ausführungen von Schwartz. Den Werftarbeiter-Verband hält er auch für ein Versuchs-Objekt. Er wünscht, daß der Vorstand Mittel finde, um die planlosen Streiks zu regeln. Auch glaubt er, daß die unqualifizirten Arbeiter, die man von der Straße hole, in kurzer Zeit angelernt werden könnten.

Der Vorsitzende verließ zwei Telegramme:

„Den besten Gruß zur Union,
Auf die wir lange warten schon,
Senden die
Schlosser und Maschinenbauer von Kiel und Umgegend."

„Zum besten Gelingen des großen Werkes sendet Euch die herzlichsten Glückwünsche
Der Herbergsvater von Kiel
Joh. Wurm."

Söder schließt sich Breder an, die Fabrikanten vereinigen sich auch nicht nach Branchen. Als Beweis erwähnt er die Brochüre „Ein Komplott gegen die deutsche Arbeiterklasse". Ist gegen verschiedene Beiträge, sonst für die württembergische Resolution.

Fritz nennt auch die Gründung einer Union ein Experiment, ist gegen verschiedene Beiträge, jedoch auch gegen jede Erhöhung der jetzigen Beiträge. Wendet sich gegen die Werftarbeiter, glaubt daß wenn die Union beschlossen wird, dann der Werftarbeiter-Verband überflüssig sei.

Stiebeler: Der Vorschlag von Schwartz sei keine Brücke, sondern eine Klippe, ist für den Antrag von Scherm.

Scherm wendet sich gegen den Antrag von Panzner. Wir hätten auf die bestehenden Zentralisationen keine Rücksicht zu nehmen. Dieses seien nur Zwergorganisationen, man solle sich einmal die Abrechnungen derselben ansehen, in welchem Verhältniß da die Beiträge zu den Verwaltungskosten stehen, für andere Zwecke bliebe nichts übrig. Die Schmiede würden sich wohl vorläufig nicht anschließen, die Mechaniker seien jedoch schon in der Auflösung. Es sei nur eine Frage der Zeit, wann die kleinen Organisationen in der Union aufgehen werden.

Brinkmann gegen die Werftarbeiter, ist für eine Union, wie sie die Generalkommission vorgeschlagen.

Die Rednerliste ist erschöpft.

Von Emmel wird namentliche Abstimmung über die Resolution von Scherm beantragt. Dieses wird angenommen.

Mit Ja stimmen: Emmel, Lankau, Klein, Steinmüller, Illgen, Cappel, Lienau, Speh, Panzner, Ensner, Krönert, Breder, Scherm, Müller, Wolf, Junge (Eßlingen), Götz, Stiebeler, Schenk, Kirsch, Ebeling, Krämer, Weindl, Söder, Riemann, Roth.

Mit Nein: Diedrich, Junge (Hamburg), Bartels, Brinkmann.

Der Stimme enthalten sich: Schweer, Krug, Fritz.

Weißmann und Thiele fehlen.

Hendschel ist krank.

Breder beantragt, den Kongreß zu schließen.

Riemann bringt noch eine Resolution ein, in der den Hamburger Genossen Junge und Diedrich ein Mißtrauensvotum ausgestellt werden soll. Stiebeler, Bartels, Lankau, Junge-Hamburg und Diedrich sprechen dagegen, man müsse doch endlich mit den Streitigkeiten aufhören. Die größte Einigkeit sei jetzt nöthig.

Scherm beantragt, in Folge der Erklärungen der Hamburger Schlosserdelegirten, daß sie sich den Kongreßbeschlüssen fügen, von Annahme der Resolution Riemann Abstand zu nehmen, er bringt dagegen folgende Resolution ein:

> „Der 2. Schlosser- und Maschinenbauerkongreß erklärt sich mit der Thätigkeit des Vertrauensmannes Breder einverstanden. Der Kongreß erwartet von den Mitgliedern des Verbandes der Schlosser und Maschinenbauer Deutschlands in Hamburg, daß sie den Verband auflösen und sich der Organisation, welche von dem allgem. Metallarbeiter-Kongreß geschaffen werden wird, anschließen."

Riemann zieht seine Resolution zu Gunsten der Scherm'schen zurück. Die Resolution Scherm wird mit großer Majorität angenommen.

Ein Antrag, das Protokoll wie im vorigen Jahre dem des allgemeinen Metallarbeiter-Kongresses beizufügen, wird angenommen.

Hierauf schließt Breder den Kongreß mit einem dreifachen Hoch auf die Arbeiterbewegung.

Schluß 1 Uhr Mittags.

Franz Diedrich. A. Junge.

Präsenz-Liste
des Schlosserkongresses.

Name	Ort
Max Krönert	Altona
Richard Müller	Apolda
Emil Illgen	Augsburg
Franz Götz	Braunschweig
Fritz Brinkmann	Bremen
August Bartels	"
Emil Schenk	Bockenheim
Franz Diedrich	Bergedorf
Friedrich Wolf	Barmen
Emil Riemann	Chemnitz
Carl Krug	Cassel
H. Lienau	Elmshorn
August Junge	Eßlingen
Joseph Krämer	Frankfurt a. M.
*Karl Breder	Freising
Söder	Fechenheim
Adolf Stiebeler	Gotha
Hermann Thiele	Göppingen
C. Schweer	Hamburg
August Junge	"
H Händschel	"
Julius Panzner	"
J. Ebeling	Halle
Jakob Speh	Harburg
Ernst Cappel	Kiel
Julius Kirsch	Königsberg
Karl Lankau	Magdeburg
Thomas Weindl	München
Philipp Roth	Michelstadt
Carl Ensner	Nürnberg
L. Emmel (Frankfurt)	"
Carl Breder	"
Johann Scherm	"
Jos. Weißmann	"
Robert Fritz	Osnabrück
Friedrich Klein	Ohligs
Steinmüller	Solingen.

Protokoll
vom Feilenhauer-Kongreß zu Frankfurt a. M. am 4. Juni 1891.

Goldbach eröffnet um 9 Uhr den Kongreß mit einer kurzen Ansprache, indem er auf die Wichtigkeit desselben hinweist. Er habe s. Z. den Aufruf „Wie organisiren wir uns?" in der „Metallarbeiterztg." erlassen, um über die zukünftige Organisationsform Klarheit zu bekommen; diesbezügliche Anträge seien bis dato bei ihm nicht eingelaufen, folglich läge den versammelten Delegirten die Pflicht ob, für eine kräftige Organisation Sorge zu tragen.

Nachdem wurden in das Bureau gewählt: Goldbach als 1. Vorsitzender, Dramm als 2. Vorsitzender, König als Schriftführer.

Darauf wurde in die Tagesordnung eingetreten.

Goldbach: Wir seien zusammengekommen, um zu beschließen, wie wir uns organisiren; ehe wir jedoch in die Debatte eintreten, müsse er als Vertrauensmann einen kurzen Ueberblick über seine bisherige Thätigkeit, sowie seine Wahrnehmungen über die Organisation und deren zukünftige Gestaltung geben. (Siehe auch den Bericht von Goldbach im Protokoll des Allg. Kongresses, S. 49.)

Daß wir in unserer Branche, speziell bei Unterstützungen jeder Art, trotz der kleinen Anzahl von Vereinskollegen viel geleistet hätten, zeigten unsere Abrechnungen zur Genüge. Die Quartalabrechnungen zeigten aber auch, daß in der letzten Zeit die Gelder spärlicher eingelaufen seien. Dieser Rückgang sei wohl zum großen Theil auf die ungünstige Konjunktur zurückzuführen. Ferner kommt in Betracht, daß in mehreren Städten unsere Kollegen die Arbeitslosen-Unterstützung eingeführt haben, wodurch sie in Folge der Krisis sehr in Anspruch genommen sind, es werden bedeutende Summen am Orte selbst gebraucht, die früher in die Agitations- und Unterstützungskasse flossen. Daß durch die vielen vorjährigen Streiks, wovon die größte Hälfte zu unseren Ungunsten ausfiel, die Steuerkraft stark in Anspruch genommen und jetzt etwas geschwächt sei, ist natürlich. Was die Branchen-Zentralisation anbetrifft, ist Redner der Ansicht, daß, wenn wir als Feilenhauer eine separate Zentralisation gründen wollten, wir nicht lebensfähig seien, denn wir seien dann nicht in der Lage, unsere Verwaltungskosten zu tilgen. Wir müßten einen besoldeten Kassierer, einen theilweise besoldeten Generalbevollmächtigten haben; auch gingen so und soviel Prozent für die Lokalverwaltung ab; ferner müßte die Zentralisation sich ein eigenes Fachorgan errichten u. s. w. Redner tritt für eine Union mit lokaler Sektionsbildung ein. Was z. B. die Reiseunterstützung anbetreffe, hätten wir ja sehr hohe Unterstützung bezahlt. Es ginge aber dieser Werth wieder verloren, weil man in mancher Gegend Tage lang reisen müsse, ehe man eine Zahlstelle der Feilenhauer antreffe. Wenn wir eine Union gründen, wird dem abgeholfen. Dies wäre für die Feilenhauer ein großer Vortheil. Wo 20 bis 30 Feilenhauer zusammen seien, könnten sie sich ja eine Sektionskasse gründen, pro Woche 5 Pfg. zahlen, und dieses Geld für Neben-Unterstützung verwenden. Durch die großen Kämpfe, welche wir im verflossenen Jahre durchzukämpfen hatten, sind wir zu der Ueberzeugung gekommen, daß wir uns mit der organisirten Arbeiterschaft solidarisch fühlen müssen; das Gleiche wird diese im entgegengesetzten Falle thun und uns unterstützen. Einen Beitrag, wie wir jetzt zu kämpfen haben, liefere der Leipziger Streik; dort hätte man es nicht mit den Feilenfabrikanten, sondern mit der ganzen Unternehmerklasse zu thun gehabt. Zum Nachtheil könnte es uns nicht gereichen, wenn wir uns der Union anschlössen, sondern blos zum Vortheil, und aus diesem Grund fühle er sich doppelt verpflichtet, für die Union einzutreten.

Falkenrath: Die Remscheider Feilenhauer seien nicht für Branchen-Zentralisation zu gewinnen, man müsse aber bei der Form der Organisation Sorge tragen, daß man auch sämmtliche Feilenhauer hinter sich habe. Er (Redner) finde die allgemeine Zentralisation für die beste, blos müsse man die Remscheider Verhältnisse in Betracht ziehen.

Dramm: Nach reiflicher Ueberlegung bin ich zu der Ueberzeugung gekommen, daß ich nur für allgemeine Zentralisation eintreten kann. Unter den Feilenhauern besteht zwar noch Kastengeist, sie wollten immer noch etwas mehr wie andere Arbeiter sein, dieser Eigendünkel müsse vor allen Dingen getilgt werden. In Braunschweig seien immer 12 bis 14 Kollegen im Verein, momentan 19, denn der Verein stünde jetzt thatsächlich sehr günstig. Die Mitglieder zahlten wöchentlich 25 bis 30 Pfg. an Steuern, um blos die Reiseunterstützung auszahlen zu können, für die Dauer seien sie aber nicht in der Lage, Reiseunterstützung zu gewähren, weil der Zuzug von Fremden ein enorm starker ist. Redner ist für Union mit Fachsektionen, welche die Interessen aller Metallarbeiter am besten vertreten kann.

Engel: Seine Mandatgeber (die Feilenhauer Rheinlands) wären für Branchen-Zentralisation, jedoch hat Redner kein gebundenes Mandat und er wird in Folge dessen von seinem Rechte Gebrauch machen und seiner Ueberzeugung nach stimmen, und zwar kann er sich unter den obwaltenden Umständen nur für eine Union mit Fachsektionen begeistern, da dort die Interessen eben so gut, vielleicht noch besser als in der Fach-Zentralisation gewahrt werden. Aus unserer Organisation müsse man den Kastengeist mit aller Energie ausmerzen. Redner ist der Meinung, daß durch Branchen-Zentralisation Kastengeist gezüchtet würde.

Pietsch steht auf dem Boden der allgemeinen Zentralisation. Wir müßten berücksichtigen, daß bisher die Kollegen aus 5 bis 6 Orten zusammengezogen werden mußten, um einen Feilenhauerverein gründen zu können, es erschwerte dies die Vereinsthätigkeit außerordentlich; für die Zukunft würde dies durch die Union beseitigt werden. Auf den Bericht des Vertrauensmannes übergehend, bemerkt Redner, daß Goldbach auf die Agitation zu wenig Gewicht gelegt habe, aus diesem Grund seien wohl auch so wenig Gelder in den Agitationsfond gesteuert worden.

Pentzien: Er vermisse in dem Bericht des Vertrauensmannes die veränderte Situation bei Streiks. Daß viele Streiks für uns verloren gegangen, liege wohl an der Geschäftsführung Goldbachs. Der Streik in Altona-Hamburg sei kein Angriffs-, sondern ein Abwehrstreik. Wegen der Maifeier sind im vorigen Jahre die Hamburger Kollegen auf's Pflaster geworfen worden. Aber kraft ihrer guten Organisation hätten sie bald ihre alte Position wieder erobert. Als sie aber zum 4. Male aus der Bude spedirt wurden, sei es allerdings zum Abwehrstreik gekommen. Er erlärt, daß dieser Abwehrstreik blos wegen ungenügender Geldmittel resultatlos verlaufen. Weil kein Geld angekommen, seien verschiedene Kollegen, die noch nicht so wetterfest waren, mißmuthig geworden, und war es aus diesem Grund doppelt schwer kämpfen. Die Hamburg-Altonaer Feilenhauer hätten große Summen zu Streiks 2c. beigesteuert, das bewiesen die Abrechnungen. Wendet sich gegen Goldbach bezw. der Agitation und Vertheilung der Gelder während der vorjährigen Streiks.

Goldbach wendet sich gegen die Pietsch'schen Ausführungen, daß er nicht genügend gewirkt und für seine Müheleistung zu viel beansprucht habe. Wenn man von seinen Kollegen hingestellt würde, um für die Interessen der Kollegen und gegen das Unternehmerthum zu kämpfen, so sei es selbstredend, daß die Unternehmer die auf solche Posten gestellten Arbeiter zu vernichten resp. brodlos zu machen suchten. Er habe bis dato blos 16 M. wöchentlich Unterstützung bezogen, davon sollte er Frau und Kinder ernähren. Diese Beschwerde sei hier nicht am Platze, sondern die müsse im Plenum (Allg. Metallarbeiterkongreß) vorgebracht werden. Ebenfalls weise er die Angriffe, als habe er bei den vorjährigen Streiks nicht korrekt mit der Auszahlung von Geldern verfahren, energisch zurück. Er vertheidigt am Schlusse die Forderungen, welche den Leipziger Streik zur Folge hatten.

Engels wünscht, daß Goldbach ein Tadelsvotum ausgestellt werde, da die auf dem Remscheider Kongreß geplante resp. beschlossene Statistik noch nicht ausgearbeitet ist. Was die 16 Mark Unterstützung anbelange, müsse Redner bedauern, daß Goldbach nicht mehr erhalten, denn davon hätte er seine Familie nicht ernähren können. Ferner spricht er sein Bedauern aus, daß Goldbach gelegentlich der Vertrauensmänner-Konferenz keine Versammlungen abgehalten habe.

Falkenrath vermißt in der Gesammtabrechnung Goldbachs die 300 Mk. als separate Einnahme, welche von der anläßlich des Remscheider Streiks gesandten Unterstützung von 400 Mk. nach Bendigung des Streiks retournirt wurden.

Pentzien: Er habe Goldberg keinen Vorwurf bezügl. in korrekter Vertheilung der finanziellen Mittel machen wollen, blos seine Geschäftsführung lasse viel zu wünschen übrig. Das beweise, mit welcher Gleichgiltigkeit Goldbach den Altonaer-Hamburger Streik aufgefaßt habe; Goldbach sei zur damaligen Zeit gerade in Berlin bei der Gewerkschaftskonferenz gewesen. Dort habe er sich gar nicht bemüßigt gefühlt, mit der Generalkommission wegen Unterstützung des Streiks Rücksprache zu nehmen. Es wäre eine Kleinigkeit gewesen, den paar Mann ausreichende Unterstützung zukommen zu lassen. Daß der Streik ein sehr harter war, lag daran, daß die Fabrikanten resp. Meister den Arbeitsnachweis in den Händen haben wollten.

König schickt voraus, daß ein großer Fehler gemacht sei, indem man den Bericht des Vertrauensmannes mit der Frage, „wie organisiren wir uns?" verquickte, worunter die Diskussion sich zu sehr ausdehne. Zum Bericht über die bisherige Thätigkeit des Vertrauensmannes habe er folgendes zu sagen: Daß die Statistik nicht rechtzeitig resp. gar nicht verfertigt, schade uns in der Agitation sehr viel, denn Redner habe es während seiner agitatorischen Thätigkeit als eine Lücke empfunden, wenn er in Versammlungen nicht mit statistischem Material aufwarten konnte. Er bedauere, daß jetzt die Statistik, wenn sie zur Agitation benutzt werden solle, den Werth nicht mehr in sich berge wie früher, da durch die schlechte Geschäftskonjunktur unsere ganze Situation gewaltig geändert ist. Die Statistik habe heute mehr einen historischen Werth. Fernerhin bemerkt Redner zum Remscheider Streik, daß Goldbach erst nachdem der Streik 4 Wochen in Fluß war, mit einem Aufruf, um die Remscheider Streikenden zu unterstützen, die „Metallarbeiterztg" in Anspruch nahm. Es sei für Goldbach eine moralische Pflicht gewesen, direkt nach Bekanntwerden des an 2000 Feilenhauer umfassenden Streikes in der „Metallarbeiterztg." einen Aufruf um Unterstützung zu erlassen. Daß Goldbach während der vorjährigen Streiks inkorrekt mit der Auszahlung der Gelder verfahren sei, bezweifle Redner, denn wenn kein Geld da sei, könne keins ausgezahlt werden. Ferner erklärt Redner, daß er von mehreren Städten Proteste gegen Goldbach erhalten habe, um dieselben dem Kongreß zu unterbreiten. Er wolle nur einen hervor heben, welcher am wichtigsten erscheint. Dies sei der Berliner Protest, derselbe sei ihm von dem Berliner Delegirten Körsten übermittelt worden. Zuerst bringen die Berliner den alten Vorwurf, Goldbach habe die Streikgelder nicht richtig vertheilt. Dann kommen sie auf die Gewerkschaftskonferenz in Berlin zu sprechen daß Goldbach für 4 Tage Diäten incl. Fahrgeld 40 Mark erhalten; dies sei zu viel. Redner sieht diese Summe als berechtigt an. Dann beschweren sich die Berliner, daß Goldbach während der Berliner Konferenz einer Einladung von den dortigen Feilenhauern, eine Feilenhauer-Versammlung zu besuchen, welche gerade während der Anwesenheit Goldbach's zufällig stattfand, nicht Folge geleistet habe; dieser Punkt sei bedenklich und Goldbach müsse Aufklärung geben. Auf die Organisationsfrage übergehend, ist Redner für einen Metallarbeiter-Verband, hebt hervor, welche schwere Kämpfe wir jetzt gegen früher hätten. Wo die Unternehmer sich eng koalirten, wollten wir isolirt marschiren? Nein, wir müßten eine Organisation schaffen, welche uns in den Stand setzt, nur wirklich vereint zu schlagen; früher gingen auch die Remscheider Feilenfabrikanten separat vor, aber die Nr. 11 der „Feile" vom vorigen Jahre beweise zur Evidenz, daß, wenn es auch heute noch ein separater Remscheider Verein sei, er morgen mit der Allgemeinheit verschmolzen sein kann. Unter dem Titel „Verband-Nachricht" steht folgendes: „Von dem Vorsitzenden des Feilenfabrikantenvereins Remscheid erhalten wir nachstehenden Generalversammlungs-Beschluß: „Generalversammlung vom 8. Mai c. des Feilenfabrikanten-Vereins Remscheid begrüßt die Gründung des Arbeitgeber-Verbandes der deutschen Feilenindustrie, steht demselben sympatisch gegenüber, obwohl sich die heutige Versammlung zum Beitritt noch nicht schlüssig machen konnte." — Dies gäbe zu denken, und wir müssen nothwendiger Weise unsere Koalitionen in größerem Maßstabe ausführen. Aus diesem Grunde ist Redner für einen Metallarbeiter-Verband.

Pietsch verwahrt sich gegen die Goldbach'schen Ausführungen.

Dramm: Daß für die Agitation so wenig geleistet, liege nicht blos am Vertrauensmann, sondern auch an den örtlichen Vereinen, aber Goldbach hätte mehr Aufrufe in der „Metallarbeiterztg." erlassen müssen, dies würde gewirkt haben.

Goldbach: In Berlin habe er der Generalkommission keine Mittheilung über den Altona-Hamburger Streik gemacht, weil er glaubte, die Feilenhauer hätten die paar Mann selbst unterstützen können. Was den Remscheider Feilenhauerstreik resp. den Aufruf anbetreffe, so liege die Schuld nicht an ihm; der Vertrauensmann Weyer aus Remscheid habe ihm die erste Mittheilung erst nachdem der Streik 8 Tage im Gange war, zukommen lassen, da habe er den Aufruf gleich verfaßt und an Scherm gesandt, dort sei er liegen geblieben. Betreffs der Berliner Feilenhauerversammlung ist ein Irrthum durch Verwechslung des Lokals und der Zeit, da er in Berlin nicht lokalkundig sei, vorgekommen; aus diesem Grunde sei es zu spät geworden und konnte er die Versammlung nicht mehr aufsuchen. Die betr. Person, Feilenhauer Metzeck, sei eingetretener Verhältnisse halber am Erscheinen verhindert worden, sonst hätte dieser ihn an Ort und Stelle geführt, wie es vorher besprochen war.

Engel stellt den schriftlichen Antrag: „Goldbach ein Tadelsvotum auszustellen."

Falkenrath steht auf dem Boden der Union. Remscheid soll als Zahlstelle oder Sektion fungiren, hohe Beiträge seien dort nicht angebracht.

König fordert einen Passus im Statutenentwurf, welcher den Hausindustriellen nicht blos Pflichten auferlegt, sondern auch Rechte gewährt. Er habe einen diesbezüglichen Antrag schon im Plenum eingebracht.

Dramm erörtert die wirthschaftlichen Verhältnisse am Harz, man sei dort so arm wie eine Kirchenmaus.

Hierauf wird ein Tadels-Votum gegen Goldbach mit fünf Stimmen angenommen.

Engel stellt den Antrag, einen Kollegen in die Geschäftsleitung der Union zu wählen.

Nachdem König und Dramm dagegen gesprochen, daß dieser Antrag verfrüht sei, wir müßten erst abstimmen, ob wir für Union seien, wird der Antrag von Engel zurückgezogen.

Dramm stellt den Antrag, darüber zu beschließen, ob wir der Union beitreten wollen und begründet seinen Antrag.

König polemisirt gegen Falkenrath, er habe in Remscheid in der Organisationsfrage eine andere Stellung eingenommen.

Falkenrath bestreitet dieses. Er habe heute noch dieselbe Ansicht wie in Remscheid.

Es entsteht eine längere Geschäftsordnungsdebatte, ob man in die Spezialberathung über den Statutenentwurf erst eingehe und dann über die Union abstimme. Man solle die Wünsche in der Resolution vermerken und dem allgemeinen Kongreß unterbreiten.

König vertritt die Ansicht, daß auf dem allgemeinen Kongreß in die Spezialdebatte eingetreten würde, und daß es hier blos Zeitvergeudung wäre, wollte man erst die Statuten berathen, man müsse direkt über die Union abstimmen.

Darauf wird über die Union abgestimmt, resp. folgender Antrag einstimmig angenommen:

Der Kongreß ist für Union mit Vorbehaltung der Statutenänderung.

Es wurde eine Kommission, bestehend aus König, Engel und Pentzien gewählt, welche die Resolution auszuarbeiten und dem allgemeinen Kongreß noch am Nachmittage zu unterbreiten hat.

Engels stellt seinen Antrag, einen Kollegen in die Geschäftsführung zu wählen, nochmals.

Pietsch und Falkenrath sprechen gegen den Antrag, der allgemeine Kongreß müsse erst bestimmen, wo der Sitz der Union hinkäme u. s. w.

Der Antrag Engel wird abgelehnt.

Pietsch stellt die Frage, wie die Agitation für die Zukunft geregelt werden soll.

König ist der Meinung, daß dann und wann auch ein Feilenhauer auf Agitation gehen müsse, um für die Union propagandistisch zu wirken. Erörtert seine Agitation in Westfalen, daß dieselbe trotz der schwierigen Verhältnisse von Erfolg gekrönt war.

Nachdem noch Dramm, Engel und Pentzien sich für eine kräftige Agitation ausgesprochen, wird dieser Punkt als erledigt betrachtet und Alles der Union überlassen.

König bespricht das Verhalten der Augsburger Kollegen, tadelt ihren Eigendünkel, kommt auf den Ehrenfelder Feilenhauerstreik 1889 zu sprechen, wo Redner als Mitglied der Streik-Kommission die Gelder in Empfang genommen habe. Da hätten auch die Augsburger gegen andere Kollegen geprahlt, sie hätten den Streik materiell unterstützt, thatsächlich hätten die Augsburger keinen Pfennig Unterstützung gesandt. Das habe die damalige Streikabrechnung bewiesen, denn wenn sie etwas gesteuert hätten, wären sie wohl mit einer Reklamation herausgekommen. Dies war aber nicht der Fall.

Engel unterstützt dies, da er über diese Angelegenheit auch orientirt war. Stellt den Antrag, den Augsburgern ein Tadels-Votum zu ertheilen.

Dramm kritisirt den Augsburger Artikel in der „Metallarbeiterzeitung“, dieselben huldigten noch dem Zunftzopf.

Pietsch glaubt, daß die Augsburger sich an der Union nicht betheiligen.

Goldbach: Mit der thatkräftigen Unterstützung der Augsburger sei es nicht weit her. In den Allgemeinen Fond hätten sie bis dato 43 Mk. 16 Pfg. geleistet, für Agitation noch gar nichts. Die Marken, welche er gesandt, hätten sie nicht benutzt. Vor dem Kongreß haben dei Augsburger nach München, Regensburg, Eßlingen ꝛc. geschrieben, sie sollten den Kongreß nicht mit Delegirten beschicken.

Falkenrath: Für die Augsburger sei einfach eine neue Organisation kein Fortschritt.

Engel will eine Resolution gegen die Augsburger verfaßt wissen.

Pentzien will den Berlinern auch eine Rüge ertheilen lassen.

Der Antrag Engel, den Augsburgern in einer Resolution ein Tadels-Votum auszustellen und dem Protokoll einzuverleiben, wird einstimmig angenommen.

Nachdem Engel und Falkenrath gegen den Pentzien'schen Antrag, den Berlinern eine Rüge zu ertheilen, gesprochen, indem sie auf das gesammte Vorgehen der Berliner Metallarbeiter, sowie auf die Beschlüsse des Brandenburger Metallarbeitertags aufmerksam gemacht, erklärten dieselben, die Berliner Feilenhauer seien kompetent gewesen, ihren Verein aufzulösen und sich dem Metallarbeiterverbande anzuschließen.

Der Antrag Pentzien wird gegen dessen Stimme abgelehnt.

Nach einem Schlußwort Goldbachs, kräftig für die Union zu agitiren, wird der Kongreß gegen 1 Uhr geschlossen.

Der Schriftführer:

Max König.

Resolution
gegen die Augsburger Kollegen:

In Erwägung, daß die Augsburger Kollegen gegen die Beschickung des Feilenhauer-Kongresses agitirt haben; in Erwägung, daß sie sich brüsten, jederzeit bei Streiks ꝛc. thatkräftig unterstützt zu haben, die Abrechnungen des Vertrauensmannes aber das Gegentheil beweisen;

ferner in Erwägung, daß sie dem Zunftzopf noch huldigen und sich noch nicht dem Geist der Zeit gefügt, — sieht sich der Kongreß veranlaßt, denselben ein Tadels-Votum zu ertheilen.

J. A.:

Die Kommission.

M. König. Jakob Engel.

Präsenz-Liste des Feilenhauer-Kongresses.

Name:	Ort:
Edmund Goldbach.	Leipzig-Anger.
Wilhelm Pentzien.	Altona-Hamburg.
Otto Pietsch.	Mülheim a. Rh.
Jakob Engel.	Köln-Ehrenfeld.
August Falkenrath.	Remscheid.
Max König.	"
Rudolf Dramm.	Braunschweig.

NB. Es sind noch verschiedene Mandate eingelaufen, welche durch die obigen Delegirten vertreten werden sollten, von: Nürnberg, Hagen, ganz Rheinland.

Protokoll

über die Verhandlungen des zweiten Mechanikerkongresses zu Frankfurt a. M. am Donnerstag, den 4. Juni 1891.

Der Kongreß ist äußerst schwach besucht und liefert den Beweis, daß die Mechaniker nur zum geringsten Theil die heutigen Zeitfragen begriffen haben und nur in verschwindender Minorität sich dafür interessiren. Es sind im Ganzen 7 Delegirte vertreten und zwar aus

Frankfurt a. M.: Berger und Lange-Frankfurt a. M.
Freiburg i. Br.: Brehm-Freiburg i. Br.
Hamburg: Bremer-Hamburg.
Hannover: Weirich-Hannover.
Nürnberg: Emmel-Frankfurt a. M.
" Frühinsfeld-Nürnberg.
Stettin: Berger-Frankfurt a. M.

In Anbetracht der geringen Betheiligung beschließt der Kongreß keine Beschlüsse zu fassen, sondern nur in Gestalt von Resolutionen seine Ansichten über die Organisationsfrage auszusprechen.

Zunächst erstattet der Einberufer und Vertrauensmann der Mechaniker und verw. Berufsgenossen, A. Schlicke-Frankfurt Bericht über seine Thätigkeit und ging aus demselben hervor, daß er unausgesetzt thätig gewesen ist, im Sinne der Wiesbadener Kongreßbeschlüsse zu wirken. Der Erfolg sei jedoch unter den Indifferenten sehr gering gewesen und lasse ebenso, wie Redner aus der vorgelegten Abrechnung nachweist, die Opferwilligkeit und das Interesse der organisirten Fachgenossen vieles zu wünschen übrig; denn ein beträchtlicher Theil dieser habe es nicht für der Mühe werth erachtet, dem Aufruf des Vertrauensmannes Folge zu leisten.

In der folgenden Organisationsfrage, bei deren Erörterung Alle gegen Einen die Metallarbeiterunion befürworten, findet folgende Resolution einstimmige Annahme:

„Der in Frankfurt a. M. am 4. Juni 1891 tagende Kongreß der Mechaniker und verw. Berufsgenossen erwartet vom Vorstand des Verbandes, daß er den Beschlüssen des allgemeinen Metallarbeiterkongresses Rechnung trägt und in allernächster Zeit einen Verbandstag einberuft zu dem Zwecke, um Mittel und Wege zu finden, sich der auf dem Kongreß zu Frankfurt a. M. beschlossenen Organisation anzuschließen. Er ersucht den Vorstand, um Kosten zu sparen, den Verbandstag in Hamburg abzuhalten, und die Zahlstelle Hamburg zu veranlassen, aus ihrer Mitte den Zahlstellen Delegirte vorzuschlagen. Der Kongreß erachtet es als Pflicht der Zahlstellen, ihren Verpflichtungen dem Verband gegenüber bis zur Beschlußfassung des Verbandstages nachzukommen, um so eine Lösung der vom Vorstand Namens des Verbandes eingegangenen Verbindlichkeiten zu ermöglichen."

Mit Annahme dieser Resolution ist die Hauptaufgabe des Kongresses erledigt und geht derselbe nach kurzem unwesentlichen Meinungsaustausch auseinander.

Anhang.

Aus folgenden Orten sind Begrüßungsschreiben und -Telegramme an den Metallarbeiterkongreß eingelaufen:

Altona. Lokalverein der Klempner.
Aschersleben. Die Former von Schröder.
Augsburg. Der Metallarbeiterverein.
Baden-Baden. Metallarbeiterfachverein.
Bamberg. Die Genossen.
Bant (Wilhelmshaven). Die Metallarbeiter.
Barmen. Metallarbeiter.
Berlin. Die Metallarbeiter.
Bernburg. Die Metallarbeiter.
Charlottenburg. Metallarbeiterschaft Siemens & Halske.
Chemnitz. Krause.
Cöln. Metallarbeiter.
Dortmund. Vereinigte Klempner.
Dortmund. Metallarbeiter.
Düsseldorf. Allg. Metallarbeiterverein.
Elbing. Fachverein der Former.
" ditto.
Erfurt. Verein der Metallarbeiter.
Frankenthal. Die Metallarbeiter und Kesselschmiede.
Hagen. Metallarbeiterversammlung.
Hamburg. Former Hamburgs.
Hannover. Fachverein der Metallindustrie.
Helmstedt. Der Metallarbeiterverein.
Jena. Die Metallarbeiter.
Iserlohn. Fachverein aller gewerblichen Arbeiter.
Lambrecht. Metallarbeiter.
Leipzig-Lindenau. Die Schmiede Leipzigs.
Leipzig-Paunsdorf. Eisengießerei Stünz, Leipzig.
Leipzig. Metallarbeiterversammlung.
Lüdenscheid. Die Metallarbeiter.
Mülhausen (Elsaß). Metallarbeiter (Emil Jantz).
München. Schlosser und Maschinenbauer (Kammerer).
Mülheim (Ruhr). Formerverein (Heuken, Augustin).
Nürnberg. Metallschläger.
Nordhausen. Metallarbeiter.
Remscheid-Bliedinghausen. Remscheider Metallarbeiter.
Remscheid. Der Vorstand des Feilenhauervereins.
Solingen. Metallarbeiter.
Weimar. Max Kärger und August Rüterbusch.
Wien. Fachverein der Gürtler, Broncearbeiter und Ziseleure.
Witten. Feilenhauer, Former und Metallarbeiter.

Biographischer und statistischer Anhang

Kurzbiographien

Die biographischen Angaben über die Mitglieder des ersten DMV-Vorstandes und über die führenden Gründungsmitglieder sind wegen der unzureichenden Materiallage nicht immer vollständig.

Goldbach, Edmund (gestorben 1892), Feilenhauer aus Leipzig, Kassierer des DMV 1891 bis 1892. Angaben über sein Geburtsdatum und über seinen Lebensweg liegen nicht vor.

Die Sektion der Feilenhauer in Leipzig wählte ihn zu ihrem Delegierten für den Frankfurter Gründungskongreß. Er leitete als erster Vorsitzender den Feilenhauerkongreß am 4. Juni 1891, der sich für die Gründung einer größeren Organisation aussprach. Der DMV-Gründungskongreß, der parallel verlief, wählte ihn in einer Stichwahl zum ersten Kassierer des Verbandes. Sein Amt konnte er nur wenige Monate ausüben. Um nach seinem Tode seine Familie zu unterstützen, rief der Vorstand zu einer Spendenaktion auf und gründete mit den eingegangenen Geldern den sogenannten Goldbachfonds.

Grillenberger, Carl (1848 bis 1897), Schlosser aus Zirndorf, begab sich nach seiner Lehre auf Wanderschaft durch Österreich, die Schweiz und Deutschland, lernte dabei die Arbeitervereine kennen und wurde bald Sozialdemokrat und Gewerkschafter. Vor und während des

Sozialistengesetzes (1878 bis 1890) war er politisch und gewerkschaftlich tätig. Er hatte 1877 in seinem Nürnberger Wahlkreis bereits 10000 Stimmen erzielt. Obwohl er 1881 weder Reden halten noch Flugblätter verteilen durfte, konnte er den Nürnberger Wahlkreis für die Sozialdemokratie erobern. Mitglied des Reichstages war er bis 1897 und zugleich von 1892 bis 1897 auch Mitglied des Bayerischen Landtages. Grillenberger war Agitator, Journalist und Druckereibesitzer geworden und verstand sich vorzüglich auf die Verbreitung von Druckschriften unter dem Ausnahmegesetz. In kluger Voraussicht kommender Zeitungsverbote hatte er die Nürnberger Parteizeitung frühzeitig eingehen lassen und gab statt dessen die weniger verdächtige »Fränkische Tagespost« heraus.

Im Jahre 1883 gründete er zusammen mit Johannes Scherm, neben Martin Segitz ein weiterer Wegbereiter des DMV, in seinem Verlag die »Metallarbeiter-Zeitung«, die den Zusammenhalt der Metallarbeiter und Metallhandwerker förderte und die entscheidend mithalf, die Gewerkschaftsgründung vorzubereiten.

Junge, August, Graveur aus Esslingen, Vorsitzender des DMV 1891 bis 1895. Geburts- und Sterbedatum sind unbekannt. August Junge erhielt vom Delegiertentag in Esslingen das Mandat für Frankfurt. Der Frankfurter Gründungskongreß wählte ihn zum Vorsitzenden des DMV. Zugleich mit der Aufnahme der Arbeit des Verbandes in Stuttgart wurde er vom DMV angestellt und gehörte neben Edmund Goldbach und Alexander Schlikke zu den ersten hauptamtlichen Kräften, die damals als Verbandsbeamte bezeichnet wurden. Die erste Generalversammlung des DMV vom 3. bis 7. April 1893 in Altenburg bestätigte ihn in seinem Amt. Im Jahre 1895 wurde er wegen finanzieller Unregelmäßigkeiten und Unterschlagungen von Verbandsgeldern fristlos entlassen. Er wanderte später nach Amerika aus.

Pfeifer, Emil (1841 bis 1931), Schlosser aus Stuttgart, Zweiter Vorsitzender des DMV von 1891 bis 1903, wurde vom Gründungskongreß in Frankfurt per Akklamation zum Zweiten Vorsitzenden gewählt. Diese Tätigkeit war ehrenamtlich. Als er im Jahre 1897 in der Stuttgarter Zentrale des DMV eine Beschäftigung übernahm, war seine Wiederwahl als unbesoldeter Zweiter Vorsitzender unmöglich geworden. Er legte sein Wahlamt nieder und arbeitete bis zu seiner Pensionierung im Jahre 1921 als Verbandsbeamter, der mit der Verwaltung der Einzelmitgliedschaften betraut war.

Scherm, Johannes (1851 bis 1940), Schlosser aus Nürnberg, gehörte zu den Gründern des DMV. Im Jahre 1883 wurde er Redakteur der neugegründeten »Metallarbeiter-Zeitung«. Dieses Amt als Redakteur hatte er bis 1919 inne. Er prägte maßgeblich das publizistische Erscheinungsbild der Metallarbeitergewerkschaft. Die »Metallarbeiter-Zeitung«, die 1891 Verbandsorgan des DMV wurde, hatte entscheidenden Anteil am Zusammenwachsen der jungen Organisation zu einer schlagkräftigen Gewerkschaft.

Schlicke, Alexander (1863 bis 1940), Feinmechaniker aus Frankfurt am Main, war vom Gründungskongreß zum besoldeten Vorstandssekretär (1891 bis 1895) gewählt worden. Im Jahre 1895 wurde er Nachfolger von August Junge als Vorsitzender und hatte dieses Amt bis 1919 inne. Zeitweise war er auch Sekretär der Eisernen Internationale und Vorgänger des Schweizer Konrad Ilg. Im Jahre 1919 übernahm er das Amt des Reichsarbeitsministers im Kabinett von Gustav Bauer (SPD) und bis Juni 1920 im Kabinett Hermann Müller-Franken (SPD). Von 1920 bis 1928 leitete er das Berliner Zweigbüro des Internationalen Arbeitsamtes.

Segitz, Martin (1853 bis 1927), Zinngießer aus Fürth, gehörte neben Johannes Scherm und Carl Grillenberger zu den Gründern des DMV. Während des Sozialistengesetzes war er als Organisator der Metallarbeiter tätig und entwickelte das Vertrauensmännersystem, um die gesetzlichen Einschränkungen zu unterlaufen. Seit 1880 arbeitete er als Berichterstatter und Expedient der »Fürther Bürger-Zeitung«, eine Tätigkeit, die Carl Grillenberger vermittelt hatte.

Schon früh setzte Martin Segitz sich für die Schaffung von größeren Gewerkschaftsverbänden ein. Er regte im Jahre 1890 die Gründung der Generalkommission der Freien Gewerkschaften an, eine Vorläuferorganisation des heutigen DGB. Auf dem Gründungskongreß des DMV 1891 war er maßgeblich an der Schaffung der Metallarbeitergewerkschaft beteiligt. Im Jahre 1894 übernahm er das erste Arbeiter-Sekretariat in Nürnberg und wurde als Nachfolger von Carl Grillenberger 1897 bayerischer Landtagsabgeordneter und ab 1898 Reichstagsabgeordneter. In der bayerischen Regierung Hoffmann (SPD) hatte er 1919 und 1920 verschiedene Ministerämter inne.

Werner, Theodor (1858 bis 1941), Feilenhauer aus Magdeburg, Kassierer des DMV von 1892 bis 1924. Er übernahm die Verbandskasse nach dem Tode von Edmund Goldbach und erlebte in seinem Amte das Wachstum des Verbandes von ca. 26000 Mitgliedern bis zum Höhepunkt mit 1,6 Millionen Mitgliedern im Jahre 1922 und den steilen Absturz im Jahre 1924 auf 710000 Mitglieder. Als er im Jahre 1924 ausschied, hatte der DMV noch immer die finanziellen Folgen der Inflation zu bewältigen.

Statistische Angaben

Die folgenden statistischen Angaben bieten einen ersten Überblick über die Organisations- und Mitgliederentwicklung des DMV für den Zeitraum von seiner Gründung bis in die ersten Jahre des 20. Jahrhunderts. Zeitliche Abweichungen sind möglich. Die Angaben sind, wenn nicht anders vermerkt, der Studie von Klaus Schönhoven, »Expansion und Konzentration. Studien zur Entwicklung der Freien Gewerkschaften im Wilhelminischen Deutschland 1890 bis 1914«, Stuttgart 1980, entnommen.

Tabelle 1

Mitgliederstand des DMV nach Jahren

Jahr	Mitglieder zusammen	davon weiblich	vH	Jahr	Mitglieder zusammen	davon weiblich	vH
1891	23205	330	1,4	1911	515145	26023	5,1
1892	26121	152	0,6	1912	561547	27876	5,0
1893	28429	169	0,6	1913	544934	27373	5,0
1894	33406	278	0,8	1914	322917	22551	7,0
1895	33189	703	2,1	1915	234307	25147	10,9
1896	49954	1587	3,2	1916	247360	40547	16,4
1897	59890	1280	2,1	1917	392930	83266	21,2
1898	75431	1271	1,7	1918	786186	141314	18,0
1899	85013	2202	2,6	1919	1605186	222309	13,8
1900	100762	2693	2,7	1920	1608932	199605	12,4
1901	102905	2460	2,4	1921	1587088	172445	10,9
1902	128842	3453	2,7	1922	1624554	200372	12,3
1903	160135	5568	3,5	1923	1291761	136326	10,6
1904	198964	7202	3,6	1924	710934	59959	8,4
1905	259692	10253	3,9	1925	764609	63301	8,3
1906	335075	14972	4,5	1926	675398	52287	7,7
1907	362204	14432	4,0	1927	815838	57331	7,0
1908	362073	15167	4,2	1928	944310	69627	7,4
1909	373349	15548	4,2	1929	965443	73000	7,5
1910	464016	23672	5,1				

Aus: DMV (Hrsg.), Die Frauenarbeit in der Metallindustrie, Stuttgart 1930, S. 100.

Tabelle 2

Alter der Mitglieder des Metallarbeiter-Verbandes 1907 bis 1913 (in Prozent)

	1907	1908	1909	1910	1911	1912	1913	Erwerbstätige in Bergbau und Industrie
Gesamtzahl der Mitglieder am Jahresende	362204	362073	373349	464016	515145	561547	544934	
davon waren:								
unter 18	3,4	3,1	3,5	4,9	5,3	4,2	3,5	21,1
18–20	10,0	8,8	9,2	10,9	10,8	11,8	11,2	
21–25	25,4	24,1	23,1	22,3	21,4	20,1	19,4	28,8
26–30	21,7	22,2	22,2	22,2	22,0	21,9	22,3	
31–35	16,4	17,1	16,9	15,6	15,5	15,4	15,6	22,4
36–40	9,9	10,7	10,6	10,4	10,7	11,2	11,5	
41–45	6,0	6,7	6,7	6,1	6,4	6,8	7,2	14,9
46–50	3,6	3,5	3,8	3,6	3,7	4,2	4,5	
51–55	2,0	2,1	2,3	2,3	2,3	2,4	2,6	8,4
56–60	1,1	1,1	1,1	1,1	1,2	1,3	1,4	
über 60	0,5	0,6	0,6	0,6	0,7	0,7	0,8	4,4
	100	100	100	100	100	100	100	100

Aus: Schönhoven, a.a.O., S. 69.

Tabelle 3

Mitgliedsdauer im DMV nach Eintrittsjahren (in Prozent)

Jahr	Zahl der Mitglieder Jahresende	Eintritt in den Deutschen Metallarbeiter-Verband															
		vor 1898	1898	1899	1900	1901	1902	1903	1904	1905	1906	1907	1908	1909	1910	1911	1912	1913
1902	128842	14,2	5,7	8,8	13,4	16,8	41,1											
1903	160135	9,8	3,8	5,6	7,9	10,0	19,7	43,2										
1904	198964	7,2	2,8	4,1	5,4	6,5	11,5	22,5	40,0									
1905	259692	6,7	2,6	2,8	3,9	4,6	7,1	11,7	18,7	41,9								
1906	335075	5,0	1,9	2,1	2,8	3,4	5,1	8,0	11,3	20,2	40,2							
1907	362204	3,6	1,3	1,9	2,4	2,9	4,4	6,7	8,6	15,4	24,2	28,6						
1908	362073	—4,7—		1,7	2,1	2,7	3,6	6,4	8,0	12,6	18,7	18,3	21,2					
1909	373349	——5,8——			2,0	2,6	3,5	6,2	7,5	11,4	15,6	13,0	12,1	20,3				
1910	464016	——4,1——			1,6	2,0	2,7	4,4	5,7	8,6	11,3	9,1	8,1	11,9	30,5			
1911	515145	———5,2———				1,6	2,5	4,0	5,0	7,1	9,2	7,4	6,0	8,0	18,0	26,0		
1912	561547	————6,0————					2,2	3,4	4,4	6,2	7,8	6,4	5,1	6,0	12,7	15,5	24,3	
1913	544934	—————7,1—————						3,4	4,3	5,9	7,3	6,0	4,7	5,5	10,0	11,8	17,0	17,0

Aus: Schönhoven, a.a.O., S. 175.

Tabelle 4

Prozentualer Anteil der Berufsgruppen an der Mitgliedschaft des DMV 1896 bis 1913

	1896	1898	1903	1905	1907	1909	1911	1913
Drahtarbeiter	0,3	0,2	0,7	0,4	0,5	0,5	0,4	0,4
Dreher	11,1	13,2	11,8	11,5	10,4	10,5	9,9	9,6
Elektromonteure	–	–	–	–	1,2	1,2	1,7	1,8
Feilenhauer	1,7	1,5	0,8	0,5	0,5	0,7	0,5	0,4
Former	8,8	8,4	11,8	10,8	7,6	7,2	6,1	5,7
Gießereihilfsarbeiter	–	0,9	–	–	2,6	2,4	2,8	2,6
Goldarbeiter	0,3	0,4	0,9	1,1	2,3	2,3	1,7	1,5
Graveure, Ziseleure	–	–	–	–	0,8	0,8	0,6	0,6
Gürtler	1,6	2,6	2,4	1,7	1,6	1,7	1,6	1,4
Heizer und Maschinisten	0,4	0,3	0,4	0,4	0,5	0,5	0,5	0,5
Hochofen- und Hüttenarbeiter	–	–	–	–	0,5	0,4	0,4	0,4
Installateure	–	0,6	1,4	1,6	1,3	1,5	1,4	1,5
Kesselschmiede	1,6	1,1	1,2	1,1	1,5	1,8	1,7	1,8
Klempner	11,8	9,5	7,6	6,4	5,8	5,7	5,0	4,8
Kupferschmiede	0,3	0,1	0,1	0,1	0,1	0,2	0,2	0,1
Mechaniker	2,8	3,3	4,1	4,6	3,6	3,8	4,1	4,0
Messerschmiede	–	–	–	–	0,2	0,2	0,2	0,2
Metalldrücker	1,1	1,1	0,9	0,7	0,6	0,6	0,5	0,5
Metallgießer	1,6	1,3	–	–	0,5	0,5	0,6	0,6
Metallschleifer	1,9	2,4	2,8	2,4	2,6	2,6	2,8	2,7
Nadelarbeiter	0,6	0,9	0,7	0,4	0,4	0,4	0,3	0,3
Optische Industrie	0,9	0,4	0,4	0,4	0,3	0,3	0,3	0,4
Schläger	1,8	1,4	1,2	0,6	0,5	0,5	0,4	0,4
Schlosser	31,2	30,8	30,2	30,8	27,5	27,8	26,6	25,5
Schmiede	4,5	5,1	3,4	3,6	3,6	3,5	3,4	5,6
Walzwerkarbeiter	0,1	–	–	–	0,5	0,5	0,7	0,6
Werftarbeiter	2,1	2,4	0,9	1,5	1,2	0,9	1,2	1,4
Zinngießer	0,3	0,3	0,1	0,1	0,1	0,1	0,1	0,1
Sonstige Metallarbeiter	9,9	9,4	11,6	14,4	16,2	15,7	18,2	18,6
Arbeiterinnen	3,2	1,7	3,5	3,9	4,0	4,2	5,1	5,0
Nichtmetallarbeiter	0,1	0,7	1,1	1,0	1,0	1,0	1,0	1,0
Insgesamt	49001	75331	160135	259692	362204	373349	515145	544934

Aus: Schönhoven, a.a.O., S. 366/367.

Tabelle 5

Verwaltungspersonal des DMV 1903 bis 1914

Jahr	Zahl der Mitglieder am Jahresende	Zahl der Geschäftsstellen	Gesamtzahl d. Beamten	auf 1000 Mitglieder	Zahl der Beamten am Jahresende				
					Hauptverwaltung	Redaktion	Bezirksleitungen	Lokalverwaltungen Beamte	Kassierer
1903	160135	38	108	0,7	15		11	61	21
1904	198964	48	135	0,7	14	5	12	83	21
1905	259692	63	181	0,7	13	7	15	111	35
1906	335075	86	274	0,8	21	7	16	169	57
1907	362204	96	379	1,0	32	9	21	208	79
1908	362073	100	386	1,1	39	9	24	226	88
1909	373349	109	409	1,1	38	9	23	242	97
1910	464016	123	471	1,0	45	9	26	285	106
1911	515145	131	545	1,1	48	6	32	332	127
1912	561547	135	619	1,1	47	8	35	380	149
1913	544934	144	647	1,2	55	8	35	390	159
1914	531991	144	739	1,4	64	2	37	636	

Aus: Schönhoven, a.a.O., S. 232.